力量与体能

训练全书

不拘一格练就应对一切的力量

The Encyclopedia of Underground Strength and Conditioning

[美] 扎克·埃文-埃谢 ◎ 著

王亦飞 ◎ 译

北京科学技术出版社

免责声明：尽管本书对训练级别和安全有严格的要求，但读者的情况千差万别。本书的作者和出版商不对任何按照本书训练可能发生的任何形式的伤害负责。本书所写的所有练习仅供参考，有的练习对某些人来说可能过于剧烈或危险，读者应在训练前向医生咨询。切记。

The Encyclopedia Of Underground Strength And Conditioning

Copyright © 2014 Zach Even-Esh Published by Dragon Door Publications

Little Canada, MN 55164, USA

www.dragondoor.com

Simplified Chinese rights arranged through CA-LINK International LLC(www.ca-link.com)

Translation Copyright © 2016 by Beijing Science and Technology Publishing Co., Ltd.

All rights reserved.

著作权合同登记号　图字：01-2014-8281

图书在版编目（CIP）数据

力量与体能训练全书：不拘一格练就应对一切的力量/(美)扎克·埃文-埃谢著；王亦飞译.—北京：北京科学技术出版社，2017.6
ISBN 978-7-5304-9002-0

Ⅰ．①力… Ⅱ．①扎… ②王… Ⅲ．①肌肉－力量训练 Ⅳ．①G808.14

中国版本图书馆CIP数据核字(2017)第090595号

力量与体能训练全书：不拘一格练就应对一切的力量

作　　　者：〔美〕扎克·埃文-埃谢		译　　　者：王亦飞	
策划编辑：刘　超		责任编辑：原　娟	
责任印制：吕　越		图文制作：艺典华章	
出 版 人：曾庆宇		出版发行：北京科学技术出版社	
社　　　址：北京西直门南大街16号		邮政编码：100035	
电话传真：0086-10-66135495（总编室）		0086-10-66113227（发行部）	
0086-10-66161952（发行部传真）			
电子信箱：bjkj@bjkjpress.com		网　　　址：www.bkydw.cn	
经　　　销：新华书店		印　　　刷：北京印匠彩色印刷有限公司	
开　　　本：720mm×1000mm　1/16		印　　　张：19.5	
版　　　次：2017年6月第1版		印　　　次：2017年6月第1次印刷	
ISBN 978-7-5304-9002-0/G · 2654			

定价：89.00元

致 谢

本书首先要献给我亲爱的儿子和女儿——伊桑（Ethan）和萨默（Summer）。直到你们走进我的生命，我才真正明白为什么我必须变强壮。训练的时候，我总是想着你们，这激励着我在心理、身体和精神上变得更强大。我会一直保持强大，在任何情况下，只要你们需要我，我就与你们同在，因为你们是我生命中最棒的礼物。

一想到你们，无论是早起、熬夜，还是做那些别人认为特别困难的事，我都丝毫不感到吃力。你们以一种我之前绝不可能想到的方式给了我力量和爱、快乐和幸福，你们带给我的喜悦和爱是无法用语言表达的。希望有朝一日你们读到这本书的时候会以我为傲，对我来说，你们的幸福、健康和爱就是我的全部，没有你们，我不可能完成这本书。

我打心眼儿里感谢达尼埃尔（Danielle），我的妻子兼我最好的朋友。你激励我、信任我，鼓励我跟全世界分享我的故事。从在我们第一个家的后院和车库训练一直到如今，你始终支持着我。千言万语都无法表达我对你和孩子们的爱。

感谢我的哥哥埃隆（Eilon）引领我走进了健身和格斗领域，这两件事拯救了我并给了我一种使命感。感谢我的弟弟拉米（Rami）自始至终坚定地支持我。感谢我的父母一直支持我健身和训练，你们总是无条件地爱我、支持我。

特别感谢我高中时期的摔跤教练：帕加什（Pagach）教练、帕拉（Parra）教练、杜赫戈（Duhigg）教练、戈巴（Gerba）教练和米兹拉希（Mizrahi）教练。我不会忘记你们传授的那些摔跤之外的重要生存法则：有责任感、待人热情、遇事忍耐、意志顽强、身体强壮、保持乐观、努力工作和迎难而上。如果没有摔跤运动和你们的指导，我绝不会成为现在的我。

感谢地下力量健身房的所有成员，你们是我的骄傲并一直推动我追求卓越。没有你们，这本书就不可能面世。

感谢由世界各地的地下力量认证教练组成的大家庭的信任，感谢你们信任我，让我指导你们的训练和生活。我并不完美，但是你们的信任鼓舞着我，使我每一天都变得更优秀，所以我乐于与你们分享。

感谢地下力量团队的所有网络粉丝，我们之间的距离比你们想象的要近得多。不管相隔多远，也不管我们是否见过面，都有一条强有力的纽带将我们紧密连接在一起。自从我开始追求更大的成就，你们每天更新的消息一直推动我前行。想当初，某些大牌教练嘲笑我的时候，是你们站在我身后鼓励我勇往直前，对此，我永远都心存感激。

感谢阿尔文·科斯格罗夫（Alwyn Cosgrove）、瑞安·李（Ryan Lee）和杰森·费鲁贾（Jason Ferruggia），你们的指引帮我找回了生活的激情，我对你们的感激之情无以言表。

还要感谢我的体能教练，你知道我指的是谁，我一直在向你学习并且无数次向你寻求建议，你对我的帮助远不止那些训练建议，你的支持和情谊促成了这本书的面世。就像你一直默默支持我而不求任何回报一样，你知道的，我也会一直在你身后，在你需要的时候帮助你。

还要感谢设计师德里克·布里格姆（Derek Brigham），你的设计将我的作品提升到一个充满灵感和活力的无与伦比的高度。没有你的艺术眼光，我的作品就不会引起人们的关注，有时候我觉得你甚至比我自己更懂得我要表达的意思。

最后，我要特别感谢约翰·杜·凯恩（John Du Cane），龙门书社（Dragon Door）的产品使我受益匪浅，让我能够将一些更有效的训练方法介绍给读者。感谢你相信我、信任我，给我分享我的故事和练习方法的机会。你站在我身后，一路相伴，同甘共苦，绝不质疑或催促我，只是鼓励我，使我能够完完全全地做自己。

扎克·埃文–埃谢（Zach Even-Esh）

序　言

扎克邀请我为他的新书作序，我很荣幸。他建议我介绍一下自己作为摔跤手是如何训练的，以及我怎样逐步在力量训练方面取得进步。因此，我认为最好从 20 世纪 60 年代初我上小学时谈起。那个年代还没有体能教练这个说法，运动员都是在体育教练的指导下开展力量训练的。如果没有体育教练，运动员就只能自己训练。

我很庆幸我成长的年代没有电脑，没有有线电视，也没有手机。那个年代的生活比现在简单得多。那时，体育课非常重要，是所有学生的必修课。除了周末，我们每天都有一小时的体育课。上体育课时，在正式活动之前，我们所有人都必须先拉伸、翻跟头、投掷实心球、做徒手体操、爬绳子、匍匐行进、跑步和跳跃。体育课的结构很合理，内容也很规范。

我的体育成绩十分优异，这使我在学业上表现得更突出，使我可以更加高效地进行思考和推理。运动基因就在我的身体里。

三年级的时候，我每天跑 1 英里（1 英里≈1609 米）。到六年级的时候，我每天跑 6 英里。跑步使我感到愉快。吉姆·瑞安（Jim Ryan）是美国堪萨斯大学著名的一英里跑运动员。因为他，我那时希望自己能够参加奥运会的田径项目，这个念头一直萦绕在我脑海中，直到我升入七年级。

七年级的时候，我能在橄榄球队中当跑卫和中后卫，也能在篮球队中打后卫。冬季，我们在早晨上课前打篮球。放学后，我还在校队练习摔跤。六年级时，学校的一些摔跤手说服了摔跤教练让我参加校队的选拔。我赢得了一个参加 95 磅（1 磅≈0.45 千克）级比赛的机会。然而，我们很快获悉，规则不允许我作为六年级的优秀运动员参加任何一项专项运动。升入七年级后，我才获准跟着校队一起练习摔跤。在八年级和九年级的时候，我继续参加了橄榄球、篮球、田径和摔跤四项运动。

七年级时，摔跤教练告诉我，如果想成为一名优秀的摔跤手，我必须做很多俯卧撑。至于总共要做多少个、分成几组、每组几个、运动的频率、休息时间的安排及休息的次数，他没有给我

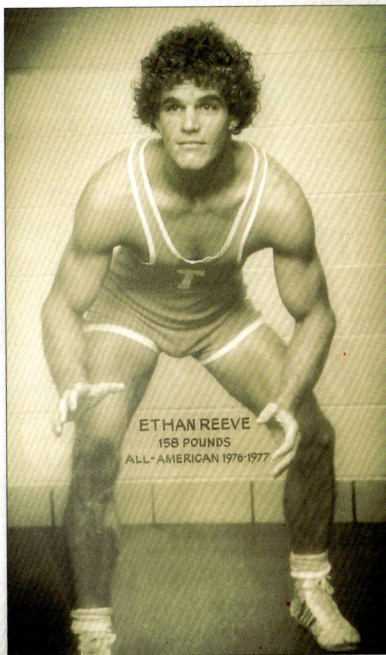

ETHAN REEVE
158 POUNDS
ALL-AMERICAN 1976-1977

任何指导。我自己设定了数量：500 个。3 个月后，我每天都能做 500 个俯卧撑，就这样我坚持了 5 年。我的每组俯卧撑都不超过 25 个，我最喜欢的方式是每组 10 个，一分钟一组，做 50 组。也就是说，50 分钟完成 500 个俯卧撑。这样的练习能保证每个俯卧撑动作都是完美的。在最低点，胸部必须碰到地板；在最高点，胳膊必须完全伸直并且保持一秒钟。

俯卧撑练习，配合屈臂撑、印度深蹲、举腿、引体向上以及轻重量的杠铃训练，帮助我在新墨西哥州（New Mexico）摔跤比赛中夺得亚军，在俄亥俄州（Ohio）摔跤比赛中夺得冠军。因为摔跤，我幸运地获得了田纳西大学的全额奖学金。那些年，我也做农活：给棉株除草间苗、捆扎干草、喂猪、铺设灌溉管道等。这是原始的"老派"训练。我发现，比较好的运动员都是那些做过粗活（如农活、木工活）的人。我四处寻找使自己变得更强壮的方法，越强壮越好！

在大学的头两年，我的摔跤训练效果十分显著，完全可以在一年一度的东南联盟（Southeasten Conference，简写为 SEC）锦标赛中夺冠。然而，我真正想做的是成为全美大学体育协会（National Collegiate Athletic Association，简写为 NCAA）的明星运动员，而这需要在某个特定级别的比赛中入进前六名。在这头两年，我没有进入前六名，因此，我意识到想要成为一名明星运动员，必须在摔跤以及力量训练的风格上做出巨大的转变。

在大学里，摔跤冠军们已经掌握了抱摔的全部技能。最好的大学摔跤手都是抱摔高手，而我还要做许多练习来掌握抱摔技能，不过，我在新领域——奥林匹克举重方面却表现得很好。在大学的头两年，我意识到要使自己的步法更加灵活，需要进行能够提高运动能力的力量训练。我选择了力量翻。此后，我在摔跤时感觉到了明显的不同，我的体能、力量、身体素质以及自信心均得到了巨大的提升。

在田纳西大学，运动员们有两个举重室，一个有诺德士（Nautilus）牌器械，另一个只有自由重量。在自由重量室，有两个举重区的杠铃只有金属杠铃片，没有包裹橡胶，虽然这里的杠铃杆老旧、弯曲，而且生锈了，但这里很适合我。那时，只有摔跤手、投掷运动员和短跑运动员会在自由重量室练习举重。我通过观察汤姆·斯托克（Tom Stock）和菲尔·奥尔森（Phil Olsen）这两名投掷运动员的动作掌握了做力量翻的技巧。

在大学的最后两年，我每天都会做专门的训练。我知道力量翻可以帮助我成为一名更好的运动员或摔跤手。每次训练，我都会用超级组的方式做 100 个力量翻及 100 个引体向上。做力量翻时，我使用的是等同我当天体重的负重。我先做 10 个力量翻，然后做 10 个引体向上，并在 15 ~ 18 分钟内完成每天的 10 组练习。之后，根据体能，我会做前深蹲、借力推举、直腿硬拉或者常规硬拉。最后，我会练习 1 英里冲刺跑，每周跑 5 天。

几乎每次练完摔跤之后，我都会再找一名摔跤手做 100 多次抱摔练习。在大学的最后两年，举重训练和高质量的抱摔训练帮助我成了全美大学体育协会的"明星运动员"以及东南联盟锦标赛冠军。时至今日，我知道赢得冠军最好的方法就是以比赛的强度和速度将专项技能重复上千次，没有捷径可走，没有其他训练方法可以与之媲美。所有的力量训练最终都能提高动作技巧，这就是将训练内容转化为运动表现。力量教练应该铭记，力量训练应以提高运动员的力量、爆发力、灵活性、意志力和身体素质为目的。运动员和体育教练有责任将这些能力转化为相应的运动技巧和策略。

伊桑·里夫（Ethan Reeve）教练

在我担任摔跤和体能教练的 35 年里，我和来自不同体育项目的奥运冠军、世界冠军、全美大学体育协会明星运动员、全美橄榄球联盟球员、美国男子职业篮球联盟球员、地区冠军、州冠军等一起工作。我发现冠军运动员都具备两个突出的品质：可塑性强和竞争意识强。

可塑性高的运动员很谦虚，乐于接受并按照教练的指令进行训练。即使并不赞同或者并不理解教练的指示，他们也会遵从并努力做到最好。谦虚的运动员思想更加开放，愿意学习并且听从指导。保持谦虚，你会意识到你不是无所不知的，你的教练是在帮助你最大限度地挖掘自己的潜力，并帮助你成为冠军。有很多次，我和我的教练意见不同，但是我仍然完全按照教练说的去做。很多年后我意识到，光是接受指导就能使我从教练们身上学到很多。我接触过的伟大运动员就像海绵吸水一样吸收知识，他们想成为冠军并能听进每一句话。

我推行的力量训练对今天的运动员来说是最好的吗？不是。在举重训练中，重量的选择、训练的组数、重复的次数、训练的强度以及休息的方式有没有更好的组合呢？绝对有。我们一直在进步，这也是扎克有所作为的地方。

你必须进步，必须改变，如果不改变，就会落伍。然而，一些"老派"的训练方法还是有效的，刻苦努力、勤于思考、严于律己、集中精力、关注细节、具有坚强的意志以及较强可塑性依然是冠军必备的品质。伟大的力量教练可以将已经证明有效的老方法与科学的新方法结合起来，我每天都在扎克身上看到这些进步，他在不断地进步，不断地将有效的老方法和新方法融合在一起。请怀着谦逊之心读这本书，认真领会本书的内容，你会因此变得更好。

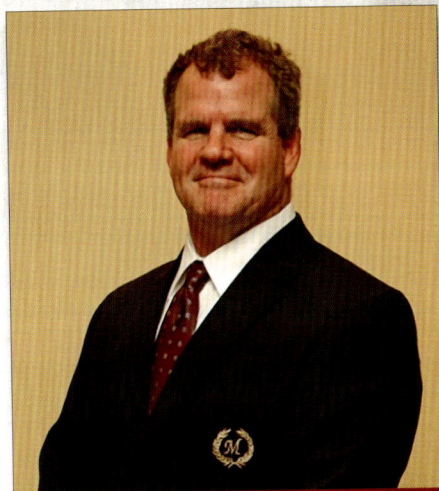

伊桑·里夫教练

目　录

- 第一部分 -

地下力量之源

第一章

踏上征程

鲜血、石头和眼泪

我三四岁时，也就是 1978 年或者 1979 年吧，我们一家住在新泽西州（New Jersey）福特市（Fords）的一所复合式公寓里，我和哥哥经常把玩具恐龙扔到空中，再抓住它们。有一次，我不小心把玩具恐龙扔到了围墙的另一边。围墙外树木繁茂，哥哥和我跑过去找恐龙，当时发生的事情我至今记得一清二楚。

我们肩并肩，边走边扫视铺满厚树叶的地面，并不确定恐龙在哪里。转瞬间，那个充满欢笑和幸福的时刻就被我的尖叫声打断了，有什么东西砸到了我的脸上！

那个东西很硬，砸在脸上很疼……实在是太疼了！砰！我又被砸了一下。

我疼得哭了起来并大声尖叫，石头一次次地打在我的脸上，就在我右眼下方一寸的地方。我看到远处公寓楼里的"坏孩子"正在朝我扔石头。这次攻击快得有如光速，一瞬间，大量的石头就飞过来了。

我清楚地记得当时头脑里闪过的想法。我大喊让他们停下，同时也问自己，为什么他们能够在那么远的地方如此准确地攻击我，而每次我想从地上捡石头扔他们的时候，手里抓到的却总是树叶。最后，哥哥抓住我，希望找一个安全的地方躲起来。我们开始奔跑，完全不敢回头看，只是疯狂地喊叫着。

我们翻围墙回家的时候，其中一个扔石头的孩子跑过来问我："扎克，严重吗？很疼吗？"他惊恐地看着我的脸，我哭了起来，喊道："是的！"我记得他看到我的脸被他们伤

我经常在电视上看到卢·费里尼奥（Lou Ferrigno）这个肌肉巨人，我对肌肉很痴迷。当我父亲把他的牛仔裤剪成短裤的时候，我会把剪掉的裤管套在胳膊上伪装成自己的肌肉

成什么样子时那种震惊的表情。哥哥和我跑回家告诉了父母发生的事情，我因为害怕大哭起来。我对父亲说："我伤得严重吗？看上去很糟吗？让我照照镜子！"

在洗手间，父亲把我举起来，使我可以看到镜子中的脸。我哭得很厉害，以至于擦拭泪水横流的脸时把自己弄得满脸是血。我冲向医院，医生为我缝合右眼下方的伤口时，我对自己大声说道："扎克，别让他们再碰你一下！"

这就是那个伤疤

那就是我最早的关于生活的记忆。如果哥哥那天没有拉走我，我不知道我的右眼今天是否还在。那天他救了我。

那天的事告诉我，即使寡不敌众，即使比对手弱小，你也绝不能退缩。尘埃落定时，胜利的一定是那些信念坚定、奋力拼搏的人。

为了骑车而生活，为了生活而骑车

大约 5 岁的时候，我随父母离开了先前住的公寓，来到了我们在新泽西州爱迪生市（Edison）的第一个家。那个社区棒极了，有好多跟我和哥哥年龄相仿的小朋友，我们都喜欢在外面玩。我们什么都玩，骑越野自行车、打街头曲棍球、玩搜捕游戏、打篮球、打橄榄球、玩滑板等等。

我最喜欢的活动是骑自行车。我的第一辆越野自行车是一辆红色的二手自行车，那是有一天父亲下班之后带回家的。我兴奋极了，因为我也像其他孩子一样，有了自己的自行车。大一点儿的孩子都拿我的自行车开玩笑，因为它是旧的，而他们的自行车是新的。

父亲告诉我，自行车是从另一位父亲手里买过来的，他的儿子是一名越野自行车手。我不知道这是不是真的，也许父亲只是想让我好受一些。那辆自行车没有任何标签或铭牌，所以我也无法告诉其他孩子它的型号。

对一个孩子来说，所骑的自行车就如同一种身份的象征。在那个年代，最好的自行车是加里·特纳（Gary Turner）、獴酷斯（Mongoose）和红线（Redline）等。虽然我的车不是名牌（甚至不是一辆新车），但我非常喜欢骑。每天一放学，我就骑着它一直玩到吃晚饭。周末的时候，我很早就起床，然后骑一整天。晚上上床后，我还会想明天可以做什么——骑着我的自行车，跃过用各种东西搭建的障碍物和斜坡，比如胶合板、牛奶箱以及任何可以在车库中找到的东西。在学校，我也很难集中精力，因为我总是想着骑自行车。不管是什么季节，无论下雨还是下雪，我都会骑车。

随着年龄的增长，其他孩子都有了作为生日礼物或圣诞礼物的新自行车，而我还是只有那辆无名的越野自行车。

三年级的时候，我听说送报纸可以挣钱。有人来我家提起这份小孩子可以做的工作，向我和父亲说明每天如何送报纸，每个周末如何收钱，还可以挣小费。于是，我立即投入攒钱的行动中，为了在本地的自行车行买一辆新自行车，我会在上学前或放学后骑着自行车去送报纸。周日，父亲会帮我一起送报纸，他开车载着我绕社区慢慢行驶，以便在经过每栋房子时都能随时停下。

每个周末，我的小费都在增加。钱越攒越多，我几乎每天都会去福特自行车行。我看上了镀铬的蓝色掠食者（Predator）。那辆自行车漂亮极了，我每天都在数日子，想着什么时候才能买到它，一直想到失眠。每次去自行车行，我都会坐上那辆车，对小伙伴说："这辆车会属于我！"店主肯定以为我疯了，正常人总会这样看待富有激情的人。当你对某件事情特别有激情的时候，那种激情是无法抑制的。

我用分期预付的方式购买了那辆心仪的自行车，每周我都会把送报纸挣来的钱交给店主。一周又一周过去了，就这样，我用攒了3个月的钱以及父亲给我的资助买到了心仪已久的自行车，蓝色掠食者！我清楚地记得，那天父亲很早就下班回家了，而平时他要到六七点钟才回家。我们一付完款，我就骑着蓝色掠食者上街了。我当时极度兴奋，感觉这辆自行车比我那辆旧车快20倍。

新自行车成了我生活的全部。我怎么骑也骑不

我的第一辆自行车

够，怎么擦都觉得不够亮。我还买了许多新装备，每次送报纸挣了钱，我都会去自行车行买一些我买得起的东西，即使是贴纸那样的小东西也能让我激动不已。周末，我和我最好的朋友会从早骑到晚。夏日里更是感觉骑不够，本地的两所学校之间有一处越野自行车道，我们一天会骑 3 圈！

几个月过去了，我的自行车成了附近最酷的自行车之一。我换了新轮胎，买了小孩子想要装在车上的各种铃铛和车哨。我挣的每一分钱都花在了自行车上。但是，一个不幸的日子永远改变了我的生活。

那是四年级的某一天，我和八九个朋友在打橄榄球。我把自行车停在一个朋友家的屋前，头朝下放着，我们总是这样停车。这时，两个大一些的孩子骑着一辆自行车经过，从看到他们的那一刻起，我就有一种不好的感觉。我那时涉世未深，天真地认为没有人会抢别人的自行车，自行车可是主人的骄傲和快乐啊。但是我错了，其中一个人走过来，一把抓起我的自行车，并跳上车挑衅地朝球场中央骑过来，他一边在我们中间穿梭，一边大喊着让我们滚开。我们都呆住了，眼睁睁地看着这个混混抢走了我的自行车。就这样，一群八九岁的孩子盯着另外一个孩子控制了整个世界，我的自行车就是我的整个世界。

没有人试图去阻止他，我们只是呆呆地看着。我感到无助、恐惧、震惊，只能马上跑回家去告诉父母。他们立即开车带我出来找，希望能在街上发现那个骑走我自行车的孩子。我们开车找了几个小时，但一无所获。那天的晚饭吃得特别安静，我从来不知道，失去心爱的东西时，胃会那么难受。

回首往事，这是我生命中至关重要的一课，它告诉我，比别人更强壮、更高大是你的优势。

我的块头只是那个孩子的一半，这使我不敢阻止他。然而，力量并不只跟块头有关，它还包含自信和为了理想、为了信念、为了你热爱的人和事物而努力的斗志。

车子被抢之后，我只能走着去送报纸，那感觉真是糟透了。我开始重新攒钱，并瞄准了另外一辆新自行车。

这款自行车没有我的掠食者那么炫酷，当然也没有那么贵。我足足走了三四个月，才攒够钱买了这辆响尾蛇（Diamond Back）。第一次跳上响尾蛇的时候，我很激动，但是这种激动与骑掠食者时的激动不一样。不过，我还是爱上了我的新自行车，并像一只鹰一样守卫着它。它从未离开过我的视线，如果去别人家玩，我会把自行车放回家，然后走过去。

我感觉自己又恢复正常了。没有自行车的那几个月我就像被锁在柜子里一样，每天都很痛苦，而周末尤其痛苦，因为我的朋友们都骑着自己的自行车而我却无车可骑。

自行车给我一种自由的感觉，那种感觉我无法言表。所有骑车的孩子可以归为两类，要么是在砂石赛道上比赛的越野自行车手，要么是更喜欢玩花样、在街上和斜坡上骑行的自由式车手。我不排斥任何一种风格，这两种风格我都喜欢。我在大街上骑车，在斜坡上骑车，也在越野自行车赛道上骑车。我跟着感觉走，听从灵魂的指引。我不仅知道在各种环境下如何骑车，也学会了修理自行车。

十岁的时候，我和朋友就能够拆开整辆自行车并重新组装。补胎、更换刹车片、改变曲柄、连接闸线……凡是你能说出来的，我都能做到。有时候趁父母不注意，我会把自行车放到卧室里，只是为了和它更亲近。有人管这叫疯狂，我管这叫热情。我早晨起床吃完燕麦片后就在房间里擦车，周末我肯定是最早骑车上街的孩子。不管天气如何，我都骑车上学而不坐校车。

升入中学的时候，我熟练掌握了两项技能——骑自行车和玩滑板。一般人会认为，你不得不二选一，而我总是两样都做。虽然自行车更吸引我，但我也爱滑板，喜欢看滑板运动员玩滑板，这让我热血沸腾。

我真正开始重视滑板是在某天放学后。当时，一群孩子停下车后从车里跳了出来，并立即跳上了他们的滑板。这些孩子中，除了迈克·瓦莱利（Mike Vallely），我不认识其他人。迈克是一个专业的滑板运动员，他不仅在爱迪生市很有名，在国际上也享有较高的知

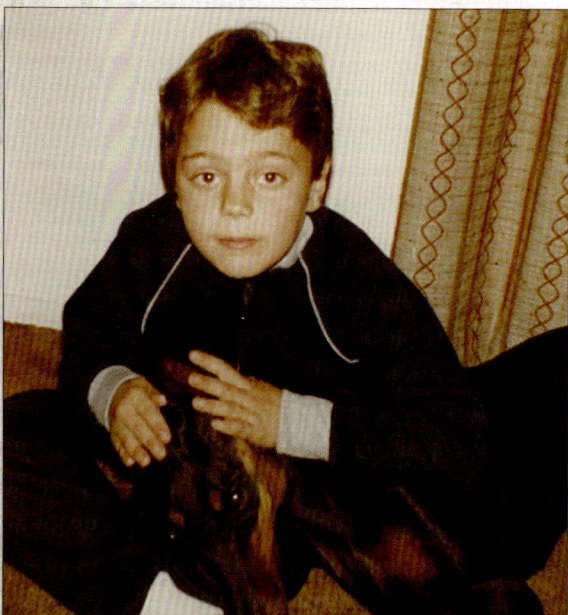

我喜欢我的自行车，但我更喜欢我们的杜宾犬奥兹（Oz）。从7岁到20岁，我和它一起成长。当我不得不埋葬它的时候，我崩溃了，整整一个礼拜都很绝望

名度。那时迈克只有十几岁，他滑着滑板走遍了爱迪生市的所有街道。我看见迈克和他的兄弟们爬上了仓库的屋顶玩滑板，屋顶的形状像半个烟斗，迈克每隔几秒钟就会腾空而起。

我崇拜每一个能踩在自行车或滑板上离开地面的人，看到一个人能够凭借训练的热情使自己的技艺炉火纯青，是一件非常鼓舞人的事情。记得还有一次，我排在一群朋友后面，等着跳上一个我们为越野自行车建造的斜坡，我看见迈克在我后面很远的地方独自沿着街道滑行。我看到他离我们越来越近，认为他可能会绕过我们然后继续滑向他朋友家。但他并没有这样做，相反，他在我们面前加速并带着他的滑板跳上了斜坡。这个斜坡足有三四英尺（1 英尺 ≈ 0.30 米）高，迈克滑到了空中——比一辆车还要高。我和小伙伴们一动不动地站在那里看着迈克飞过，震惊不已。那个画面一直留在我的脑海里。

迈克对自己所做的事情特别热情，他可以在任何地方、任何时候玩滑板。我不排斥滑板，他也不歧视自行车运动。只要开心就好，迈克和我都是这个态度。

如今，二十多年过去了，迈克还是这样生活，他并没有变得商业化，也没有为了钱把自己卖给公司，他所做的一切都是出于对滑板的喜爱和热情。从十几岁到现在，我时常认为，我之所以能按照自己的方式进行训练，是因为我的热情，而不是因为流行和时尚。我绝不会为了钱而违背自己的意志。我热爱举重和训练，我跟随直觉的引导。

我将在这本书中分享我的见解、我的错误、我的训练历程，其中有好的也有坏的。我的目标是帮助你避开痛苦的错误并帮助你找到我所拥有的那种渴望训练和变强壮的热情。不管你是运动员、家长还是教练，都不要紧，这些教训和故事会使你受益匪浅。这本书中的地下力量训练法绝非终极的、面面俱到的，我的训练体系一直在进步，你也一样，你的训练体系也会不断进步。

你无论做什么，都要跟随自己的热情、听从自己的直觉。只有这样，你才有动力去克服困难、不断进步，并最终获得成功。

这一切是如何开始的

那是 1989 年 6 月，我 13 岁半，还有两周就上完八年级了。有一天，我下楼来到哥

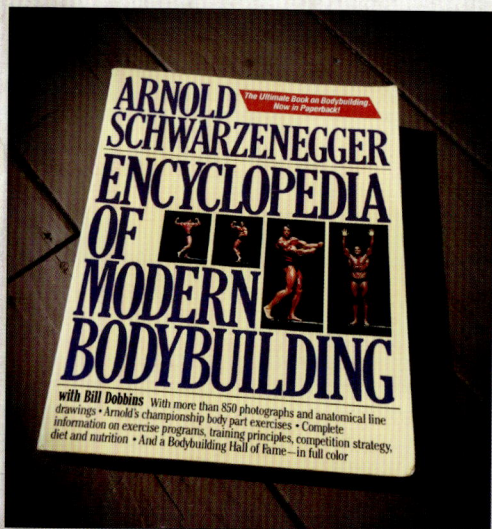

哥的卧室，那里摆放着一些基本的健身器械：一张乔·韦德（Joe Weider）长凳，一堆沙袋，还有几个铁质杠铃片。这是 20 世纪 80 年代家庭健身房的传统配置。

在我进入哥哥卧室开始第一次"真正的"训练之前，我已经将阿诺德·施瓦辛格（Arnold Schwarzenegger）的《现代健身百科全书》（*Encyclopedia of Modern Bodybuilding*）读了几遍。这本书是住在以色列（Israel）的祖父买给我们的，在以色列的售价是美国的两倍，要 50 美元。当时，50 美元是很大一笔钱！

以前我曾尝试自行健身，但是从来没有成功过，也没能坚持下来。我只漫不经心地做了几个哑铃弯举和卧推，然后就没有了下文。但是我从来不具有投入一个训练计划所需要的心态，因此一两周之后，我就感到了厌烦并停止了举重。

回首往事，谁会相信，我竟然曾经厌烦过训练！我记得每当自己停止这种"健身"时，我就担心哪里出了问题。我看到哥哥总是以某种形式进行健身——举重、一天遛 3 次狗、做仰卧起坐和俯卧撑，还喜欢用奇怪的事情挑战自己，如每次开冰箱时都做 10 次仰卧起坐或俯卧撑。他的房间总是放满了奇怪的粉末，母亲被他吓坏了，要求他扔掉所有的保健品，因为她认为那些保健品都是类固醇。父母认为哥哥对健身的痴迷近乎疯狂，但是，现在来看，我认为哥哥的行为在今天来看是完全正常的。

十一二岁的时候，我很担心因为疏于训练而无法变得像哥哥那样强壮。我害怕我将永远是个有着大肚子，但是骨瘦如柴的小孩儿。不过，多亏了我，哥哥房间里的一些健身器械才得以添置，它们都是我和他在某个夏天一起从赫尔曼体育用品商店选购的。

那个商店和我们家之间隔着一条主要公路，骑车横穿公路比较危险，但哥哥坚持当天马上出发，所以我还是跟着他走了。

哥哥有点儿叛逆，他非常喜欢健身，一定要买到那些器械。所以，就像所有弟弟都会做的那样，我跟着他骑车穿过 1 号公路，做了父母不允许做的事。

穿过公路的时候，我非常紧张，幸运的

我的祖父萨巴（Saba）和祖母萨芙塔（Savta）在以色列

是，我们安全到达了体育用品商店。我用锁将两个车轮和自行车框架锁在一起，自从掠食者被抢之后，任何人都不可能有机会把我的自行车偷走或抢走了，绝对不可能。

当时，我和哥哥截然不同。我热衷于骑自行车，对举重和健身不太感兴趣。

我们走进商店，买了 4 个 10 磅的杠铃片，每人装了两个在自己的背包里。我们骑车回家，经过一段坡度缓和的上坡路时，我骑得越来越吃力，而哥哥骑得很快，离我越来越远，我记得他回过头来喊我快点跟上，但我却精疲力竭，最后只能推着车子走完剩余的山路。我永远不会忘记自己虚弱得甚至无法骑车上坡的那个时刻，那是小时候另一件教会我"力量才最重要"的事情。

最后，道路逐渐变得平坦，我才拖着发软的双腿摇摇晃晃地骑上车，远远地跟在哥哥后面。终于到家了，我放下背包，觉得自己轻了 100 磅。

我记得这次负重骑行，记得第一次被比自己强大的人欺负所得到的教训，也记得第一次"真正的"训练。

我决定按照阿诺德书中的初级教程在哥哥房里训练。我打开书，翻到一张阿诺德用来说明如何深蹲的图片。如图所示，你不应该踮着脚做深蹲，而应该全脚掌着地。我又翻了几页，找到了初学者的腿部训练。

书中指出做深蹲应该 10 个一组，于是，我从背负一个光秃秃的镀铬合金杠铃杆开始逐渐增加负重，一组又一组地做着深蹲。最开始的几组还行，我的状态也不错，就像图片展示的那样，背部挺直，全脚掌着地。一切都很完美，直到做最后一组。我清楚地记得那残酷的一组——负重可是重达 65 磅呢。不管怎样，我把那个重物拉离地面，举过头顶，放到了后背上。哥哥卧室里没有深蹲架，除了把乔·韦德长凳变成深蹲架之外我别无选择，但那看起来根本不可能。

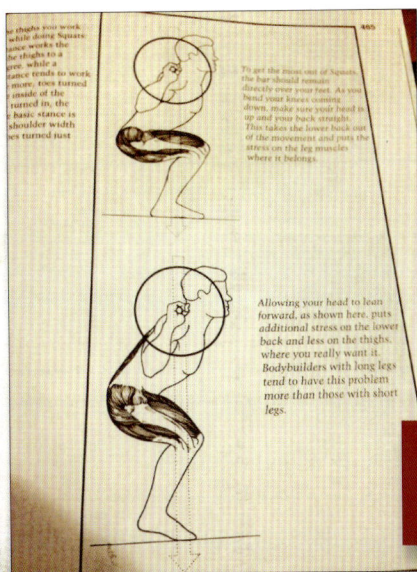

我没有完成这个深蹲。我很快意识到，如果想增加重量，我得让肩膀变得更强壮。按照书中所说，我用 65 磅的负重做深蹲，但是当我尝试把 65 磅的杠铃再次举过头顶并放回地面时，它没有动。我又试了一次，还是没有成功。我又一次体会到了力量的重要性，强壮会带给你优势。

我停顿了几秒钟来评估自己的境况，思考如何把杠铃从背上放下来。我把屋子从左到右

阿诺德在《现代健身百科全书》中用图片讲解如何正确深蹲

打量了一番，哥哥的床让我眼前一亮，它看上去是放置杠铃的好地方。于是我一步一步向后退，坐到了哥哥床上，背负着杠铃。

我慢慢向后靠并把杠铃扔到了床上。当我缓过气来恢复神智后，我把杠铃滚下床减轻了重量，因为我知道自己根本完不成 65 磅的负重深蹲。

从那天起，我就对健身着了迷，虽然那个 65 磅的杠铃差点要了我的命。我被杂志上的健美运动员吸引和激励，希望自己像他们一样，拥有强壮的腿部、轮廓清晰的腹肌、巨大的胸肌和高耸的肱二头肌。我当时并不知道，杂志中的这些肌肉暴涨的健美运动员绝大多数都服用了药物。我很天真，13 岁的我希望自己看起来像《柔性》(Flex)杂志中的健美运动员一样。

1989 年 6 月，还有两周我就上完八年级了，我没有跟学校或者社区的任何人说我正在健身。我把它当作秘密，因为我知道所有人都会取笑我，把那看作愚蠢的事情。当时，我的体重大约只有 120 磅。

我开始每天跟家里的狗一起在社区里跑步，这是受哥哥的影响，他每天都跟家里的狗一起跑三四次，那只巨大的德国杜宾犬迫使他一直全速奔跑。跟家里的狗一起跑 1 英里可不是开玩笑的事，我必须跟上它，否则多丢人现眼啊。一天又一天，我坚持跟家里的狗一起跑步，有时也会跟哥哥一起跑。这并不容易，但是我每天都至少跑一次，并养成习惯了。事实上，每天跑步已经成了我生活方式的一部分。只是当时，我不知道还有"生活方式"这种说法。

我开始骑车去本地所有的便利店，目的是把所有的健美杂志——《柔性》《肌肉发展》(Muscular Development) 和《肌肉与健身》(Muscle and Fitness) ——都看一遍。我每月用送报纸的工钱买一两本杂志，其他的就在便利店看，我经常在杂志架周围逗留一个多小时。

终于，在我连续几周去同一家便利店看健美杂志之后，那家店的经理在杂志架上悬挂了一个告示牌，上面写着："这里不是图书馆，想看杂志必须购买。"看到这个牌子时我很吃惊，也很失望。我知道这是专门写给我看的，我不能继续坐在便利店的地板上看杂

志了，得想个新方法。我扯下杂志订阅表，骑车回家，告诉父母我现在开始对阅读感兴趣了。

我的父母总是担心我对阅读缺乏兴趣，而这是一个向他们展示我将开始定期阅读的好机会。我请求父亲开一张支票为我订阅健美杂志，他同意了。我把割草攒下的钱交给他，他给我开了一张订阅杂志的支票，我高兴极了。

我知道《柔性》在每月第一周发行，所以当出版日期临近的时候，我就开始缠着邮递员问他是否有新杂志，他一定觉得我是个怪人。每天我都对着镜子检查自己是否进步了，我像阿诺德所说的那样摆姿势和收缩肌肉，看看自己腿部、胸部、肩膀、手臂和腹部的肌肉是否变得更加发达。

我永远都不会忘记，训练三周后，有一天一个同校的姑娘和我以及我的朋友一起出去玩，我剪掉了衬衫袖子，她夸赞我的肱二头肌非常大，那天晚上回家以后，我就把所有夏季衬衫的袖子都剪掉了。

每天放学后我都立即投入训练，每周训练 6 天。夏天，吃完早饭我就马上开始训练，我的训练强度甚至比哥哥的更大！不训练的时候，我满脑子想的也都是健身。我在床头夹了一盏阅读灯，到了晚上，我就躺在床上读哥哥买的健美杂志或图书。

我经常在一天内把同一本书或者杂志读几遍，这常常会持续几天甚至几周，直到我得到另外一本新书或者新杂志。每次邮筒里一有新杂志，我就会迫不及待地打开阅读。我渴望知道顶级健美运动员是如何健身的，于是把杂志上每一个练习和训练计划都抄下来。当时，我不不知道杂志上的很多内容都是作者捏造出来的并非真的来自健美运动员。我天真地认为，如果按照杂志上推荐的方法进行训练，挤压肌肉、感受肌肉的燃烧、撕裂肌肉群，我就可以让自己看上去和杂志上的健美运动员一样。

俯卧撑、掰手腕和训练伙伴

我终于开始赢得社区里那些块头更大、身体更强壮的孩子的尊重，拥有前所未有的自信，自我感觉非常好。拥有肌肉对我而言很重要，因为 5 年前的事情还让我耿耿于怀。那时我太弱小，没能阻止那个孩子抢我的自行车。拥有肌肉和比其他孩子更强壮很重要，这是你赢得尊重的方式。

记得在我即将升入八年级的那个夏天，有一天晚上，社区里的所有孩子聚在一起比赛掰手腕。我输掉了每一场向我挑战的比赛。每一场！这至少让我很尴尬。

那天晚上我回家很晚，在路上我决定从此以后每天都做俯卧撑，于是一到家就回到自己的房间做了起来。

很可悲的是，中学时我每次只能做两个俯卧撑，我对自己说，每天早上、下午和晚上都要做俯卧撑。那时，我根本不知道我正在使用磨合训练法（Grease the Groove，简写为 GTG）。这种方法似乎是练习俯卧撑的完美方法，它使我从失败中振作起来。俯卧撑被所有孩子当作证明自己拥有或者缺乏力量的唯一运动。在体育课上，俯卧撑给强壮的孩子和弱小的孩子划了一条清晰的界线。我还记得一个孩子曾嘲笑我蹩脚的俯卧撑，因为他比我强壮。

于是，每天我都在状态最好的那组练习中至少增加一个俯卧撑。于是，每组 2 个变成了 3 个，3 个变成了 4 个，4 个变成了 7 个。当我可以连续做 20 个时，我觉得自己是世界上最强壮的孩子。那时我相信 20 是一个神奇的数字。当我开始努力做俯卧撑时，我告诉自己："只要超过 20 个，我就可以赢得掰手腕比赛，并赢得尊重。"遗憾的是，我没有在夏天结束之后坚持做俯卧撑，同时，我们的晚间掰手腕比赛也告一段落了。

回首往事，我真希望自己当初能坚持下来，就像赫舍尔·沃克（Herschel Walker）那样。自重训练不会有错，如今，无论是为自己还是为别人制订训练计划，我都会加入较多的自重训练。

我建议我的运动员以及和我讨论过的运动员在早餐前做俯卧撑。我一直强调做俯卧撑和徒手体操的重要性。毋庸置疑，赫舍尔·沃克对我影响巨大，他因在电视广告中做俯卧撑、引体向上、屈臂撑和仰卧起坐而广为人知。在他还是个孩子的时候，他就曾追着马围着农场快跑。

我仍然不明白为什么自己最终会喜欢上健身，但毫无疑问，这次跟之前明显不同。我确实喜欢上了训练，也很喜欢训练给自己带来的体型变化，这就是我所能想到的全部，也是我想要得到的全部。

在社区其他孩子都在看《好色客》（Hustler）和《花花公子》（Playboy）的时候，我每晚都是捧着健美杂志、开着阅读灯进入梦乡的。每次父母去商场的时候我都会去书

店，他们去购物、吃东西，而我则坐在书店的地板上阅读店里每一本健身图书和杂志。每次离开书店的时候，我都会买一本书或杂志，我的钱主要花在了这上面。

1989 年初夏，我的一个邻居成了我的训练伙伴。他比我年长一岁，是打橄榄球的。与大多数高中橄榄球运动员相比，他很瘦小。我们一起健身的时候，我就像教练一样安

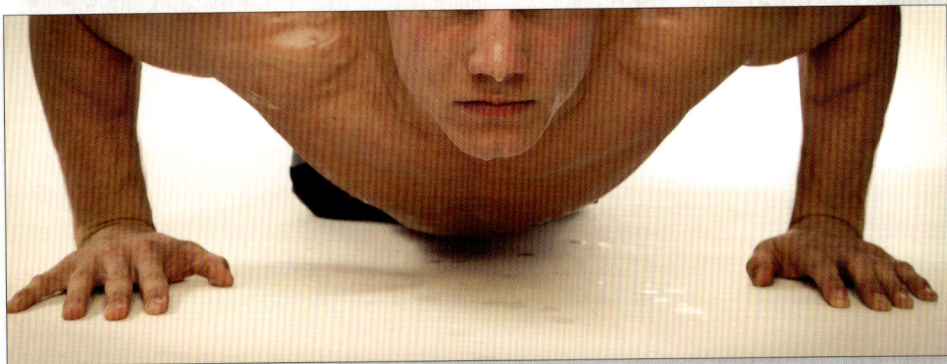

排所有事情，编写我们的训练计划和技巧说明，而这些都是我从健身图书和杂志中的专业健美运动员的论述中摘录的。我们的每次训练都包含超级组和高次数，重复 10 ~ 20 次很正常。杂志中的建议总是与收缩肌肉、感受燃烧、用力挤压、顶峰收缩等有关，而关于增强蛮力和提高核心竞争力的文章一篇也没有。这样的训练只能培养出那种我认为"中看不中用"的人。

回顾那些轻量收缩训练，我觉得那样的训练方式很可笑，即使它们很有挑战性。我不否认，高次数的练习对燃烧脂肪确实很有效，但是高次数的练习和轻重量训练不会练出能够压倒他人的力量，也不会带给你挑战最强对手的信心。那个夏天，我很快意识到优秀的训练伙伴以及竞争氛围的重要性。

我的训练伙伴和我总会努力让自己举的重量比对方举的更大，或者在做杠铃弯举时让自己作的次数更多。我们认为自己很酷。嘿，我们确实挺酷的！整个社区，除了我们之外，没有人做这样的事。当我们训练的时候，我们的朋友会出去打篮球、骑自行车或者只是看我们训练，他们不理解塑造肌肉的意义。他们认为我们很奇怪，所以只是观察我们而不是与我们一起训练。

祖父、我的兄弟和我——祖父对我们的爱无法用语言表达

我的训练伙伴和我都戴着举重手套并系着举重腰带训练，但是，我们现有的最大重量只有 90 磅左右，我们甚至在用 20 磅的杠铃做弯举时也要系上腰带。我会记录每次训练的情况，因为阿诺德说要记训练日志。

我成了社区的举重教练，并激励其他孩子做俯卧撑。我在他们家举重，或者让他们和我及我的朋友一起举重。我帮助所有朋友进行训练。所有人，包括一些比我大的孩子，都来向我请教如何举重。我和我的伙伴每周训练6天，从未懈怠，我们努力在每一次训练中都变得更加强壮。从镜子中，我们能看到自己是否取得了进步。当我穿上无袖衬衫的时候，朋友们告诉我，那绝对是20世纪80年代健美运动员的范儿！

　　虽然我们并没有真正明白自己所做的事情的意义，但我们一直在为之努力并坚持。努力和坚持能让一个蹩脚的训练计划胜过一个缺乏热情、强度和连贯性的完美计划。永远不要忘了这一点。

第二章

正确的开始

巨人安德烈（Andre）的训诫

在我上高中前的那个八月，我们一家人去以色列看望我的祖父母。我非常担心在以色列没法训练，我害怕失去努力训练才形成的肌肉。我那时知道的不用去健身房就可以做的运动只有俯卧撑、引体向上、提踵、仰卧起坐和跑步。

到以色列后，我缠着祖父母和父母为我和哥哥找一家健身房。我抱怨说，如果不能在健身房练举重，我的肌肉会萎缩，同时变得虚弱。以色列的亲戚认为，当我停止举重后，我的肌肉会变得松弛，所以最好不要练举重。我不理他们，因为我想起阿诺德在《一名健美运动员的成长》（*The Education of a Bodybuilding*）这本书中说过类似的事情，他说除了后来成为他导师的少数几个人，每个人都反对他健身。和他一样，我也打算坚持自己的想法。

祖父告诉我，镇上有一个叫安德烈的壮汉经营着一家健身房，人们称他为"巨人安德烈"。安德烈有一间真正的健身房，就在他居住的公寓楼下。那里其实只是几间卧室，但是与摆放着床、沙发等家具的卧室不同，那里确实是一间健身房，但并不是你们所知道的普通健身房，稍后我会详细讲解。

一天中午，所有的以色列人都在睡午觉、所有的店铺都关着门的时候，祖父带我和哥哥去了安德烈家。安德烈开门的时候很生气，因为我们打搅了他午睡，只是站在他面前我就很紧张。祖父告诉安德烈，我和哥哥来自美国，想寻找一个训练场所。安德烈告诉我们可以在当天晚上晚些时候来训练以及训练的费用。祖父付费后，当天晚上我和哥哥就去了健身房。我迫不及待地去训练，因为那之前的三四天我一直在阅读从美国带去的健美杂志和书籍。

在安德烈健身房的第一次训练是我训练生涯中，也是我人生中最难忘的时刻之一，那是我第一次见到奥林匹克举重，在那之前，我甚至都不知道奥林匹克举重这种运动，我只知道健美，只看到了沙滩肌肉，我沉浸在对健美的热爱中。

安德烈的健身房很小，因为他的房子本来就是为了居住而建的，而不是为了训练或健身而建的。健身房里放着哑铃、固定杠铃和各种器械，如高拉训练机、腿部伸展机和屈腿训练机，全都是典型的健身房设备。安德烈自己的健身场地在一个角落里，与所有"正常人"训练所用的"正常"器械隔开。房顶部分比较高，地板上也有两部分比周围高，便于在做奥林匹克举重的时候把杠铃抛下。整修过的部分地板上铺有裁好的橡胶，这样杠铃的两端就会落在高出来的铺有橡胶的地方而不会对地板造成伤害，之前我从未见过或听说过这种东西。

安德烈不与任何人说话，专心训练。而其他人也都离他远远的，做自己的练习。我也努力克制自己，不去关注他或者盯着他看，而是专注于自己的训练。我记得他做的练习与我之前见过的完全不同，即使今天我依然这么认为，我现在还记得那些动作。

安德烈正在做箭步挺。迄今为止，我从未见过那么快、那么猛烈、那么有爆发性和攻击性的箭步挺。我多么希望那时的自己就具备如今的健身知识，我愿意日夜住在健身房向巨人安德烈学习。不幸的是，那时我完全没有接受过正规指导，或者像某些人说的，我被杂志"洗脑"了。

在做完箭步挺之后，安德烈又做了高拉、翻举和背负杠铃深蹲跳。他在完成动作后丢掉杠铃，你能够听到杠铃片撞击地板上的橡胶时发出的隆隆声响。

安德烈的体格就像你想象中的欧洲举重运动员那样。他穿着背心、短裤和举重鞋，系着皮质的举重腰带。他的脚踝和膝盖很小，小腿肌肉块很大并且轮廓清晰，他的大腿从短裤中露出，有着厚实的股四头肌和发达的腘绳肌。他的胸肌撑起背心，他的肩膀像炮弹一样圆圆的，他的手臂看上去粗壮有力。

他做奥林匹克举重的时候，我很震惊，"这个家伙到底在做什么，他看上去像一个白痴"——这样的念头闪过我的脑海。我装得很酷，想到自己记住了健美杂志上的每一篇文章和每一个词之后，我自认为是专家。

我永远不会忘记那一天，在训练间隙，哥哥问我："嘿，扎克，今天你打算练什么？"我自信地回答，声音大得足以让其他人听到，我希望自己的专业知识给他们留

下深刻印象："今天我打算做胸部和背部的超级组练习，首先是 4 组每组 10 次的杠铃划船，然后是 4 组每组 10 次的哑铃飞鸟……"

完成了漫无边际的训练宣言后，我站在健身房中间做俯身杠铃划船，但是我并没有察觉到自己的动作不正确——我的后背是弓着的。在我做到一组练习中间的时候，安德烈那深沉的、伐木般的声音突然响起来，他操着蹩脚的英语朝我大喊："你的动作是错误的！"他的声音把我吓坏了。当他吼叫的时候，就好像拥挤的夜总会中音乐突然停止了一样，整个健身房都静止了，所有人都停了下来。

我和祖父在以色列

安德烈向我大声喊叫，说我正在用错误的动作伤害自己的背部。他走到杠铃旁，向我演示我的错误动作，然后又演示了做俯身杠铃划船的正确动作。他做正确演示的时候后背是挺直的，并且将杠铃杆拉到了颈部，而非胃部，但我做这个动作时后背却像一根香蕉一样弓着，这显示出我当时多么孱弱、多么缺乏锻炼。我很尴尬，同时对安德烈心生畏惧。我满眼含泪离开了健身房，一个人站在街对面的大草坪上。

在我离开几分钟以后，哥哥试图说服我回到健身房，但他没有成功。不久，健身房里的其他人陆续走出来，他们向我喊道："已经没事了，回来继续健身吧！"当我一边哭泣，一边向所有人挥手拒绝回到健身房的时候，我听到杠铃落在地板上的声音。砰！砰！砰！安德烈始终没有出来看看我。最终，每个人都放弃劝我并回到健身房里继续训练。

当祖父和父亲一起来接我和哥哥回家的时候，安德烈告诉他们，我的动作是错误的，他试图帮助我，我却吓哭了。安德烈认为我完全不知道自己在做什么，如果我想变得更加强壮就需要听从他的指导。在回家的路上，祖父告诉我应该听安德烈的，并坚持说专家是安德烈而不是我。

我很沮丧，因为从书上和杂志上获得的知识让我很失望。我认为应该"感受肌肉""挤压肌肉"，关注肌肉的顶峰收缩，而不是关注能举起的重量。我想做肱三头肌下压和背阔肌下拉、腿伸展和腿弯举，就像杂志中告诉我们的那样。我认为安德烈是一个疯狂的白痴，他背负着大重量跳跃，而不是挤压肌肉。我认为会受伤的那个人是他，而不是我。我从未见过、听到或读到过安德烈的训练方法。

在 20 世纪 80 年代，杂志上并不提倡健美运动员做奥林匹克举重或者力量举。健身房里没有人做力量翻、箭步挺或者深蹲跳。人们会坐下或者躺着用史密斯机和线缆滑轮机进行训练，认为站在地面上举重很危险。

　　不幸的是，我没有读过20世纪50～70年代的"老派"杂志，如《力量与健康》（*Strength and Health*）或者《肌肉塑造与力量》（*Muscle Builder and Power*）。那些杂志支持健美运动员举重，做力量举和奥林匹克举重，他们也鼓励健美运动员吃肉和土豆，喝牛奶，甚至做徒手体操。

　　举重和力量举是一种适合密室或者车库健身房的训练方式，但不适合普通的健身房。在当时所有的健身房中，练习力量举的人只有1%。硬拉？在我刚开始训练的时候，我没有听说哪个健美运动员因此变得更强壮。不幸的是，我早期受到了错误的影响和指导，因此后来在很多方面付出了代价，后面你会了解到这些。

　　大约10年后，我又一次来到以色列。我看到安德烈健身房里的器械被堆放在泳池旁的露天帐篷里，它们全都生了锈，看上去好久没有人用过了。我很伤感，我想知道这些东西为什么会被废弃，安德烈的健身房到底发生了什么事，最重要的是，巨人安德烈到底发生了什么事。

　　在我度过了短暂的"半生"之后，25岁左右，我意识到自己才是真正的白痴，如果我想变得强壮和结实，我就应该按照安德烈的方法训练。于是，我开始学习正确的训练方法以及如何增强特定类型的力量来提高运动表现。我终于明白，通过训练变得更强壮和成为一名优秀的运动员与所有"充血、挤压和感受肌肉"这些我一直以来学到的东西毫无关系。嘿，晚知道总比不知道好。

　　在我遇到安德烈的20年后，在北卡罗来纳州（North Carolina）的力量教练诊所，我遇到了罗马尼亚（Romanian）的前奥林匹克举重教练伊什特万·亚沃雷克（Istvan Javorek）。亚沃雷克教练给我讲述了一个关于罗马尼亚举重冠军的传奇故事，这名举重冠军后来离开罗马尼亚，搬到了以色列。亚沃雷克教练将其描述为一名令人惧怕的举重运动员、一名注定成为世界冠军的运动员。这个人就是安德烈，或者就像罗马尼亚人那样，我们可以称呼他为巨人安德烈。

亚沃雷克教练已经与安德烈失去联系 40 多年了。当我告诉他我在安德烈家里训练过，告诉他安德烈像野兽般强壮时，他特别激动。当然，谈到安德烈如何把我弄哭时，我们都笑了。

回首在以色列的日子，我希望有一位像安德烈那样的导师，以正确的方法——把重物举过头顶、从地面抓起重物、进行臀部碰到草皮的负重深蹲、把杠铃放在背后做深蹲跳等，把我训练成一名真正的男人。

在体育运动中，我们能否成功在很大程度上取决于我们在身体上和心理上是否做好了充分的准备。我写这本书的目的，就是帮助你做好准备应对人生中的挑战，通过增强身体和精神的力量帮助你获得成功。

当你阅读我的故事和我训练运动员的方法时，永远不要把自己排除在外。这里的"运动员"指的就是你，和你的年龄、性别、工作等无关。我认为每个人都是运动员，无论你是否参加竞技体育运动。

第三章

寻找“捷径”

“最好”的训练计划

是否存在一个“最好”的训练计划，比其他计划都好？是否存在一个训练计划，没有任何缺点，没有任何风险，并且能让你日复一日地持续进步？

事实上，所有的训练计划都有瑕疵。你会遭遇平台期，甚至受伤，特别是在你进入更高级的训练阶段时。你可能训练得太辛苦，没有充分休息，或者太急于举起大重量，这些错误反而会使你将自己的训练安排得更合理。痛苦是最好的老师，世界上没有完美的或者最好的训练计划。

请记住，你的训练目的不单单是塑造更大块、更发达的肌肉，肌肉更发达只是表象。你的目的是打造一个表现优异的身体、一个能带给你自信的身体、一个能帮助你在人生中获得更多成功的身体。最适合的训练计划会随着你的目标和生活的变化而改变。随着年龄的增长、工作的变化等，我们会经历人生的不同阶段。无论何时何地，你的训练都必须能够磨炼你的精神和意志，为你提供内在的能量去迎接挑战、克服困难。

继续阅读本书，你会注意到本书试图满足你的多方面需要。或许你是一名体育教练，或许你是从事某一个或者几个体育项目的运动员，或许你正在按执法部门、安全部门或者军队的岗位要求进行训练，或许你像我一样正在“为人生训练”，无论有何种目的，你的训练都一定要有激情、有强度。如果没有激情和强大的内在驱动力，你就只能是个普通人。当你阅读和学习本书的时候，使用那些能够引起你共鸣的方法，并测试那些你质疑的方法，去看看什么方法更适合你。未经试验之前请不要随意做决定。如果事实证明某些方法是错误的，那就选择正确的方法，结果将为你指引方向。坚持那些有效的方法，改进那些无效的方法。

在青少年时期，我不知不觉就错过了那些自己真正需要的文章以及那些不受条条框框束缚、打破常规、主张创新的文章。这本书综合了我老师的经验，以及自 1989 年以来我从生活和举重中得到的教训。幸运的是，我手头有很多“老派”的资料，而这些资料其他人并不感兴趣。不幸的是，在我还是一名有竞争力的运动员时，那些我所需要的、成堆的“老派”图书和杂志却被我莫名其妙地忽视了。

我错过了肯·莱斯特那（Ken Leistner）博士写于 20 世纪 80 年代中期的一些文章——他在其中探讨了他的孩子和运动员们使用焊接了把手的工字钢和粗铁棒等古怪物

件进行训练的方法。他使用了多种疯狂的训练方法，甚至包括推汽车。在 20 世纪 80 年代和 90 年代初期，很少有人了解这种"老派"的力量训练，不幸的是，我也不了解这种训练。

但是，正如人们所说，老树可以发新芽。

在青少年时期，我读过的每一篇文章都是关于感受肌肉、挤压肌肉和恒定的张力的——永远不要锁定推力动作以保持对肌肉的压力。没有人告诉我应该经常做负重深蹲、硬拉以及农夫行走，也没有人告诉我从地上抓起重物并把它们举过头顶对增强蛮力的重要性。这些内容是杂志的禁忌。同样，没有哪个使用这些方法的人会在自己的书中提到这些，至少我从没遇到过。相信我，本地的每一家书店我都去过。

我当时对真正强壮和看上去强壮的区别一无所知——甚至不理解。现在有"功能性力量训练"或"功能性训练"的说法，而以前没有这样的术语。我也从未在杂志架上发现过关于力量举的杂志，我读到的都是关于训练肱二头肌、做拉力器十字夹胸和蝴蝶机夹胸的文章。即使是做背阔肌器械下拉和坐姿哑铃弯举这样的练习时，所有人也都被告知要系上举重腰带。增强握力？没有人这样训练，当时我们被鼓励使用腕带，这样可以集中精力挤压背阔肌并且在平衡点之外抓握。

肯·莱斯特那博士演示"老派"训练方法

肯·莱斯特那博士做硬拉

没有人鼓励我增强握力并通过训练打造有力的双手。我真应该更加认真地看一下阿诺德及其伙伴的那些激动人心的黑白照片，他们在做引体向上、硬拉、杠铃划船等练习时从来不用腕带，并且他们都使用大重量。

学习的艰苦历程

有人说痛苦是最好的老师，我希望这句话对你不适用，我希望你愿意从我的痛苦中学习，从而避免不必要的痛苦。高中时，作为一名摔跤手，我艰难地明白了这个道理。我的训练对改进我的身体素质和心理素质基本上没有任何用处。在那个时候，对一个身体并不是很结实的孩子来说，摔跤并不是最好的体育运动。我是骑自行车、打橄榄球长大的，这两项运动都没有使我变得更加强壮。中学一年级是我练摔跤的第一年，哥哥使我确信摔跤始终是人类最好的运动，我应该停止打橄榄球，并成为一名摔跤手。

摔跤会以它的方式教会你关于生活的很多事情，告诉你如果想在体育领域之外获得成功需要做些什么。如果你想成为一名成功的摔跤手，你必须拥有下面两种品质。

1）你必须很坚强，无论是身体上还是精神上。
2）你必须很强壮。

伊桑·里夫教练让我印象深刻，他的训练方法确实是正确的！

高中一年级的时候，我不具备成功的运动员应该具有的心理素质。当时，我只有13岁，而其他孩子的年龄都是14岁，甚至15岁。思想上，我也很不成熟。每一场比赛我都输了。实在是太糟糕了，这是我人生中最困难时期的开始。一次次地输掉比赛令我非常沮丧，我能想到的就是我在健身房训练得那么努力，而我在比赛中获得的回报却那么少。对摔跤这种类型的运动而言，我的肌肉是未经训练的，而在我进行的美男子风格的训练中，我也没有学会拼搏和奋斗。

我认为变得更强的唯一方式就是提高摔跤技巧，因此我坚持训练。提高摔跤技巧对我来说至关重要，强壮而无用不是我想要的状态。我的确变得更强，但是我的肌肉更多是为了展示而不是为了使用，你明白我的意思。

每逢摔跤赛季，我都会犯一个严重的错误，时至今日，无数运动员以及他们的教练和父母还在犯这个错误。只要赛季到来，我就会完全停止举重。停止举重这件事就像我

的训练方法一样糟糕。当你停止力量训练时，你的力量会削弱，身体素质会变差，受伤的可能性也会增加。力量是你提高速度、增强耐力、树立信心以及预防伤病的基础。没有力量，你很快就会在竞争中丧失优势。

我认为每隔一天我都应该跑步而不是举重。我模仿别人，随波逐流。我不知道这个愚蠢的想法是如何产生的，后来我艰难地认识到了自己的错误。我缺少常识，并且完全忽略了身体的需要以及身体对训练的反应。

额外的训练和高强度的跑步实际上使我变得更加虚弱，也减弱了我的自信心，使我身心俱疲。当时我并没有意识到这些，我以为那是唯一正确的训练方法。我希望你不要犯这种想当然的错误，事实上有很多正确的训练方法可以帮助你达成目标。

高一的摔跤赛季一结束，我就马上返回健身房训练。事实上，我都迫不及待想要举重了。其他摔跤手都会休假，但是我从不休假。时至今日，我还能看到运动员在赛季结束后一休假就是几周甚至几个月，可以看出，他们很懒惰并且缺乏使自己变得更强壮的热情。如果对训练没有热情，训练时你就不会感到快乐。对你来说，即使训练十分残酷并且有较大挑战性，你应该能从中得到乐趣。尽管我还是坚持做着与往常一样的训练——腿部伸展、坐姿夹胸、俯卧撑，以及所有产生泵感的训练，但训练时我的感觉很好，即使我不明白为什么训练不能使自己成为冠军也无所谓，我很享受训练的过程。

虽然我的训练很具挑战性（我使用高强度的方法，如递减组、超级组、计量训练等），虽然我的肌肉会燃烧，但我也不得不与乳酸疼痛做斗争，这些方法也没有给我带来一名摔跤手所必须具有的压倒性力量和爆发力。

那种我从杂志和书上学到的美男子风格的训练方法没有帮我突破身体和精神的界限，当然更没有突破灵魂的界限。那种训练没有使我获得克服困难的能力，没有使我受到磨炼，也没有使我拥有在赛场上或人生中取胜的爆发力。如果你想做一些产生泵感的展示训练，应该在训练到精疲力竭之后再做。就像你不能先吃甜点，应该先吃牛排和土豆一样。只有在完成了残酷的训练之后，你才能赢得吃甜点的权利。

第四章

力量即信心

橄榄球之鹰与虎之眼

高中时，学校的橄榄球队是一股不可忽视的力量。我在比赛日看见那些男生穿着橄榄球衫走进大厅的举重室，那个举重室就在又小又狭窄的地下室中。

几乎每天放学之后，我都能听到举重室传来的《洛奇4》（Rocky IV）的电影原声音乐的回声。橄榄球队的主教练沃伊契科（Wojcik）先生和他的队员就在那里训练。

举重室很小，设备也很简单，里面只有一个诺德士牌健身器械、两张水平长凳、一张上斜长凳、一张坐姿实力举长凳、一些哑铃和一个小的框式深蹲架。

我记得自己走过举重室，透过玻璃窗往里看，沃伊契科教练正在和他的队员一起训练，一组又一组，一次又一次。即使是四分卫，他们最小的运动员，也在使用大重量训练。在这个举重室中，没有对伤病的恐惧。所有人都使用 45 磅和 25 磅的杠铃片，只有四分卫在做 245 磅的卧推时使用 10 磅的杠铃片。我看到他们在做每组 2～5 次的卧推训练，135 磅，然后是 185 磅、225 磅、275 磅和 315 磅，有几个人甚至使用了 335 磅的重量。

我记得他们把双脚放在长凳上，用臀部和整个身体去做卧推，当时我认为他们是白痴，如今我感到很羞愧。他们那时赢了很多场比赛，很受尊重。他们的训练并不完美，但是确实强度很大并且充满激情。

橄榄球队坚持最基本的训练，包括卧推、坐姿颈后推举和杠铃借力弯举，每当我走过举重室的时候他们总是在

做深蹲。沃伊契科先生把他的队员训练得很强壮，所有队员都充满自信，都有着惊人的力量和顽强的精神。他们是一支强有力的队伍。

这样的训练远不够完美甚至算不上均衡，但他们学会了如何在举重室战斗。他们学会了如何与大重量抗衡，如何互相鼓励。这使他们有信心一起战斗，而一起战斗就是橄榄球的比赛方式。信心对橄榄球和人生而言都很重要。合理的训练将会使你在生活中处处都取得成功，而不只是在体育运动中。

在团队的力量和体能训练中，团队精神的培养也很重要，如今却缺失了。每一个孩子都想要一个特殊的训练方案，即使他自己连一个动作标准的深蹲都无法完成。我把这归结于信息过剩，那些信息并非全部正确。

力量训练方案中所缺少的一个很大的部分就是增强力量，很讽刺吧？如果你的训练不是为了变得更强壮或者作没有用正确的方法举重，就不能被称为力量和体能训练。

当我20多岁指导别人摔跤时，一名高中摔跤教练给我讲了一个故事，教练说自己曾指导过一名摔跤手，他技巧熟练，但就是缺乏在更高级别的比赛中取胜所需要的顽强精神和狠劲。

教练鼓励这名摔跤手在高中最后一年参加橄榄球运动，目的是让他通过橄榄球运动中的碰撞变得更加顽强。起作用了！高中最后一个摔跤赛季是他个人最成功的一个赛季。那之前他从来没有资格参加州一级的锦标赛，而在高中最后一年他做到了。他变得更加顽强也更加勇猛了，而这两个特质正是他之前不具备的，也是他要参加州一级锦标赛必须突破的障碍。

回首往事，我意识到自己本来也可以使用这些方法；也可以变得更加强壮；也可以花更多的时间举重，并且通过在橄榄球赛场上的碰撞变得更顽强。活到老学到老，举重也是如此。不是每个人都天生顽强，我当然也不是那种占有先天优势的人，我不得不学习！

功能性训练

1989～1993年我在上高中，那时，人们不知道功能性训练或者针对具体运动项目的专门性训练，健美就是唯一的训练方法。来到健身房，你看见一些来自其他学校的运动员在那里训练，然后你就会认为自己到了正确的地方。

除了从本地健身房和健美杂志里学习训练方法，我别无选择，我继续大量地阅读健美杂志。我的肌肉越来越发达，看上去也更加健硕，但是为什么我还是会输掉摔跤比赛，我感到越来越困惑，也越来越沮丧。我甚至认为自己看起来比对手更加强壮。

当我感到自己不如对手强壮的时候，我想到了比赛时的情况：在比赛第一阶段（两分钟）之后，我会因为无力而困惑，会因为无法抓住对手而沮丧。那是一种超乎想象的困惑和沮丧，在比赛时严重破坏了我的心态，影响了我的表现。

　　有些肌肉是用来在沙滩上展示的，有些肌肉是真正有用的。遗憾的是，我的肌肉属于前者。正如我之前提到的那样，高中一年级的时候，我的体重只有 120 磅。高中毕业的时候，我的体重增加到了 175 磅，并且有粗壮的腿、宽阔的背阔肌、像被雕刻过的胸肌、轮廓明显的腹肌和肌肉发达的手臂。我为自己在体型上的进步感到自豪，但对没能在摔跤上取得成功感到失望。我试图顺其自然，但是在内心深处却一直因为没有在摔跤上取得成功而耿耿于怀。

　　高中毕业 10 周后，我进入了大学，那时我已经 185 磅了——整整重了 10 磅。健美是我唯一的关注点。练习摔跤多年，我想要并且也需要休息，我感到一种只想与自己竞争的强烈欲望。我厌倦了失败，不想再体验那种感觉了。作为一名摔跤手我并不成功，但是我真的认为自己能够成为一名有竞争力的健美运动员。

　　大学一年级的时候，学校里有一支强大的摔跤队，排名全国前十，但是我心里并没有想去摔跤的冲动。我通过摔跤明白了精神的力量是如何决定成败的，打算吸取教训并专注于实现自己的健美理想。

　　我开始住在健身房里——确实是那样。在大多数日子里，我每天训练两次。上大学棒极了，因为大学的课程设置很灵活。我不在家写作业，而是坐在健身房的吧台完成作业，只是为了在做作业的时候可以听到杠铃片摔到地板上的声音或者杠铃片相互碰撞发出的叮当声。我感觉自己好像一定要待在有杠铃的地方。健身房就是让我感到慰藉的地方，那是一个可以同时忘记自我又发现自我的地方。

　　作为一名大学新生，我只有 17 岁，按照今天的标准衡量属于年轻人。我那时还很不成熟，还在探索我到底是谁，以及我能够做什么事情。出了健身房，我并没有太多自信。四年来我努力练习摔跤，但是却年复一年地失败，我的内心很受伤。

第五章

精神即力量

精神胜过物质与以色列先生健美比赛

> "我是我命运的主宰，我是我灵魂的统帅。"
>
> ——威廉·欧内斯特·亨利（William Ernest Henley）

大学一年级（1993年）的初冬，我开始经历一段艰难时期。我在学校的生活遇到了困难，并且也没有学好功课。我被留校察看，感觉迷失了自我。

我很沮丧，不知道如何突破生活中的障碍。我试图通过健身训练来保持快乐，但是却很难振作起来应对大学中的挑战。我太年轻了，不知道怎样运用心灵的力量。我虽然还活着，但是活得没有意义。在这段沮丧的时期，放任自己的情绪几乎毁了我的全部生活。

我几乎每一门课的成绩都很差，我没有变得更加强壮，也没有长出更多肌肉，在这段艰难时期，我需要解决这一生要做什么的问题。

我想到了阿诺德·施瓦辛格。他说，作为一名健美运动员，你必须保持冷静，不能被外界的负面信息影响。我试图按他所说控制自己的思想，但是在那么小的年纪，我不知道怎样才能做到这一点。我的情绪控制着我，连续6个月我都沉浸在沮丧之中，我不知道如何用精神力量去应对负面情绪，这将成为我人生中最重要的一课。

大学二年级前的夏天，父母又一次让我和他们一起去以色列。我那时因为太沮丧而不想去，父母对我彻底失望了，他们不想把我一个人丢在家里，所以对我提出了警告。别无他法，我

我的哥哥埃隆在以色列军队

和他们一起去了以色列。

哥哥当时在以色列军队服役，他告诉我，祖父居住的小镇上新开了一家健身房——非常小。他还告诉我一个叫作乔的疯子，从美国迈阿密（Miami）来到以色列训练以色列海军的海豹部队。人们管这支以色列海豹部队（三栖特种部队）叫作低鸣战士（Shayetet）。乔是一个极其强悍的家伙，无论是身体上还是精神上。他几乎每天都在举重，每隔一天就会去游泳或者跑步。

到达以色列的第一天晚上，我就径直去了阿夫纳（Avner）的健身房。健身能够使我不陷入绝望。当我慢跑着穿过小镇去健身房的时候，呼吸着新鲜空气的感觉棒极了。与美国的新泽西州相比，以色列的空气闻起来很特别。无论身处何处，我总是因为这新鲜的空气而感到充满活力。这里的空气赋予我的身体和思想一种力量。即使是天气寒冷的时候我也会在户外新鲜的空气中训练，冷空气让我保持强壮，我害怕自己因为暖气和完美的环境而变得贪图安逸。

我兴奋地来到了健身房，并且不再是那个皮包骨头的只有120磅的孩子。那里很安静，因为时间已经很晚了，距离闭馆只有45分钟。绝人多数人此时应该已经回到家，做"正常人"此时应该做的事情。我到健身房后马上就开始进行肩膀和手臂训练。

这家健身房的老板阿夫纳同时还是以色列的健美裁判。当他看到我在训练并了解到我只有18岁的时候，马上向我介绍三周之后将要举行的以色列先生健美比赛。他坚持让我代表他的健身房参加青少年组的比赛。

我当时很沮丧，所以马上拒绝了他，我的情绪越来越低沉，训练时对自己没有一点儿信心。但是正如你接下来将要了解到的那样，这段沮丧的时期激励着我，使我树立了帮助他人的目标。生活和训练确实是紧密相关的。

到以色列的第一周，我每天都在阿夫纳的健身房训练，他不停地说服我去参加健美比赛。每次他这样坚持的时候，我都会回答"不"，然后他就会失望地摇摇头。

训练结束后，我会走回家或者慢跑回家，路上我会问自己："这是你今后想做的事情吗？你会为自己找借口然后停止接受挑战吗？你今后会因此而后悔吗？"

我试图摆脱沮丧的情绪，但是找不到凝聚内心力量的方法。更糟糕的是，我不知道如何像一名冠军那样思考、战胜挫折。我陷入沮丧而无法自拔，不知道应该做什么。我的朋友阿米尔（Amir）直截了当地告诉我，我对生活的消极态度妨碍了我的生活。他给我上了简短的一课，但是这一课对我影响很大。他说我不能每天像一个死人、一个僵尸那样四处闲逛。他说我应该为自己生命的每一天而激动地醒来，我不应该沮丧，我应该每天早晨问自己一个简单而有力量的问题，并说类似这样的话："今天将会是美好的一天。今天将会发生哪些美好的事情呢？"

虽然一些人会觉得这些话听起来很奇怪也很老套，但对我确实起作用了。我记得那天晚上他关于保持幸福感以及如何改变自己每天的想法的言论对我产生了巨大的影响。第二天醒来后我按照阿米尔说的那样做了。我告诉自己应该怎样度过这一天，我对自己说："今天将会是美好的一天！今天将会发生哪些美好的事情呢？"

那天早上醒来以后我感觉自己获得了新生，可以迎接全世界的挑战，有能力得到自己想要的一切。我在沙滩上画了一条线和过去告别，我再也不想回到那些沮丧的日子了。

我开始体会到思想和语言的力量。阿米尔是正确的，我只是活着，但是活得没有意义。那天吃早饭时，我告诉家人，我将会参加两周后的以色列先生比赛，我希望家人能每天帮我做六顿饭。那时，这是健美运动员都遵守的饮食习惯，每 3 小时准时吃一餐。母亲和祖母说她们一定会全力帮助我，我想她们看到我脸上的微笑时一定兴奋极了！比赛又开始了！

那一天，我带着一种全新的态度去了健身房，热情而又兴奋，感觉就像开始了全新的生活。我准备大干一场，并愿意竭尽全力赢得这场比赛。我面带笑容地冲进健身房，阿夫纳看上去已经在健身房等了我一天了，他踱来踱去，看到我之后立即问我："你打算参加比赛吗？"我回答他说："是的！我决定参加比赛！"

我的回答好像启动了一个程序。他立刻对我说："那么我们马上开始训练。"这使我想到了电影《洛奇 3》（Rocky III），当洛奇告诉米基（Mickey），他将和克拉勃·兰（Clubber Lang）打一架并且要赢的时候，米基立即比以往更加严格地训练洛奇，而我们也恰恰就是这么做的。

阿夫纳、乔和我就像被狂人附身一样，每天都训练，而且每天训练两次。比赛前两周我们的训练强度大极了，然而奇怪的是，我竟然没有感到疼痛和不适。我们就是这样被激发出全部潜力，我们的训练强度把健身房里的其他人吓坏了。

阿夫纳健身房的设施是非常基本的，只有哑铃、一台拉力器、一个双杠和一个连在

长凳上的深蹲架。我们使用大重量，训练也很刻苦，每一次训练都相互较量。全新的生活态度给了我一种势不可挡的能量。早上我和阿夫纳一起训练，而到了晚上我和乔以及阿夫纳两个人一起训练。晚上训练后我还会练习一小时健美姿势。我严格控制自己的饮食，停止吃面包、牛奶和乳制品，只吃鸡肉、蔬菜和鸡蛋。我感觉自己就像阿诺德·施瓦辛格一样，在为自己在另外一个国家的第一场健美比赛而训练。

比赛前的两周过得飞快。比赛前一天有一个全体参赛者参加的会议，那天的情景我至今记忆犹新。会议地点是一个巨大的竞技场，那里看上去像是古罗马人进行摔跤或者角斗士进行战斗的地方。这个地方散发出的能量与我之前去过的所有地方都不同。这个竞技场有一个开放的屋顶，当风吹过的时候，你能看到美丽的天空。参加会议时我非常紧张，因为会上会宣布比赛规则以及参赛选手必须知道的重要事项。

阿夫纳也参加了会议，因为以色列健美联盟的裁判将会与我们一起讨论比赛规则。一共有不到 20 个参赛选手参加青少年组的比赛，他们的年龄都不超过 18 岁。

其他青少年组的选手一看到我就开始打量我，估计我的水平。我当时穿着短裤和背心，打算从心理上战胜对手，而阿诺德面对对手时也总是这么做。我知道心理状态对能否获胜影响很大，我决定利用这一点来帮助自己。其他选手都穿着长运动裤和旧运动衫，这使他们显得特别魁梧。

我记得自己用眼角打量他们的时候很紧张，并自言自语："天哪！这些家伙看上去太强壮了。"在比赛过程中，我了解到他们并没有那么强大，是他们所穿的衣服让他们显得很魁梧罢了。他们所有人都在运动衫下面穿了好多汗衫，这让他们看上去比实际强壮好多。

开会了解规则的时候，其他选手马上就问我"哇！你这么大个头，你的胃长什么样啊"之类的问题。我说："我的胃挺好的。"我那时的希伯来语水平并不高，但是我知道他们是希望从精神上战胜我，让我失去斗志。他们很紧张，比我还紧张。

第二天，比赛开始前，我们在竞技场的地下室会合。我觉得这很奇怪，但是我被告知这只是为了给评委更多机会和选手讨论比赛规则，于是我只能跟着人群走，远离其他所有参赛选手，在地下室的一个小房间里做赛前准备。

从深陷沮丧到实现成为一名健美运动员的梦想，我的转变非常快。当比赛开始时，我感觉自己的灵魂附在阿诺德的身体里——尽管是在地下室里，而地下室也正是他开始第一场美国健美表演的地方！我清晰地记得阿诺德的话，他说自己比赛前在地下室举重，在椅子之间做俯卧撑，通过伸展运动来使自己的胸肌再大一点儿。

我按照阿诺德说的那样做准备。乔全程都和我在一

起，使我保持斗志，并集中精力练习举重，直
到有人叫我们去参加比赛。当我做俯卧撑、杠
铃划船、弯举和提踵的时候，其他选手都试图
接近我。乔像一只斗牛犬一样保卫着我，不让
他们接近我。

其他选手仔细观察我的每一个动作，他们
看到了我眼中的激情，我就像一名角斗士，时
刻准备着打败对手，那是我人生中第一次对自
己所做的事情以及自己究竟是谁真正地感到自
信。为达到这种状态而做的所有事情都让我充
满激情，那种感觉棒极了。

当其他几名选手试图鼓励我的时候，乔立
即告诉他们："不！不要理他！"他们被乔吓
到了。我看到了他们的眼神，他们很害怕，并且意识到我去那里就是为了赢得比赛，其
他人至多只能是亚军。

在我等待裁判呼唤的时候，一名选手指责我使用了类固醇，他说我从韦德先生那里
得到了类固醇。那时，年轻的阿诺德已领导健身界几十年，而此前，乔·韦德曾经是所
有健美杂志的封面人物，也是所有健身设备和健身补剂的代言人。

我感觉受到了冒犯。那些不懂得努力和全身心投入的选手无法理解要想训练有成必
须有所付出，他们总是在寻找捷径、灵丹妙药和"训练秘诀"。

每当我想起自己和那些选手的对话，我都会笑得肚子疼，因为我知道今天的人们会
如何看待他们所有的借口。但是在那个时候，作为一个只有 18 岁的孩子，当别人指责
我使用类固醇的时候我很生气，因为我从 13 岁半开始就一直在拼命训练。我认为自己
是全世界青年健美运动员里面训练最投入、最刻苦的人。

仅仅因为一个人比别人更强壮就指责他使用类固醇是非常可耻的，那些选手不会理
解全身心投入训练所能带来的好效果。根本就不需要类固醇！只需要持续地、高强度地
进行大重量的训练！你必须按照健美运动员的方式去生活、去训练，使身体和精神得到
恢复和激励，进而取得最好的结果。自始至终都需要全力以赴，不能半途而废。

尽管我是作为健美运动员而不是作为摔跤手进行训练的，但我仍感到最终找到了属
于自己的世界。健身是我整个青少年时期的精神支柱，有关类固醇的指责使我犯难了几
分钟，冷静下来后，我努力捍卫自己多年以来的训练成果。我试图向他们解释如何通过
刻苦训练取得成功，不过其他选手无法理解。要想真正理解，就必须和我一起训练，看
看我的饮食、作息和训练方式。

在新泽西州的健身房和我一起训练的年长举重运动员曾经说过，没有人能够在不用
类固醇的情况下像我这么高强度地训练。那些选手显然从来没有练习过摔跤，摔跤教会

了我什么是真正的高强度训练。

当宣布青少年组选手上台的时候，我还在后台，全神贯注地准备展示我作为一名健美运动员的训练成果。我很自信，内心坚强。我不确定自己是因为过于激动还是因为站在一千多人面前脸上才终于有了笑容，当裁判请青少年组选手依次站好的时候，我走上舞台，感觉就像在自己家一样。我已经在镜子前练习了几千遍，就像所有健美运动员那样。我的家人和朋友都在喊我的名字，我比其他选手获得的喝彩助威声都要大，我的信心也更足了。

这是一场与众不同的健美比赛，和我在美国看到的健美比赛不一样。在美国，裁判会一个一个地叫选手出来，让他们展示特定的姿势。而在以色列，所有的选手要站在一起比赛。

一眨眼的工夫，比赛就结束了。当青少年组的动作展示结束后，裁判开始宣布前五名。我紧张极了，因为我那时并不知道裁判的想法。从观众热烈的欢呼声来看，我肯定是第一名，但是我不能太自信。

当裁判宣布前三名的时候，我更加紧张了，裁判要求选手再做一次展示，让观众为他们最喜欢的选手投最后一票。终于，比赛结果揭晓了，我激动不已，我成了1994年以色列先生青少年组的冠军。观众们像疯了一样欢呼，而我的家人也在其中。

当我拿着奖杯走到走廊入口的时候，有一大群人，其中有很多十多岁的小孩子，围着我表示祝贺。还有一些人问我如何拥有更发达的胸肌和肱二头肌等问题，我努力用自己会的有限的希伯来语回答他们。我感觉自己正在经历着阿诺德在《一名健美运动员的成长》这本书中描写的事情。

强大的精神造就强大的身体

大约在以色列先生健美比赛两周后，我回到了新泽西的家中。我获得了重生，思想、心态和身体比之前任何时候都要更强大。我立刻以崭新的热情投入训练和生活，仅仅两周，我的体重就从 185 磅增长到 196 磅。我在两周内长了约 10 磅！我很快明白了精神的力量是成功的重要因素。我评估自己的过去，分析为什么没有取得进步。我意识到，在那沮丧的 6 个月里，我的肌肉和力量一点儿都没有增长。当我改变心态并开始控制自己的人生时，我的身体也随之发生了变化，也开始在生活中的其他领域取得成功。消极的思想以及对完美的追求阻碍了我在高中时期成为一名优秀摔跤手，而这也最终阻碍了我获得幸福。完美是不存在的。不要总是埋怨自己不够完美，把注意力放在你的进步上面，你可以庆祝生活中每一个小小的成功。我慢慢懂得了，判断你是否成功，最好和过去的你相比，而不是和你想要达到的状态相比。

你的目标会激励你更加努力并取得更多的成就，但是认识到和庆祝你取得的进步也会使你情绪高涨，使你经常感到幸福。不要低估幸福感的力量！

有了这种全新的态度，我对生活中的所有事情都充满激情——无论是上学、训练还是和朋友们一起享受快乐的时光。事实上，我为自己在生活中取得了更大的进步而感到兴奋，过去对我而言不堪回首，但是如果我没有经历那么多痛苦，我不确定自己是否能够有今天的境界：把帮助他人变得更强壮当作终生使命。为此我每天都充满激情，从起床一直到睡觉，我都感到有源源不断的动力。

有一次，我和好朋友瑞安·李一起讨论我开办健身房的计划，他说："我认为你存在的意义就是使人们变强壮！"那次谈话和他的那句话彻底改变了我的一生。

他说得对！这就是我的使命和人生目标。身体强壮的背后有一种力量美。为了变得更强壮而训练的过程以及结果真的很神奇。在你最好的硬拉成绩上再加 10

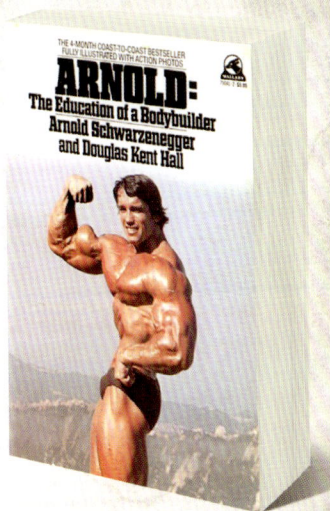

> "我认为你存在的意义就是使人们变强壮！"
>
> ——瑞安·李

磅，最终你能够使用两倍于自身体重的重量做深蹲，类似这样的成果会激励你不断努力并坚持终生训练。即使你不再参与竞技体育运动，或者从一个要求健康并且强壮的岗位上退休，你也仍然会继续训练。你会为你的人生而训练。

永远不要忽视精神的力量！

钻石健身房

从以色列回到美国后，我已经上大学二年级了，我几乎每天都坚持训练——通常是连续训练两三天之后休息一天。我离开了之前训练的健身房，进入了一家以严格而专业的氛围著称的健身房。这个健身房里的每一名健身者，无论男女，不分年龄，都非常崇尚力量。这家健身房叫钻石健身房，它的主人约翰·肯珀（John Kemper）是黄金时代的一名健美运动员。这家健身房里面的哑铃超过了150磅，绝大部分杠铃片是传统的约克（York）杠铃片。这里有很多大块头，其中也有女性。有些人是健美运动员，而另一些人则只是对举重感兴趣。每个人都知道这家健身房的不成文规则：坚持训练，玩命训练，做到最好——竭尽全力。无论是深蹲、硬拉还是卧推，每个人都使用大重量，每一次训练都是这样。在大多数健身房里，你会看到只有一小部分人使用大重量。

在钻石健身房却不是这样，这里的人甚至会使用大重量去做杠铃弯举。多重？我看见有人用225磅和275磅的重量做杠铃弯举，用100磅的哑铃做坐姿哑铃弯举！无论你往哪里看，你都会被激励，甚至墙上的一幅画和健身房里的音乐都会让你觉得十分振奋。

在钻石健身房，关注挤压肌肉和做轻重量举重的人并不多。我终于学

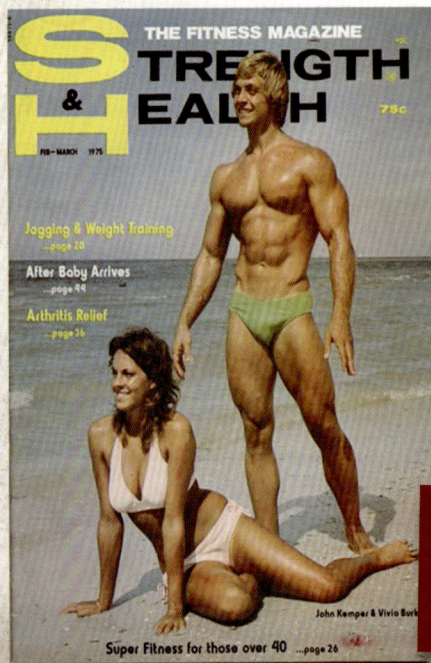

钻石健身房的创始人约翰·肯珀出现在 1975 年《力量与健康》杂志的封面上

会了正确的训练方法，这个健身房的训练氛围非常适合我，我从其他人身上和高亢的音乐中获得了力量，在和我有相同训练热情的人周围，我觉得自己还挺正常的。而在其他健身房我总感觉自己像一个异类，因为那里的每个人都认为我训练得太努力了、太频繁了，并且试图说风凉话来使我退缩。钻石健身房把我带回了那个黄金时代，那时，健美运动员是真的很强壮，而不仅仅是看上去很强壮。

在阿诺德的书里，我看到了无数黄金时代健美运动员的照片，如戴夫·德雷珀（Dave Draper）、阿诺德、弗朗哥（Franco）和肯·沃勒（Ken Waller），在照片中他们总是举起大重量。在电影《铁金刚》（*Pumping Iron*）中，你可以看到阿诺德、卢·费里诺、埃德·科尼（Ed Corney）和弗朗哥，他们都使用大重量。与其他美男子风格的健身房相比，在钻石健身房训练就像回到了黄金时代。

钻石健身房的举重者激励着我在每一次举重的时候都变得更加强壮，打破纪录，用力量和强度来超越极限。他们教会我如何像一个男人那样训练。

在钻石健身房我第一次遇到了在旧式静力训练架上做大重量硬拉的人，看到他 T 恤衫下露出的肌肉、厚实的背部以及健壮的身体，我真正理解了以正确的方法训练的意义。

有了全新的生活态度和全新的训练氛围，我的训练十分顺利，力量快速增长，肌肉增长速度也达到了历史最高水平。我的大学学习成绩也提高了，生活中的所有事情都变好了。积极的人会更容易成功，我认为这种说法是正确的。你的生活态度越积极、职业操守越好，你获得的成功就越多。爱抱怨、爱发牢骚以及悲观的人总是情绪低落，我永远不会再那样做了！

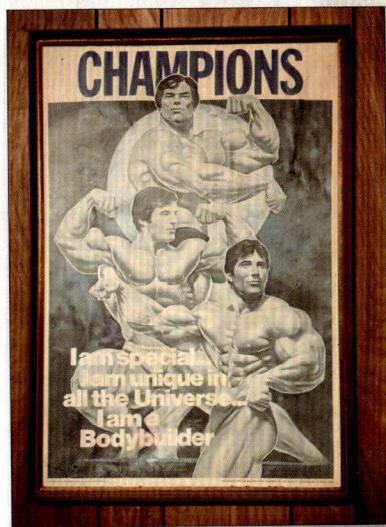

在钻石健身房训练的时候，我遇到了之前就认识的一名健美运动员，以前他是一名摔跤手。他那时正在为新泽西健美先生比赛而训练，那个比赛在 6 个月之后举行，是美国难度最大的健美比赛之一。他说与上次见面相比，我的肌肉增长很快，令他印象非常深刻。他问我接下来是否计划参加一场健美比赛，我告诉他："想！"他对我说，"既然如此你为什么不和

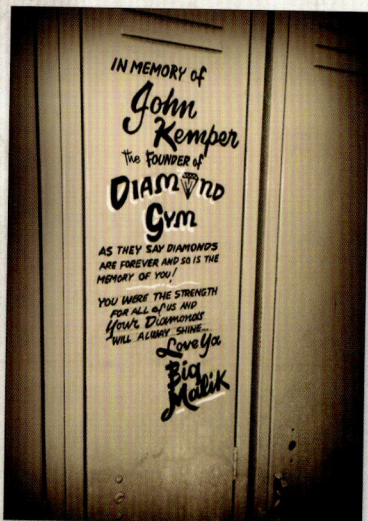

我一起参加新泽西健美先生青少年组的比赛呢？"

我告诉他，如果我母亲愿意每天为我做六顿饭，我们就一起来做这件事情。

那天回家后，我对母亲说："我想参加新泽西健美先生青少年组的比赛，但我需要你的帮助，我需要你每天为我做六顿饭。如果你在接下来的日子里无法做到这一点，请诚实地告诉我，我就不参加这场比赛了。但是，如果你答应了我，你就必须每天都这么做。你能为我做这些吗？"母亲说："没问题！"

母亲太棒了，如果没有她，我不可能取得现在的成绩。她辛辛苦苦为我做饭，以至于人们都认为她是开餐馆的，因为她总是买那么多食材！

我告诉朋友这个好消息。为了赢得比赛，我们开始一起制订新的训练计划。我们安排好训练日程，并约定督促对方达到其他人根本无法想象的训练强度！我们准备在健身房大练一场！

钻石健身房距离我住的地方单程大概需要 30 分钟。我的训练伙伴和我都曾经是摔跤手，都明白如果我们想要赢得比赛，训练强度必须非常大。我们绝对不接受当亚军，我们必须当冠军。有了必胜的心态，我们马上开始了残酷的训练！我们的每一项训练都像一场战争。最开始的两个月，我们每周训练 3 天。

我们的训练计划是这样的：

周一：肩部和手臂
周三：腿部
周五：胸部和背部

每次训练我们都会以小腿的负重训练开始，以腹部训练结束。训练时我们都使用大重量，用完整组的重量，又在器械顶部加了 45 磅的杠铃片，整体重量达到了 500 磅。

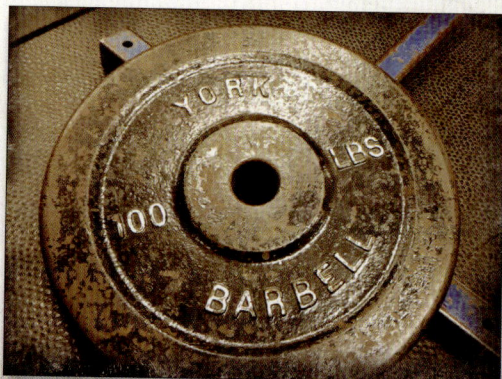

接下来的两个月我们的训练增加到每周 4 天，训练计划变成了这样：

周一：胸部、肱二头肌

周二：腿部
周四：肩部、肱三头肌
周五：背部

我们的训练强度非常大。我的伙伴会把90磅的重量系在腰带上做负重引体向上，而我也总是做负重35～45磅的引体向上。深蹲、腿举、杠铃划船、负重屈臂撑、坐姿实力举、罗马尼亚硬拉以及负重弓步等练习在我们的训练中很常见。大多数时候，我们像举重运动员一样训练，最后以一些健美动作结束，我们从来没有使用过轻重量。

最后两个月，我们训练两天，休息一天。几乎每天早上，我都会去另一家健身房做45分钟的有氧训练，然后再练习45分钟的造型。每隔一天的早上，我都会去晒日光浴。我的生活重心就是健身和上学。

我在训练和营养方面的自律达到了顶点。我的每一天都从早上7点开始，我7点起床吃第一顿饭，晚上11点准时熄灯睡觉。我全身心地投入到训练中，每天保持八小时的睡眠，每天至少吃六顿饭。

我们的训练和我早年在杂志中看到的不一样，我们使用大重量，并且抨击保守派的

训练模式，就像黄金时代的健美运动员那样。自然的健身运动把我的训练强度和训练热情推向更高的层次，我反对使用类固醇。

无数人告诉我，作为一名自然的健美运动员，我不可能竞争得过那些服用类固醇的运动员。我却不这么认为，我相信著名的摔跤手和摔跤教练丹·盖博（Dan Gable）的话——为了成为最好的人，你必须比最好的人更努力。

"为了成为最好的人，你必须比最好的人更努力。"

——丹·盖博

因为有了全新的生活态度，我拒绝相信那些打击我的人，我准备参加比赛并夺得第一名。我知道其他孩子都没有我训练得努力，他们在生活方式和摄入营养上也没有我谨慎，我打算用摔跤的心态和自己的生活经验去赢得比赛。我的目标就是从精神上和身体上打败那些和我一起训练的人，我想让他们在训练的过程中放弃，虽然这在一些人看来会有些疯狂。

我提高了训练强度，以至于我的伙伴都有点坚持不住了，他每次做完腿部训练都会呕吐，我就像着了魔一样训练，我所做的一切都是为了赢得比赛。

连续 6 个月我都以无与伦比的热情投入每次训练。我像一位疯狂科学家那样去规划每一顿饭，记录下自己吃的所有东西以及吃饭时间，还有每组训练的内容、次数以及所用的重量。我把食物带到学校，如果需要的话，我会在课间到车里吃东西。我是一名健美运动员，我以健美运动员应有的生活方式活着并且很享受。

随着比赛的临近，人们仍然不相信我是自然健美运动员，这让我烦恼。我想要永远堵住他们的嘴。幸运的是，在比赛前一周，我还有一场自然健美运动员比赛，这是我向所有人证明我是百分百自然健美运动员的机会。

我参加了自然健美运动员比赛，还通过了强制参加的测谎仪测试。我希望和最优秀的人比赛，所以我既报名了青少年组也报名了成年人的初级组。那是一次非常棒的经历。在我付出最大努力并挑战极限地训练了近6个月之后，我只想拿第一名。

当时，成人组的参赛选手看见我在后台举重，他们说："天哪！那个家伙太结实了，我不敢相信他还只是一个孩子。"我咧嘴微笑，在内心深处，我明白那是自己这么多年来刻苦训练以及磨炼意志的成果，而不只是这6个月。我参加了轻量级比赛，参赛选手的体重都在176～198磅，而我只有178磅——只比最低标准重两磅，但是你看不出来，因为我有很多肌肉。

我在初级组的11名选手里面名列第二，这感觉棒极了，就在同一天晚上，我还获得了青少年组的第一名。我比其他参赛选手的块头大得多，有更多肌肉，线条也更加明显，在比赛中占有绝对优势。

第二周就是新泽西健美先生青少年组的比赛，我获得了中等重量级的第二名，并且轻而易举地打败了冠军以外的其他对手，但第二名并不是我想要的结果。

我当时称重是174磅，是中等重量级中最重的。那个打败我的第一名最后赢得了新泽西健美先生比赛青少年组的总冠军，几周后他又在全美青少年健美锦标赛中获胜，他成了全美最优秀的青少年健美运动员。但是，我仍然为自己感到骄傲。当所有人说我不可能依靠自然训练（不使用类固醇）赢得比赛的时候，我偏偏就做到了，我为自己能够坚持自我感到骄傲。

对我而言，比输赢更重要的是，我证明了自己有能力打败那些一起训练的人。我希望自己比其他人训练得更加刻苦，能够超过我的训练强度的人并不多见。有人比我身体强壮？是的，有的时候有。比我训练强度大？不太常见。

这次比赛之后，我继续和之前的伙伴一起训练，每周训练三四次。随着时间的推移，我们的目标变得不一致了，责任也不一样了，这导致我们发生了矛盾，因此我们决定分开，独自进行训练。

当我开始单独训练以后，我抛弃了之前的训练方案，我开始真正地针对自己的身体状况进行相应的训练，并掌握了对自己最有效的方法。

与使用类固醇的健身者相比，自然健身者的训练方法是完全不同的，需要认真地对待身体的恢复，连续训练两天使我感到有一点儿乏力，第二天的训练总让我觉得力量不如第一天，所以我决定每隔一天进行训练，并自创训练项目。我不再像之前那样连续训练两天，而是每隔一天就用一种身体部位四分法训练。

我继续阅读健美杂志，但我感觉自己不再相信那些杂志了，因为我发现那些杜撰的文章每隔几年就会重新刊登。我不再欣赏杂志中那些人的体型，而更加仰慕那些 20 世纪 70 年代的健美运动员。

虽然我的书架上堆满了 20 世纪 90 年代的健美杂志，但真正激励我的是阿诺德的《现代健身百科全书》以及里面的黑白照片。我 19 岁了，更加成熟也更加有学问，我开始更加仔细地阅读阿诺德的书并理解书中的观点。黄金时代、20 世纪 60 年代甚至是 20 世纪 50 年代的健美运动员都与今天的健美运动员不一样。

那些"老派"的健美运动员有健壮的身体，他们不是看上去强壮，而是真正的强壮。他们用 300 磅甚至 400 多磅的重量做卧推，用 400 磅或 500 磅的重量做深蹲，他们经常做硬拉，其中有些人硬拉使用的重量达到了 500 磅甚至 600 磅。

我开始像他们那样训练，集中注意力使用大重量，并且在每次做练习时都保持进攻速度。在每次训练中间我都充分休息，也很注意饮食，避免吃过度加工的食品。

这种做法有着神奇的效果，我的力量比之前任何时候都增长得更快。我的身体变得更厚实、更健壮，这就是我长期以来梦寐以求的啊，就像黄金时代的健美运动员那样。我注意避开那种只能获得沙滩肌肉的训练方式，变得真正强壮而不仅仅是看上去强壮，这是我训练的核心。

在学校的午休时间，我会开车去钻石健身房，快速地单独训练一会儿。有时我会和能够激励我的人一起训练，但更多的时候我会独自训练。我在车里吃金枪鱼三明治而不是大学食堂的午餐。幸运的是，钻石健身房里的一切都能使我在单独训练时保

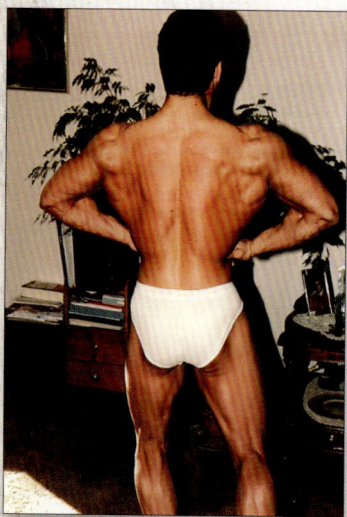

持全神贯注。我专注于"老派"的训练方法，这个健身房的墙壁上贴满照片，其中很多都是"老派"健美运动员。训练间隙，我会看看这些照片，从中获得些激励。照片中的健美运动员非常强壮，所有人都拥有"老派"健美运动员的发达肌肉，而那就是我想要的。

训练结束后我会一边和前台的人聊天，一边一口气喝下蛋白粉。所有人都了解钻石健身房早期的故事——关于有着强大力量的健美运动员的故事，那种力量激励着我，我也想成为那些人中的一员。

我曾经听过这样一个故事，一个男人穿着便服走进钻石健身房，没有热身就开始做腿部训练，一练就是495个深蹲，做完以后他就离开了。这个故事让我想起迈克·瓦莱利，他踩着滑板征服了整条街，没有征得我们的同意就跳上了我们的自行车越野赛斜坡！

我听过健美运动员用180磅的哑铃做卧推的故事，但在钻石健身房这不仅仅是故事。

我看见很多人在水平长凳或上斜长凳上用315磅甚至更大的重量做卧推，用405磅的重量做坐地深蹲。这些人被我视为力量健美运动员，而不是普通的健美运动员，我与这些人能产生最多的共鸣。

他们是举重运动员，我羡慕他们的体格，羡慕他们的力量，但是最羡慕的还是他们的态度。我开始专注于举重，让自己的精神变得更强大，研究怎样才能把自己变成一个更强壮的"老派"健美运动员，因此，我能举起的重量也开始增加。

对我而言，现在用405磅的重量做深蹲已经是很平常的事情了，通常我会以455磅的重量做5组深蹲。在用130磅的重量做完哑铃弯举、用155～185磅的重量做完杠铃借力弯举、用100磅以上的重量做完屈

肯·沃勒

臂撑之后，我会用 405 磅的重量做罗马尼亚硬拉，把它作为最后的腿部训练。我对力量有了一种新的尊重，也更尊重身体健壮的男人了。最重要的是，我想因为自己的职业道德和力量而尊重自己。

这种风格的训练使我的体重从 202 磅增加到了 210 磅。我把所有充斥着美男子健美技巧的杂志都扔到了垃圾箱中，我觉得自己的灵魂得到了净化。

从这以后，除了听从自己的身体，我学习的唯一的资料就是那些贴满黄金时代黑白照片的书籍和杂志。

第六章

"技"高一筹

欢迎来到现实世界

> "如果你热爱生活，请不要浪费时间，因为时间构成了生命。"
>
> ——李小龙 (Bruce Lee)

我在大学里生活了四年半。大学毕业以后，我成了一名体育教师。我是一个有全职工作的人了，时间过得真快。

每天教完课后我会直接回家，先吃一些金枪鱼，或者吃一份代餐营养品。如果当天计划训练，我就会在吃完这一餐后直接去健身房。我的一天都是围绕着吃饭、工作和训练展开的。

早上7点早餐：八个蛋白、一个蛋黄、一碗燕麦、一杯橙汁和一小罐水。

上午10点：一份蛋白粉和水。

下午1点午餐：一份蛋白质（肉）和碳水化合物（通常是土豆）的混合物。

下午4点下班后：另外一份蛋白粉或者一份简餐。通常是一罐金枪鱼。

下午5点：去健身房训练或者和朋友们一起出去玩。

训练结束后，我会和家人一起吃晚餐，更晚的时候，我通常是吃剩的晚饭或者是再冲一份蛋白粉。

优质的营养、良好的饮食习惯、高强度的训练和最好的恢复，使我的肌肉像野草一样快速增长，因为我训练得非常刻苦，把能使自己变得更强壮更结实的每个重要因素都考虑到了。

当人们问我为什么他们没有取得进步的时候，他们通常忽略了下面的某些因素。我那时23岁，在训练了10年之后，我觉得自己才刚刚开始明白促进力量最大化和肌肉增长的因素。我阅读了很多文章和书籍，里面都讲到训练经历的长短和初级、中级、高级举重运动员的划分有关。在经历了10年的密集训练和比赛之后，我觉得自己最多就是一名中级运动员，因为我还在不停地学习。

使自己不断学习的最好方法就是把自己当作学生，这将使你永远处于学习状态。你

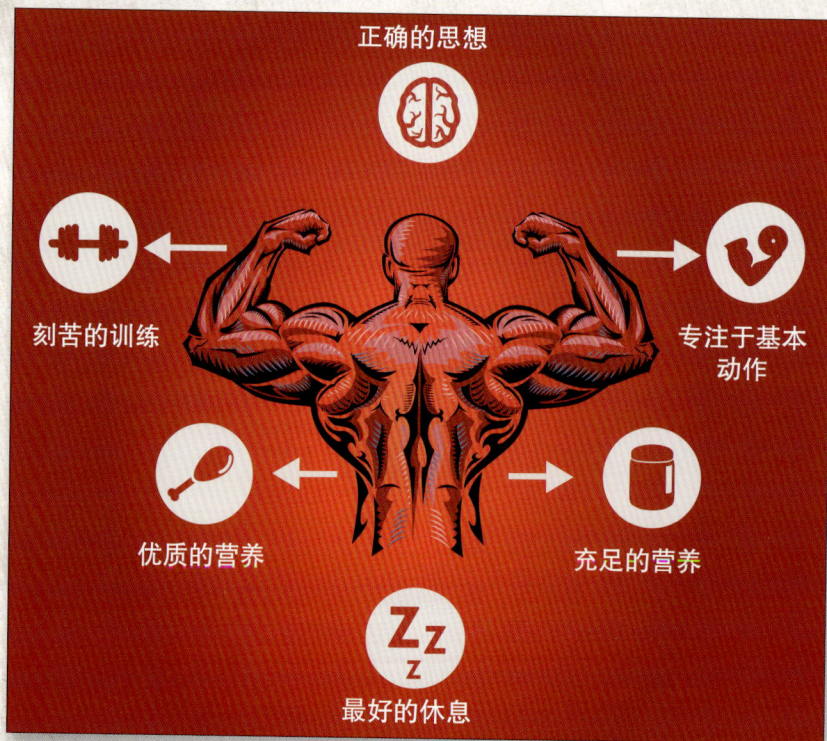

正确的思想

刻苦的训练

专注于基本动作

优质的营养

充足的营养

最好的休息

的身体状况会发生变化，适合你身体状况的训练方法也会随之变化。如果你是一名教练，你需要听取运动员的意见，因为他们的情况也在不断变化。

　　当你看着自己的训练计划时，你要明白，只有全面考虑所有重要的细节，你才能很快取得进步。正如你看到的那样，我取得了惊人的进步，因为我在工作、训练和饮食方面都执行了严格的计划。

　　无论你在什么年纪，都要控制并安排好自己的时间，否则就不会取得显著的进步。如果你是一名高中运动员，不要抱怨父母不做早餐或者自己不得不在学校买午餐。你可以在睡觉前准备好自己的午餐，并把它放在冰箱里，不要再在学校买午餐了。你可以早起 15 分钟，并学习如何做炒鸡蛋，或者准备好一份蛋白粉在路上吃。成年人也应该这样准备食物。做饭

家庭的支持是至关重要的，母亲和哥哥都理解并支持我的饮食安排

时最好多做一些，这样就够吃好几顿了。你准备得越不充分，你的训练、饮食以及生活方式就越不可能有高品质。

杀死心魔

20 岁出头的时候，作为一名职场人，我热爱生活并且对自己做的每件事都很有激情。我一直在思索如何成为一名优秀的教师，我对教学充满热情，我很庆幸能够在一个自己热爱的岗位上从早到晚地工作。如果你对自己所做的事情很有热情，你就会充满力量！

我开始教书时只有 22 岁，前 4 年是做小学教师。那时我的生活很简单，我也很享受那样的生活。我们本来也没必要把让自己开心的事情复杂化，对吧？但是当最初的几年结束后，我感到自己丢了某个东西，虽然我不确定那个东西是什么，但我的直觉这样告诉我。第五年，我转到高中去教授健康课并训练孩子摔跤，还当上了本地一所社区大学的助理教授，我的生活变得更加忙碌，而这也是为了使自己能够更好地教育学校的孩子。

虽然我在教学上逐渐进步，但我却开始感到空虚，好像还需要为自己证明某件事，我不再对参加健美比赛感兴趣，我的兴趣在于努力训练并举起大重量，而不是与其他人比较。竞技性健美比赛不能在一个更深的层次上激励我或者让我感到充实了。不过，我仍然有热情去驱赶内心的魔鬼，毕竟我曾经是一名不成功的摔跤手，我想看看自己能够用全新的心态和某种意义上更好的训练方法做些什么。

随着年龄的增长我也更加成熟，我开始对精神的力量有了更多的把握和理解。我开始意识到我在面对心魔这件事上没有选择，否则往事将会一直萦绕心头。我不得不面对很久以前的恶魔，那件一直让我耿耿于怀的事情——中学时代总是输掉摔跤比赛。

有了新的训练方式和积极的态度，我知道我终将成功。我的日程表因为工作和研究生课程而排得越来越满，我开始在本地的一家健身房训练，而不去钻石健身房了。停止去钻石健身房的时候，我伤心极了，但是我可支配的时间因为紧凑的日程安排而越来越少，我不得不这样做。

本地的健身房很可怕。我体验了本地所有的健身房，希望可以发现一个振奋人心的训练场所。每一家本地健身房的墙上都贴有各种规定：不许用防滑粉、不许穿工作鞋。音乐糟糕极了，甚至空气都不新鲜。

那些健身房看上去好像与强壮和训练完全无关。我一直努力避开那些会影响我训练

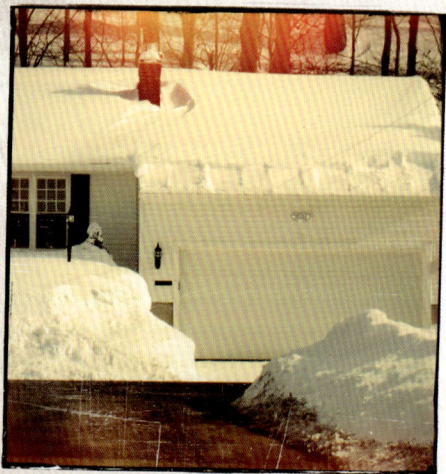

激情和强度的健身房，但没有一家能达到我的预期。它们放广播而不是重金属音乐，每隔五分钟，我就不得不听那些令人厌烦的广告或者令人乏力的音乐，同时还要努力为高强度的训练做好心理准备。其他时间我几乎都听不到音乐，因为前台工作人员对音乐在训练中扮演的角色和起到的振奋人心的作用既不关心也不理解。健身房里的闲聊声特别大，我快疯了，我必须为此做点什么。

我决定在和父母一起居住的家里建一个属于自己的"老派"健身房。我们有一个特别小的车库，房顶非常低，仅有六英尺，连站姿过头举或者引体向上都做不了。车库的墙都是水泥的，所以温度比外面还低。

车库里没有暖气，我很担心，因为我知道冬天的时候车库里有多冷，但是我希望用这种艰苦的环境去激励自己并使自己变得更加结实。

我以99美元的价格买了一组300磅的杠铃片。当我能够举起那个重量的时候，我特别激动。我感觉那是一个奇妙的开始，的确是。我还从一个刚刚关闭的小健身房捡了一些旧哑铃和一张水平长凳。我有一对50磅的哑铃，还有一对100磅的。没有轻重量或者中等重量，我的健身房里全部都是大重量。最后，我买了一个特别便宜的深蹲架。我准备好了，除了基本器械外没别的东西，越简单越好！

我把卧室里的音响拿到车库，大声地放着音乐。每次训练都保持一定的强度。我穿着两双袜子、两条裤子和三件汗衫，并且戴着一个冬天的帽子。这让我想起在那些寒冷的冬夜，我为了在摔跤赛季不感冒而裹得严严实实的，空气中甚至都能闻到摔跤赛季的味道。我想那就和棒球运动员走进棒球场闻到的青草修剪后的新鲜味道一样，是一件美妙的事情。

我的车库训练是围绕基础训练展开的，受到黄金时代健美运动员的影响，我做深蹲、卧推以及硬拉，还加入了悬垂翻举，但是由于缺少奥林匹克举重的知识，我所做的其实是实力翻举。

这些翻举训练对增长肌肉和增强全身的力量是非常好的。我记得阿诺德曾经说过，他曾经在一个很简陋的健身房里训练，那里没有坐姿上斜长凳，他会把一个杠铃杆用力立起来，后退，然后靠在一个立着的上斜长凳上做上斜推举。正常情况下他不会做很重的力量翻，但是这些力量翻却帮助他增长了好多背部和肩部的肌肉。

其他我采用的练习有负重屈臂撑、单臂划船、耸肩，用杠铃和哑铃做大重量借力弯举和用哑铃做弓步。我只有50磅和100磅的哑铃，所以实际上这促使我使用大重量训练。我的热身运动必须是高次数的徒手体操，这使我的血液在寒冷的天气里循环地更快。在那个冰冻的车库，每次训练结束，我都大汗淋漓。

我在车库里紧张地训练，我觉得自己像一名在寒冷的天气里训练的战士。我把自己裹在很多层的衣服里面，感到自己的精神和身体都在接受磨炼，我每周都在车库训练三四天。车库变得越来越冷，十二月也快过去了，我决定再买一台小型加热器，只有一台小型加热器实在不够用。

当我把第二台加热器插上电源并打开的时候，整个房子的电线都短路了，我记得父亲在楼上大喊我的名字"扎——克！"在我关了第二台加热器、家里的其他电器都开始工作之后，我不再想变暖和之类的事情了。我继续在寒冷的车库训练，直到得了感冒，而那似乎告诉我，如果想保持身体健康，就应该在零度以上的环境中训练。于是，我不太情愿地决定回到一个"正常的"健身房继续训练，那样就可以暖和一些，但是这次，我对训练有了一个全新的展望。

在车库中以最少的器械和最大的重量训练所得到的结果鼓励我专注于最基本的训练。我开始在健身房做全身训练，做哑铃农夫行走、哑铃抓举以及提举。

我把随身听别在腰带上，把耳机的音量调大，排除一切外界干扰。我去健身房的目的就是努力训练，练得越强壮越好。

我的训练效果十分显著，健身房里的每个人都用一种奇怪的表情看着我，我享受这种表情。我训练得更加刻苦，并开始关注不时出现在电视上的、一个叫作终极格斗冠军赛（Ultimate Fighting Championship，简写为 UFC）的赛事。

我的高中摔跤教练之前向我介绍过终极格斗冠军赛，他还让我去租借有前摔跤手马克·科尔曼（Mark Coleman）和马克·克尔（Mark Kerr）的录像带，但是我第一次看那些录像带的时候，注意力都在健美上，这种"无规则约束"的打斗似乎就是给类似怪兽的人准备的，其他人都不适合。

几年以后，我发自内心地想要证明自己，那时我想到了终极格斗冠军赛。赢得这种赛事的人都曾经是摔跤手，所以我开始研究，看我所在的地区是否有类似的赛事。我碰巧看到较远的伊丽莎白镇（Elizabeth）上有一家训练俱乐部，那里的风格是"真打实斗"，也教授巴西柔术和泰拳。

那时，这种格斗风格叫作虎击（No Holds Barred，简写为 NHB），或者叫作无规则约束的格斗，还不叫作综合格斗（Mixed Martial Arts，简写

马克·克尔

为 MMA），只是一项地下的甚至是有争议的体育运动。

每周的几个傍晚，在这家俱乐部训练带给我一种全新的独特感觉，我终于对自己的体能和摔跤技巧有了信心。我从过去的错误中明白了信心对成功的重要性，所以我不允许那些错误的想法阻碍我的进步。

我觉得我有其他人不能比拟的优势，作为一名高中摔跤教练，我每天都在和摔跤队的孩子一起优化我的摔跤技巧，我对自己的摔跤能力很有信心。

在这家俱乐部训练了两周之后，我的水平就相当高了，一些高水平的格斗者鼓励我报名参加接下来的一场全美格斗锦标赛。看到摔跤手们在格斗比赛中经常取得胜利，我也想马上参加比赛，我相信，只要有一定的格斗经验，自己也可以作为一名摔跤手参加并赢得格斗比赛。

绝大多数摔跤手都参加初学者级别的比赛，但是有人告诉我，作为一名有经验的摔跤手，这么做是不对的，所以我直接报名了中级组的比赛。在第一场比赛中，我很轻易就把对手放倒了，但是遇到了脚踝锁，我迟疑了。虽然没有滑倒，但是缺乏经验和勇气使我输掉了这场比赛。

这次失败使我迅速明白赢得比赛不仅要有强壮的身体或者大块肌肉，还要学会融合身体和精神力量的技巧。我的对手看上去并不比我强壮，但是他高超的技巧给了他很大优势。

我没有像高中时那样让失败打倒自己。我从错误中学习，把精力集中在如何赢得下一场比赛上。幸好，我不觉得累，我很强壮，也有爆发力。我根据格斗比赛的需要调整了训练计划，这让我感到激动。

我的最后一场比赛是一场势均力敌的艰难的比赛。我和一名柔道黑带选手打得不相上下，他向我猛冲过来并试图摔倒我，我锁住了他的身体，化解了他的进攻，并且获得了第一次抱摔得分，这让我十分高兴。

之后我又对他进行了好几次抱摔，而他一次都没能对我进行抱摔。他好几次都对我进行了不同形式的手臂锁，但是我拒绝放弃。除了摔跤和抱摔，我知道的动作都是在格斗冠军赛中我看见摔跤手使用过的，如折颈，但在这场比赛中折颈并不太奏效。

比赛进入了加时阶段，这让我很吃惊，因为我原以为我能够以抱摔战胜他。最后，只进行了两周赛前训练的我在加时阶段以非常接近的比分输给了他。

教练和我的对手都对我印象深刻，但是缺乏经验使我只能取得这个成绩。裁判告诉我，我的对手进行了无数次近距离攻击尝试，那些尝试比我的抱摔得分要高。我为自己在这么激烈的比赛中没有屈服而感到自豪。我希望能赢一次，这个想法比以往任何时候都强烈。

我知道如果我能够赢得比赛，我就能摆脱自高中摔跤以来那些一直困扰着自己的恶魔。

改变一生的时刻

在格斗锦标赛中的失利比以往任何时候都让我恼怒。我决定使用丹·盖博的方法来训练，我把目标锁定在几周之后的另一场格斗锦标赛上。我再也不想失败了，所以要为战斗而准备。我无休止地训练，我的朋友周五晚上出去玩的时候，我就自己去健身房训练。

就在我参加第一次格斗锦标赛的两周后，在周日早晨的一次训练中，我受伤了，我拉伤了前交叉韧带（Anterior Cruciate Ligament，简写为 ACL）。这次受伤以某种方式改变了我的一生。

我现在还记得当时的情形，好像那是两分钟前才发生的一样。那天我提前一个小时就到了健身房，先使用了角落里的所有器械。我脑子里一直想着丹·盖博的话，他说要超负荷训练，他告诉我说身体可以承受的重量是我所认为的重量的十倍。我背着沙袋做深蹲，还背着沙袋在垫子两边做弓步来训练腿部。我累得精疲力竭，休息了几分钟之后，又继续练习冲刺跑、徒手体操、哑铃和单人模拟摔跤。

我惩罚自己，增加了训练的强度，我仿佛听到了丹·盖博的声音，好像自己是他的信徒。训练了一个小时之后，格斗训练开始了。此时，我已经筋疲力尽了，但又要和一名综合格斗运动员一起训练和对打。开始对打之后，我就发现了自己的疲惫，我听见了自己内心的声音——告诉我我有多累。我努力忽略那个声音，并把自己推向前进，超越极限。就在我们对打几分钟之后，我的对手准备给我一个侧摔，他的脚踢到了我的脚后跟，那一刻我的前交叉韧带就受伤了！我就像一麻袋土豆一样摔在了地上。

我听到了很大的折断声，通过声音我知道自己伤得很严重，但是我不确定伤到了哪里，去医院后我才知道自己的前交叉韧带拉伤了。

我对自己很失望，感到既尴尬又困惑，我不明白自己怎么可能在那么强壮的状态下受伤。这已经不是我第一次在摔跤时受伤了，在这次受伤之前我无数次摔伤过鼻子、扭伤过肩膀、拉伤过后背，还弄伤过同一个膝盖好多次。

受伤突然改变了我的生活。我当时生气极了，我完全无法理解，因为我练习举重已有 13 年，能够轻而易举地用 455 磅的重量做深蹲、用 405 磅的重量做硬拉，并且看上去那么强壮，我这样的人怎么可能那么频繁地受伤。

第七章

海纳百川

专项运动训练与农场男孩的强壮

去看医生的时候，我发现自己的前交叉韧带拉伤了。回到家后我立即上网研究训练摔跤手的最好方法，以及"针对专项运动的训练"的意义。

我研究了自己能够接触和看到的所有事情。推荐训练中的绝大多数与我过去做的训练完全不同，但是我的训练方案显然是不系统的，所以我想改变。我决定把自己当小白鼠，去测试这种新的训练到底是否奏效。

为了工作，我推迟了膝盖手术，拖着拉伤韧带的腿走了约 5 个月，那感觉一点都不好。六月底我接受了手术，我还记得麻醉前头脑中闪过的念头，我对自己说，今后，我的使命就是帮助全世界的摔跤手和格斗运动员避免自己经历过的所有错误和痛苦。

2003 年的夏天，我开始研究网络上的流行词，如"针对专项运动的训练"和"功能性训练"。我登录 eBay 购物网并订购了一个针对专项运动的摔跤训练课程，那是我见过的最大垃圾。在这个课程的视频里，有一个人在用旧式沙袋做斜托弯举、自重提踵和弓背划船。我意识到我被花哨的市场营销手段欺骗了。

其他功能性训练课程同样使我迷茫，这些练习对我来说是完全陌生的。我的背景知识来自于"老派"的训练体系：负重深蹲、硬拉、杠铃划船、负重引体向上、负重屈臂撑，等等。我知道基础练习可以使人强壮，但我不知道自己为什么会如此频繁地受伤。

我的问题不是训练得不够努力，而是训练得不够科学，我训练过度，导致身体虚弱、动作不稳定以及容易受伤。

我以开放的心态研究了这些新方法。我看到专家说正确的训练方法就是总是用一条腿站着、用拉力带转动身体、站在不稳定的表面上和其他像马戏团表演一样的方法。如果每名教练都把这当作正确的方法宣传，他们就一定是正确的，对吗？

我觉得自己需要从头学习到底如何训练。我从网上买了一些专用健身器械并把他们放在车库里，现

在，除了一些哑铃、一个杠铃以及一张长凳以外，我还有专门为摔跤手准备的木制平衡板。

为了完成帮助摔跤手成为冠军的使命，我联系了所有认识的摔跤手以及运动员。我打算做一名真正的"私人教练"，当时我从来没有听说过力量教练。

我联系了在学校曾指导过的一些本地的高中摔跤手，也联系了附近的篮球运动员。我开始在车库里训练这些运动员，每小时收费 5 美元。一名篮球运动员就住在这条街上，我和他达成了一项交易，如果他愿意把他父亲的皮卡借给我去搬运从 eBay 购物网购买的健身器械，我就可以免费训练他一个夏天。

虽然我觉得自己的训练方法不太对，但是我所做的所有研究都告诉我这就是正确的训练方法。

幸运的是，有一天，我的观念改变了。我与另一名教练在一次录音访谈中谈到为什么爱荷华州（Iowa）、俄亥俄州和宾夕法尼亚州（Pennsylvania）等农业州的人们通常能够在比赛中占有优势。他的解释是，他们所有人都在农场工作，干体力活。

他们砍伐木材、扔掉一堆堆的干草、搬运很重的饲料喂牲畜、围着农场推卡车和独轮手推车。甚至有人说，每一个农场的孩子都有一间某种形式的健身房，每一间那样的健身房都有一条登山绳和一些基础的自由重量。我对这种"农场男孩的力量"深深着迷——只是利用杂物做些运动就能够获得力量。

我开始集中精力帮助摔跤手们获得"农场男孩的力量"，并停止了所有的马戏团表演式的"功能性训练"。

在我父母家的后院有很长一排石头，这些石头大小和形状不一，重 20 ~ 100 磅，有些甚至超过了 100 磅。我开始用石头训练摔跤手，让他们用较小的石头做握力训练，用较大的石头做全身训练和各种搬运训练。

我让他们用斧子砍一段从后院大树上砍下来的树干。我还把一条绳子绑到树干上，让他们在上面做引体向上或者上斜划船。

在后院和车库进行了大量训练之

后，我把骑自行车作为膝盖的恢复运动，摔跤手在我身边慢跑，我们一起去操场完成他们的其他各项训练。

在操场上，我让他们用野餐桌做推举，用猴架做侧向行走、引体向上、屈臂撑、举腿，还要做反向仰卧起坐。我和他们一起冲向山顶，再让他们做短暂的摔跤训练。如果操场上有石头，我们就把石头搬到山顶上。他们不仅要搬着这些石头上山，还要用这些石头做深蹲或者推举。这些训练虽然很残酷，但是很有效！

我的使命就是用非常规的方法训练这些摔跤手，把他们变成角斗士。我的目标是通过这种训练使他们变得更自信、更强壮，使任何一个敢和他们较量的人都能感觉到和扎克·埃文-埃谢一起训练的效果。

在这个重新认识自我和训练其他摔跤手的初始阶段，我也在和一个女孩子约会，我们的关系越来越亲密，就在我进行前交叉韧带手术的那个夏天我们订婚了。不久我们就开始一起找房子，我唯一关心的事情就是新房子有没有一个能放下两辆车的车库。不过，我没有告诉她，我的计划是白天进行教学，晚上在家里训练运动员。

每天我都学习很多关于训练运动员的知识。我在一个笔记本上写下训练方法，并在我自己和摔跤手们身上测试这些训练方法。我是一名训练摔跤手的疯狂科学家，我很享受这件事。

我在父母的车库和后院训练过的这些摔跤手和一名篮球运动员都取得了很不错的效果。那名篮球运动员已经可以扣篮了，而在那之前他从来没扣过篮。他比对手速度更快、身体更强壮，这让我很开心。我认为如果自己有一个能装下两辆车的车库，并为更加认真的运动员建一个训练场的话，我能够帮助他们取得更多成就。我见过一些很棒的车库健身房和后院训练场，我曾经和那些在车库或者后院健身的人一起聊天。受到启发和激励，我希望为自己和其他摔跤手建一个属于我们自己的车库健身房。

那些我训练过的摔跤手开始在比赛中占主导了，通常在跟随我训练两周之后他们就可以打败那些刚刚打败过他们的人。在新泽西开始流传一种说法：如果你想要在比赛中占优势，那么你需要和那个叫作扎克·埃文－埃谢的家伙一起训练。

壶铃训练

随着我对格斗运动员的研究越来越多，我开始关注壶铃训练。那个时候壶铃训练在美国才刚刚兴起，壶铃特别贵，几乎每篇关于格斗运动员的文章都在谈论壶铃训练。当我看到迈克·马勒（Mike Mahler）拿着一对壶铃举过头顶的照片时，我很快就被吸引了。

我开始在训练格斗运动员的论坛上和其他教练交流。看上去教练分为两派，一派只会用宏大的、华丽的词汇并且谈论训练背后的科学道理，而另外一派则在谈论努力训练、使用大重量和取得效果。我对那些谈论效果的教练更有兴趣。有的人是言出必行，而另外一些人只是夸夸其谈，我能够判断出哪个更为合理。

我经常关注壶铃的价格，并对自己说："这些壶铃真贵，但是如果我打算训练摔跤手的话，我就必须拥有它们！"一个来自新泽西的壶铃教练看出了我的渴望，因为我总在发问，还把自己的训练情况发在训练论坛上。他向我承诺给我 10% 的折扣。虽然打完折后的价格仍然很高，但是我还是买了。当我想要什么东西的时候，我就会为之努力！

我用 550 美元买了一对 53 磅和一对 70 磅的壶铃，这对负债累累的我而言是很大一笔钱。开车去新泽西州北部取这两对壶铃的时候我很紧张，而在那之前我买了一个壶铃训练的光盘，这样我就能够在拿到壶铃之前学会如何使用它们了。

我记得那是一个特别寒冷的冬夜，我拿着 53 磅的壶铃走回自己的卡车旁，虽然距离只有短短的 40 英尺，但那些 53 磅的壶铃让我感觉像是有一吨重！以至于我和自己说："天哪！这东西太重了，我不敢相信我竟然还买了 70 磅的，我练一辈子也不能强壮到能举起 70 磅的壶铃。"

我把壶铃带回我和未婚妻一起买的房子里。我把一堆 45 磅和 25 磅的约克杠铃片放在水泥墙边，并把壶铃拿到地下车库，马上参照我买的光盘进行训练，我累极了，不过我很喜欢这种感觉！

完成训练之后，我意识到自己训练的绝大多数运动员还没有强壮到可以使用 53 磅

的壶铃。接下来我需要攒钱买一对比较轻的壶铃！有志者事竟成，我成功了，我开始把壶铃训练当作总体训练中的一个常规部分，我自己也经常使用壶铃训练。

我要求摔跤手拿着壶铃长距离行走，要求他们拿着壶铃从我家的车道一直跑到街角，再跑回来。剩余时间他们会练习扔壶铃和举壶铃，并在延时训练中重复这些练习。他们第一次学做壶铃抓举的时候都不太成功。我看到了壶铃训练的效果，但同时也看到了它的挑战性。我的好奇心被激起，我想用壶铃训练来促进摔跤手从身体到心理全方位的发展。由于我们经常进行户外训练，所以我找到了那种绝大多数人连想都不敢想的进行壶铃训练的方法。

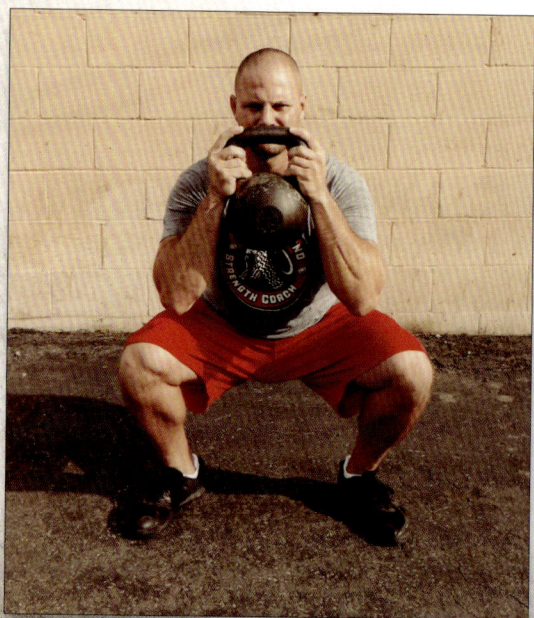

我们运用基本的训练方法，但是我们也会把壶铃放在阻力橇上，让运动员们拉着阻力橇走很远的距离，然后抓着壶铃再走几圈：拉阻力橇，做壶铃训练，重复！其他时候我会把一条长绳系在壶铃上，左右手交替地拉绳子，并配合徒手体操练习。这些创造性的训练试验是我进行无规则训练的开始。

博采众长

我做的研究越多，我就越愿意在我的个人网站上和其他志同道合的人以及其他健身教练分享这些训练方法。我和吉姆·文德勒（Jim Wendler）、路易·西蒙斯（Louie Simmons）、杰森·费鲁贾（Jason Ferruggia）、乔·德弗兰科（Joe DeFranco）以及伊桑·里夫教练成了朋友。他们都很棒，今天，我们仍然定期交流。他们使我明白训练的首要目的就是要有结果。这些教练没有沉迷于单腿站立，他们主张用最基本的器械训练并使之产生好效果。

我经常给里夫教练发邮件，他会告诉我他训练摔跤手和大学橄榄球运动员时采用的方法，他会从 20 世纪 70 年代自己如何训练运动员讲起，讲到如何演变为现在的训练方法。

吉姆·文德勒则告诉我要一直坚持最基本的训练，如深蹲、卧推、硬拉、冲刺、引体向上、俯卧撑、屈臂撑等。他还告诫我说始终要有训练计划。

教学的时候我总会在午休时给路易·西蒙斯打电话，我问他是如何训练综合格斗运动员以及摔跤手的。他打破常规的训练方法总会让我震惊——比如，5 分钟不间断拍打实心球，10 分钟不间断地拉阻力橇。这是我第一次听说可以不按照组数和次数进行训练。

路易告诉我他所在高中的摔跤手在体重只有 110 磅时就能做超过 200 磅的卧推，我震惊极了，我看到了自己训练的摔跤手与之相距甚远，以及我们有多么大的进步空间。我意识到增强"特殊力量"是主导比赛的最好方法之一，路易的训练效果比我们训练的效果要好得多。我认为我们训练得很努力，但是路易把训练要求提高了更多。

我开始打破"针对专项运动的训练"规则以及"功能性训练"的规则。我打破的规则越多，训练效果就越好。我把家里后院的一棵樱桃树砍断了，只保留了长约 4 ~ 5 英尺的一部分。我会让运动员们抱着这段木头走特定的距离或者时间，我还要求他们使用这段木头做力量翻、深蹲和弓步。

搬着木头来回走是一件艰难的事情。我很快就明白了为什么那些来自农场的摔跤手能够在比赛中占优势了。这种训练风格不仅使他们拥有了一种独特的力量，也改进了他们的心理素质。

我用五金店提供的材料做沙袋，从父母家的后院拿来石头，甚至买了几个 12 ～ 16 磅的大锤子。我还买了一条绳子并把它绑在一个距离地面约 16 英尺的粗树枝上，这样可以练习爬绳子。我整整花了半个小时才最终把绳子绑在了高高的树枝上，累坏了！受洛奇启发，我下定决心把后院变成一个训练场。

我让摔跤手推着我的卡车绕着小学的空停车场走，那个停车场有 150 ～ 200 英尺长，非常适合我们格斗风格的训练。我们练习山坡冲刺跑，沿着小山做壶铃农夫行走，还拿着壶铃爬学校后面长长的一段楼梯。

我逐渐以训练摔跤手而闻名。我的训练效果使人震惊，说实话，我自己也很震惊，这些在地下车库训练的摔跤手总是能够在比赛中占据主导地位，而且他们的身体也十分强壮。他们的状态就是我在高中时想要达到的！

训练过程中，我经常拍照片，并为自己的网站写文章。我希望这些文章能够帮助其他摔跤手和格斗运动员。我向父母借了数码照相机，渐渐地，我积累了很多在车库和后院用不同器械训练的照片，同时吸引了世界各地摔跤手的注意。

根据自己训练摔跤手的方法，我设计了一个简单的线上训练项目。我把这本电子书叫作《角斗士训练手册》(*The Gladiator Project*)，我迫不及待地想把自己正在做的事情告诉别人，我想要全世界都知道。

发布这本电子书之后，很快，来自世界各地的人就竞相购买，有的买主甚至来自我从未听说过的国家。我每天都能卖 1 ～ 3 本电子书，但是有一天我卖了 5 本电子书！当时，我觉得自己都可以开一个庆祝晚会了！

我很高兴自己有能力帮助来自世界各地的人，而不仅仅是新泽西州的人，我可以预见来自世界各地的年轻摔跤教练阅读了这本电子书之后，能将摔跤手培养成冠军，就像我们在新泽西所做的那样。

电子书发布之后，更多的人开始学习我训练摔跤手

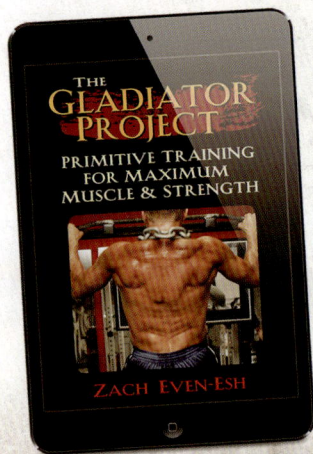

的方法。我为世界上最大的力量和体能训练网站写了一篇文章，那个网站是由前健身教练瑞安·李管理的。我从瑞安教练身上学会了如何把自己的训练方法写成文字，他还使我明白了怎样才能完成帮助所有人的使命。我的使命是世界性的，所以我不能保持低调也不能将这些训练方法保密，我想用这些训练方法拯救所有需要帮助的运动员以及健身爱好者。

瑞安对我所做的事情印象深刻，他问我是否可以为他的网站做一次采访。在采访过程中，瑞安让我描述自己的训练方法。那时，有各种各样特殊的名称来描述运动员的多种训练方法，但是我训练运动员的方法却没有名称。我不遵循典型的训练方案，也不盲从某个特定的健美计划或者功能性训练的方法，说实话，我感觉自己与传统的健身阵营格格不入。直到今天我仍然觉得不能融入传统的健身阵营。

> "我们的训练很残酷，强度很大，甚至有一点儿疯狂，所以我把这叫作地下力量训练，实际上我并没有遵从任何规则，我们就是地下的力量。"
>
> ——扎克·埃文-埃谢

这次采访过后，瑞安开始叫我"地下力量教练"。我的事迹开始在周围流传，很快我就从只训练摔跤手变为也训练橄榄球运动员。由于房子在整修，第一年我甚至都没有住在那所房子里，但是我却一直在车库训练运动员。

人们听说我在车库做起了教练都觉得我疯了，毕竟我还没有住在那里呢，他们认为我弄反了顺序。我认为那些人之所以会这么想，就是因为他们不理解为一项使命而活的责任感。

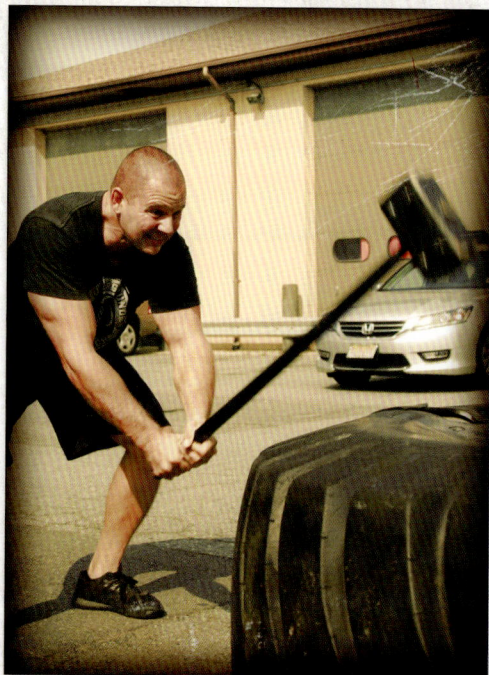

我和我的一个朋友也在我的车库进行训练。但是除了冬天，我们很少在车库训练。我们通常会开着卡车，带上几个沙袋和壶铃，去运动场和学校的操场里训练。我们会开着车在镇子里找最适合训练的场地。我们寻找能做引体向上的单杠、双杠以及开放的场地。训练时我们会把内心的恶魔赶出去。我很高兴自己逃离了传统健身房而在户外进行训练。

专家

我开始引起其他力量和体能领域的教练以及格斗运动员的注意。来自其他教练的评论并不总是积极的，我还记得自己第一次听到一个很有名的教练取笑我的训练方式时十分生气。但是由于训练效果显著，我对自己的训练方法很有信心。我愿意和任何人比较训练效果。对我而言，只有给运动员带来的效果才是算数的。我不介意别人的看法，也不关心自己的训练方法是否跟随潮流或与别人一样。作为一名教练，你必须把运动员的需求放在第一位，而那就意味着你总会遇到来自外界的阻力。

我训练的运动员都变得特别强壮，也特别自信，这让我感到自己做的事情是真正有意义的。对否定我的那些人，我的回答就是让他们也去训练摔跤手，并和我用地下力量训练法训练的摔跤手展开竞争。与其反驳这些没有安全感的教练的负面评论，我选择用事实说话。

对这些运动员而言，我的车库就像一个秘密社团所在地或者格斗俱乐部，他们为自己能成为其中的一员而感到骄傲。我们在户外训练——冬天也是如此。地面有积雪的时候，我们会在后院里搬运木头、抢锤子，冲刺跑上小山。我感觉这就像真实版的《洛奇4》。那些曾经经常失败的摔跤手纷纷慕名而来，他们一旦开始跟随我训练，离主导比赛并获胜的日子就不远了。

我家的后院看上去就像一个地下军事训练营，我记得我的邻居从他家后面的露天平台看到我们时，大喊我们这样训练会伤到心脏。相信我，我对在自己家后院和本地的大公园训练感到有一点儿紧张的重要原因是，据我所知，这是违法的，所以我从来不去人人都会去散步的大公园，而是选择破败、荒芜的操场进行训练。

我认为自己没有什么可输的东西，

所有的东西都要去努力争取。帮助摔跤手的使命让我感到从未有过的动力。我每天想的全是训练，晚上也是想着训练的事情入睡。

　　在健身房训练的时候，人们吃惊地用敬畏的眼神盯着我们看。看我们训练是他们的娱乐活动，他们盯着我们推卡车、举野餐桌、拉阻力橇、推健身雪橇、搬运杂物上山或者围着停车场转圈。我们甚至还在草地上摔跤。

　　学校后面有一段非常陡峭也非常长的楼梯。我记得丹·盖博谈论过中国的少林武僧，以及他们如何通过弹震式跳跃、背着同伴爬楼梯、倒立爬一长段楼梯等运动来进行高强度的楼梯训练。盖博教练和他的摔跤手在爱荷华州做着同样的事情，他们成了最受人敬畏、在赛场上最具有优势的大学摔跤队。我和我的运动员也做了这样的楼梯训练。

　　我发现这种训练不仅改善了运动员的运动表现，而且也让他们在生活中表现得更好。这些运动员的自信心、在学校的操守、抗压能力、待人接物都有所改观，他们成了我年轻时想要成为的那种人。我意识到如果自己没有经历年轻时的艰难，今天就不会肩负这个终生使命——使更多的人在精神上、肉体上和灵魂中都拥有不可战胜的力量。就像瑞安所说，我存在的意义就是为了让人们变得更加强壮。

第八章

地下力量健身房

完美的大敌

越来越多的人喜欢在互联网上研究力量和体能训练的方法，越来越多的教练会在网上分享信息而不考虑信息正确与否，事情也因此变得越来越混乱。

网上的著名教练都说我们在训练中做的每一件事都必须符合科学，他们不认为训练结果才是检验训练方法正确与否的标准。我见过许多在文字上让人印象深刻的训练方案，但是这些方案永远不会有任何实际作用。因为设计这些方案的人并不是真正的教练，他们不会像我一样从早到晚、日复一日地和运动员们一起训练。

这些教练的话改变了我的态度，我感到自己必须用一种科学的方法去赢得他们的尊重，我必须坚持"最优化训练"和"科学健身"的规则。我当时根本不知道，这些有关科学和训练规则的高谈阔论绝大部分都没有在运动员身上测试过。我受他们的影响太深，过于急迫地采用更加激进的训练方法，并且不知不觉开始淡化自己的训练方法。

那是一个非常大的错误，我永远都不会忘记。回首那些日子，我总会生自己的气，因为我否定了自己，也忽略了运动员们真正需要的东西。

我开始阅读各种不同的训练方法，进行认真细致的研究。我接触的信息越多，我就越迷惑。哪种训练方法最好呢？我完全不懂，我受够了互联网上泛滥的信息。

幸运的是，我知道应该坚持那种长期有效的方法，我明白最基本的训练方法能够产生最好的结果，训练方法是否有效要看运动员在比赛时的表现。千万不要在意别人对你的看法，训练好你的运动员才能赢得尊重。结果是唯一有意义的事情，我希望我的错误能让你吸取教训。我想得到更多的信息来完善我的训练方法，所以，那些纸上谈兵的专家把我弄糊涂了。

我坚持的训练方法很简单，但是并不容易。这种全身性训练的名字叫作邦达尔丘克（Bondarchuk）综合训练法，是以1972年奥运会链球金牌获得者邦达尔丘克的名字命名的。邦达尔丘克也是一位举世闻名的链球教练和教育家。

这种方法要求每周做三次全身训练，

并且连续 4 周按相同的方案训练，每周都要有所进步。这项系统的训练计划让我想起一段艰难的岁月，在训练上我追求自由的精神，因为我训练的大多数运动员也是古怪的人，历经艰难我才明白，要让一个怪人按照严格的计划训练并不是最有效的方法，因为，在两三周之后，他们就会渴望改变。

4 周训练计划

第一周：介绍动作并建立基准重量，改善或教授新练习的运动技巧。

第二周和第三周：努力打破同一项运动的纪录。训练计划所采用的练习并没有改变，目标是改进技巧、力量和能力等。增加负重，或者多做一两次练习。任何形式的进步都很重要。当然，进步也不一定非要由增加的重量或者增加的练习次数衡量，技巧的改进也可以体现出进步。

第四周：减轻负重，并允许运动员们休息恢复。练习的动作还是一样的。训练计划执行得不错，但是我厌倦了连续 4 周做同样的训练。当运动员变得更加强壮时他们就能茁壮成长，他们的注意力都放在变强壮上面。我能想象，如果训练中的变化多一些，他们的感觉就会好一些。

回顾一下，因为过于严格，我犯了几个错误

之前，我并没有考虑到我的运动员每天经历的事情以及感受到的压力是不同的。我只关心坚持执行训练计划，以及运用已经被别人证明有效的训练方法。

如果我的运动员在学校或者在家经历了很有压力的一天，而又恰巧是在训练的第三周，也就是训练计划中要求打破纪录的时候，他们表现不佳也很正常。和运动员一起训练，并懂得如何根据他们当天的生活压力来设计训练方案比盲目按照书里的计划训练要困难得多，因为书里不会考虑到现实生活压力等因素。

训练计划是可以调整的，当你看到某个训练课程列出的训练计划时，你一定要记得根据自己的实际情况做出相应的调整。

在我安排每个月的训练时，沙袋、自由重量、自重、壶铃等训练项目是不变的，运动员们越来越强壮并且在增长肌肉，但是如果把所有注意力都放在完善训练计划上，就没有精力关注磨炼意志了，而顽强的意志对提高运动员的成绩是很重要的。我也意识到全身训练并不能像上半身或下半身训练那样可以让身体得到充分的休息和恢复，瘦弱一些的运动员还需要通过增加特定部位训练的强度来增加肌肉。

训练的时候，我遗漏了一些不应忽略的非常有效的训练方法。我们不再像之前那样频繁地冲上山坡或跑上台阶，我们也没有做磨炼意志的训练——如拉阻力橇之后立即推卡车，再立即用篮筐做引体向上。这些磨炼意志的训练特别野蛮但是也特别有效，我真不应该忽略它们。

训练运动员的时候，如果我知道他需要顽强的意志，我就会磨炼他的精神和身体来

使他更加坚强。如果我知道他的弱点是力量不足，我就会在常规的训练方案中加入额外的农夫行走、负重拉阻力橇以及硬拉。如果我发现了他的一个缺点，我就会努力把它改造成优点。我并不喜欢给所有人用同一个训练方案。我喜欢遵循一个原则，同时又具备针对个体而改变的灵活性。

你的弱点是什么？

你最需要改变的是什么？

你的训练方案中缺乏的是什么？

集中注意力攻克它们吧！

本书的终极目标就是帮你成为一名更好的教练，为自己也为别人。你的弱点是什么？你最需要改变的是什么？你的训练方案中缺乏的是什么？集中注意力攻克它们吧！

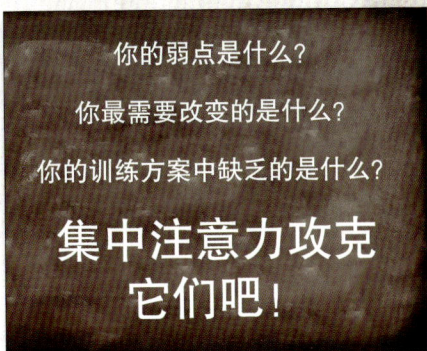

强壮不等于有用

对我自己以及我训练的运动员而言，发展力量仍然是首要任务，但是不能以牺牲速度和竞技能力为代价。你必须以正确的技巧、最快的速度挪动大重量，这就叫作速度力量。运动员的整体健康很重要，这意味着要发展全面的运动能力。凯利·斯塔雷特（Kelly Starrett）是在这个领域对我影响最大的导师，尽管我也一直在向其他人学习。

那时，我只关注力量，而忽略了全局，即发展全面的运动能力。我当时认为做深蹲、卧推以及硬拉可以改变所有的事情，我对自己说："如果你速度太慢、身体太虚弱或者不能做热身运动，可以通过深蹲、卧推使自己变强壮，其他事情就会水到渠成。"

三大练习（深蹲、卧推、硬拉）是很好，但不是解决问题的终极方案。今天很多新教练还在犯同样的错误，甚至一些有经验的教练也在犯这样的错误，这些教练拒绝与自己不同的方法。他们忽略了全局，并且没有在训练中达到力量、耐力、速度和意志力的平衡。

我从自己的错误中意识到，那些体格较大的运动员正在变成我所说的强壮但无用的运动员。瘦弱的运动员专注于发展力量被证明是有效的，但那些体格较大的运动员需要磨炼意志。

那些大块头在较低次数举重方面被证明是强壮的。有的运动员能够以 315 磅的重量做每组 3～5 次的卧推和地面卧推，以 405 磅和 495 磅的重量做每组 5 次的六角杠铃硬拉，以 315 磅和 405 磅的重量做每组 3～5 次的箱式深蹲。给这些大块头加重量并不一定能使他们成为更好的运动员，他们需要的不仅仅是强大的力量。

是该做决定的时候了，这些大块头甚至不能做地下力量训练热身环节的一些基本动作和徒手体操，跳绳、熊爬、蟹行这种动作就可以让那些大块头在 30 秒钟之内变得精疲力竭。自重弓步对他们来说太难了，但是他们可以负重 405 磅做深蹲，我第一次遇到这些问题时困惑极了。

　　我准备从根本上改变训练这些大块头的方式，并把科学和无规则地下力量训练结合起来。因为这些大块头的关注点都在变得更强壮上，他们顾不上磨炼意志，意志的磨炼来自健身房和三大练习以外的训练。是时候让他们用杂物训练了，是时候打破健身专家认为对或错的规则了。我看到了这些运动员的弱点并决定攻克它们。

　　从高中开始，这些运动员就按照传统的模式训练，他们不适应那些使人筋疲力尽的、具有竞争性的、困难的训练。他们的精神和身体都没有足够的韧性去应对激烈的比赛以及频繁的训练。他们当中很多人在夏季橄榄球赛期间甚至无法给自己的教练留下深刻的印象，因为他们都在抱怨伤痛。

　　这些孩子不是力量举运动员。他们需要更多的精神磨炼，而这也说服我重新回归之前尝试过的并且对这些孩子有效的训练方法。高中力量教练丹·约翰（Dan John）的一句话给我的训练计划带来了极大的改变，他说："热身本身就是训练。"他在训练运动员时会进行很长时间的热身，我觉得这就是我需要的东西。我开始把更加深入的热身训练融入自己的训练计划，目的就是鞭策这些体格较大的运动员进入格斗状态。

> "热身本身就是训练。"
>
> ——丹·约翰

　　一开始，热身训练是很短暂的，并且只包含一些基本的徒手体操和一些简单的准备活动：深蹲、弓步、俯卧撑和拉力带面拉、慢跑、跳跃、拖拽练习等。不疯狂不成魔，我们基本上是快速做两遍徒手体操后就开始正式训练。

　　尽管热身训练很简单，但是这些大块头的橄榄球运动员在做弓步时还是会绊倒或者碰到膝盖，这些可以用300磅的重量做卧推的大块头做俯卧撑时还必须把手抬高。我对他们的表现一点儿都不满意！这让我意识到最重要的事情就是训练他们支配自己身体的能力，而不是举起大重量的能力。我意识到能够做多少个深蹲、卧推或者硬拉并不是决定运动表现的最终因素，比你的对手做的深蹲更多并不一定能让你成为一名优秀的运动员。这种新的思维方式并没有使我忘记力量的重要性，我只是意识到除了强壮之外，成功还需要很多其他因素。

　　我改变了训练计划，增减了一些内容，并测试了这些内容的有效性。有些改变非常简单，重新使用那些本来就不应放弃的方法即可：更多的阻力橇训练、山坡冲刺跑训练、爬楼梯训练、自重训练和利用杂物训练，把更多的注意力放在增加训练量和磨炼意志上。

我不再受网上泛滥信息的影响，而是更多地关注运动员的训练反应。脚踏实地的感觉很好，我把自己的健身房当成了试验场，在那里专注试验我的训练方法是否正确。

我在热身环节加了多种练习：跑步、壶铃单臂抓举、动物爬的各种变式、草地徒手体操、轻量壶铃、背同伴和跳绳等。

我们的热身现在已经成了丹·约翰所说的——一次训练！我不再用同样的方法训练轻量级选手和大块头选手了，我提高了对所有运动员的要求。大块头选手必须更有爆发力、更有力量、更加精干，瘦弱的选手必须更加强壮、更有爆发力、更加坚强。

当我把这些小变化加入热身训练中时，我觉得自己的训练体系真正形成了。我看到运动员的水平在提高。我认为训练运动员最好的方法就是听取他们的建议，并且以结果为导向。让他们不要好逸恶劳，让他们每一天都变得更好，这就是好教练应该做的。

我正在变成一名优秀的教练，也正在找回真正的自己。我开始与长期训练运动员的教练们做更多的交流，这些教练一直以来都对我影响巨大，如里夫、路易·西蒙斯等。

我在自己身上和不同的训练伙伴身上，以及我的运动员身上测试这些训练方法。我训练自己时总是像专注地进行某种形式的战斗，这是为了像战士那样去考验和发展自己的精神力量，这是将科学的方法和地狱式训练结合起来的开始。我理解精神的力量，但我的精神力量还不够强大。缺乏精神的力量阻碍了我的前进，也阻碍了其他运动员取得进步。

我注意到很多运动员和我之前一样，具有取得胜利的身体素质，但是缺乏战胜对手所需要的精神优势。事实证明，具有坚强的意志是取得成功的关键，意志薄弱是一些有潜力的人失败的原因。因此，我不再简单地训练运动员的体能，我希望通过培养他们的耐力和坚韧不拔的精神来改变他们，这些品质能够一直伴随他们成长。

遇到困难时，你选择知难而退还是迎难而上？我希望运动员能永不言弃，我希望他们今天的刻苦训练可以换来将来的舒适安逸。为了教会他们做到这一点，我自己也得这样做，这也把我自己的训练推向了下一个级别。

这听上去可能挺简单，但是我们的热身训练是培养坚韧精神的重要因素。事实上，

当有新运动员来到地下力量健身房试课的时候，热身训练可以测试出这个运动员是否适合这个健身房。如果运动员在热身阶段就抱怨或者崩溃，我就知道必须磨炼他们的意志，特别是那些大块头的橄榄球运动员，他们在卧推和弯举上投入了太多时间和精力，而没有花足够的时间去做其他练习。

我开始调整整个训练计划，而不只是热身环节。如果你是一名强壮的大块头运动员，就不要把注意力都放在举重上，而应该更多地进行壶铃、大锤、沙袋、阻力橇、冲刺跑和自重训练。如果你是一名橄榄球运动员，那就意味着你必须时刻做好上场比赛的准备，而不只是做组间休息 5 分钟的多组深蹲和卧推。

纵观全局，我看到对绝大多数运动员而言，缺乏肌耐力、持续力和整体耐力——身体和精神的耐力是他们最大的问题。

我想培养这些橄榄球运动员在整场比赛中的进攻性和爆发力。我为他们设计了更难的训练方案，而不只是在一项练习结束时拉阻力橇，我有时候会让他们在训练开始时拉10 分钟阻力橇，再做弓步或者单腿训练，然后做大重量深蹲。他们刚来我的健身房时习惯举大重量。我训练他们即使感到疲劳也要保持强壮。做到这一点不仅需要进行身体上的训练，还需要培养精神上的韧性，一旦他们知道自己比一般人优秀，他们就更有自信了。

这些运动员在做农夫行走的时候，会举着壶铃或者扛着沙袋，同时还会拉阻力橇，这使他们的训练难度增加了一倍。偏重负重是我喜欢的另一种训练方法（在农夫行走的时候使用两种不同的负重），它可以使运动员的身体素质足以应对赛场上的各种情况。

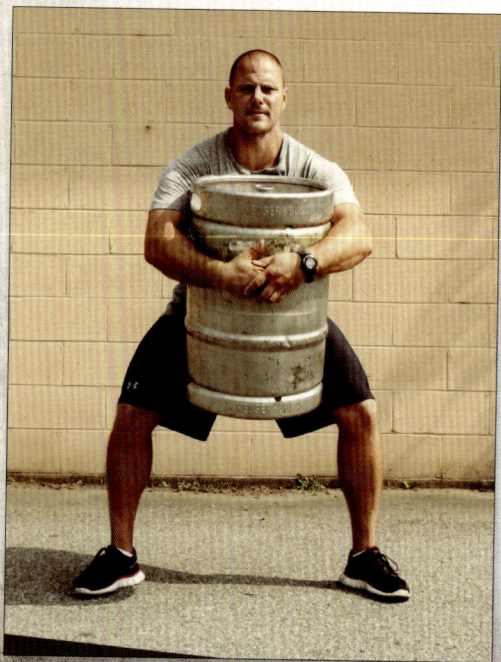

我希望通过这些训练帮助运动员在现实中获胜，而不仅仅是纸上谈兵。我不再介意网上的人对我评价如何，我只是跟随自己的直觉训练。训练结果才最重要。我在健身房营造的气氛就是教孩子们不要给自己设限：我能做什么，不能做什么。我不介意他们的体格是大还是小，他们也不再把体型或者体重作为不想训练的借口，每一名运动员都必须通过训练去增强运动能力并培养坚韧的精神。

如果任何一名运动员敢说"我体型太大没法跳绳"或者"那些体重较轻的家伙做体操比我们容易"，我就会回答："别找借口，如果你不能做引体向上或者其他自重练习的话，你就是太胖了或者太虚弱了。"我会直接和冰冷地告诉他们残酷的事实。训练本来就应该是辛苦的，如果他们想成为冠军，就不能找任何借口。

强壮而无用是健身的敌人，我的使命就是终结它。如果你知道有多少运动员会因为在热身训练中感到不适就放弃，你会感到很吃惊。这件事使我明白，如果要增强运动员的体能就必须在训练中加入磨炼意志的练习。

热身训练的好处就是它能迅速改进运动员的精神、力量和工作能力。它可以教会你如何做深蹲、弓步和俯卧撑，使你全身紧张并在运动中用到全身的力量，这是一个你在所有的大重量举重中都会用到的技巧。当运动员更加轻松地完成热身时，他很快就会意识到自己的力量和耐力都得到了提高，而这又极大地增强了他的自信心。

热身使运动员从身体上、思想上为正式训练做好了准备，如果你进行热身训练时没有感到疲劳的话，那么你就取得了巨大进步——既包含身体方面也包含思想方面。

我训练的运动员越来越多，我的训练方法进步得也越来越快，我把更多的身体、思想甚至是精神方面的训练融合到了一起。当身体训练达到极限时，灵魂会带着你走出艰难时刻。

请记住，训练的目标是改善运动表现并减少运动伤害。如果你想取得成功，训练就必须有挑战性。如果一般的成功就能够满足你，那么你尽可以随便训练一下，但是如果你想要主导比赛，那么你就必须强迫自己经常超越极限。

如果你一直坚持同样的训练计划，那么你就必须找到一种方法让自己训练得更加刻苦。正如我之前提到的那样，在训练结束之后做深蹲，而不是在训练的一开始就做深蹲。比如，我做过100次自重俯卧撑和引体向上，之后就会进阶到负重推举变式。身体会逐渐适应训练，很快，进步就会停止，因此，你

"疲劳将我们每个人都变成懦夫。"

——文斯·隆巴迪
（Vince Lombardi）

必须不断超越自己，把自己打造成一个更加强壮的运动员。

我给运动员的格言很简单：严格要求自己，慢慢适应你的不适应。但这做起来并不容易。我鼓励他们经常提高训练强度，这样可以磨炼他们的意志。在每次训练的最后，我都让他们选择，是再练习一下，还是结束训练进行放松和恢复。你会发现每次做额外训练的都是同一批人，而早早回家的也是同一批人。对一些人来说，早点回家是最好的答案。对另外一些人而言，他们在身体和心理层面都努力在做额外的训练。

里夫教练与"冠军训练"

里夫教练和我经常讨论我们在高中和大学是如何训练自己成为一名摔跤手，以及他自 20 世纪 20 年代以来是如何训练运动员的。里夫教练总是一个人训练，甚至在加入高中摔跤队以后也是这样，没有人催促或者激励他去训练。

上高中之前里夫教练开始每天都做 500 个俯卧撑，摔跤教练告诉他，做"很多个俯卧撑"会使他成为一名优秀的摔跤手，并且可以为高中摔跤比赛做好准备。教练从未具体说每天要做多少个俯卧撑，所以他认为"很多个俯卧撑"的意思就是每天 500 个。他每天早晚各做 250 个俯卧撑。他在赢得所在州的初中组摔跤冠军的当天还做了 500 个俯卧撑，并且这 500 个俯卧撑都是在总决赛当天称重前做的。

今天，作为维克森林大学的力量和体能总教练，他的运动哲学与之前一样：允许运动员在训练中留有余力，这会激励他们主动训练。里夫教练称之为"冠军训练"。冠军会选择在业余时间做额外训练，而一般运动员只有在别人告诉他什么时候训练，在哪里训练，训练什么以及怎样训练的时候才会去训练。

激励自己像冠军一样训练所获得的自信远远超过了普通运动员通过常规训练获得的自信。冠军知道自己比对手训练得刻苦，这给了他们更大的自信——不只是认为自己能够获胜，而是知道自己一定会获胜。

里夫教练支持我的训练方法，这使我倍受鼓舞。在训练计划的开始，培养力量以及使用力量的能力是很关键的。使用力量主要是指运动能力的展示，强壮而无用并不是我们要达到的目标。我们需要将力量、耐力、速度、爆发力、顽强的意志以及全面的健康融合在一起。

> "跑步和阅读在生活中很重要。"
>
> ——威尔·史密斯（Will Smith）

身体素质包含很多方面，需要花很长时间去培养。力量是身体素质的基础，它会把运动员塑造并培养成一名合格的运动员。简而言之，你应该是灵敏的、可迅速移动的和有攻击意识的，你应该经常把思想训练融入身体训练中。这会使你能够使用大重量并更具有攻击性，同时也会使你的速度更快、更有爆发力。

我不再参加体育比赛了，而是把训练重点放在了增强身体素质上，这使我能够保持健康并知道自己可以做得更多，而不仅仅是低次数大重量的举重。能够健康地跑步、跳跃、攀爬和举重的感觉棒极了，比之前虽然身体强壮但是有伤病的感觉要好多了。

我发现自己之前一直在为无法完成特定的练习和活动找借口，当我在这些借口下生活的时候，我发现自己和孩子们玩耍一段时间或者在户外待一会儿就会精疲力竭。我对自己很失望，我意识到自己只擅长做低次数大重量的举重，而这不能让我成为一名更优秀的运动员。这种训练的挑战性不够，我过得太安逸了。

为了取得更大的进步，你必须经常做那些让自己感到不舒服的练习，很快，你的弱点就会得到改进，你会因为做到了之前做不到的事情而感到开心。

每一名跟随我训练的运动员，还有我自己，都必须保持"良好的状态"。这意味着我们要能够跑步，并且要跑得快。那种拖着脚步，慢慢悠悠地像醉汉一样闲逛的状态是不允许的。我们必须使劲跑、快速跑！

如果热身运动就已经让你气喘吁吁了，那你一定状态欠佳，就这么简单。是时候甩掉那些肥肉并变得更加强壮了。我给运动员制订的训练计划包含多次短距离冲刺跑，每次跑 100 ~ 400 米，每次都保持相同的强度。渐渐地，运动员跑步的距离越来越长，他们的身体和心理素质也越来越好。

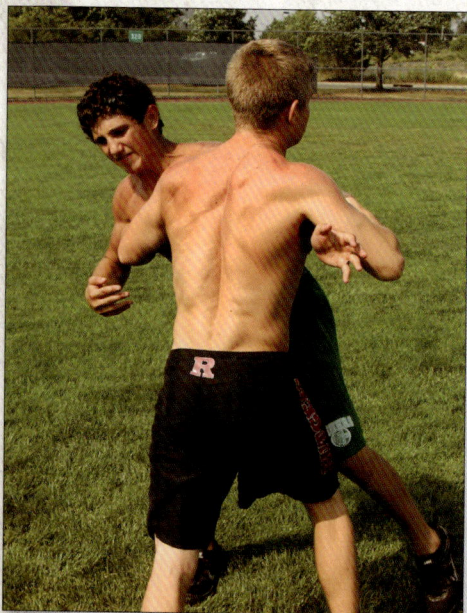

如果在短短几分钟的跑步中你的身体都无法保持高速运动，你又如何在将近一小时的橄榄球比赛中主导赛事呢？基础的力量是至关重要的，事实的确如此。但是，没有健康和耐力，你的力量就会被疲劳打败。

其他练习还包括游泳、跳绳、战绳、拉阻力橇冲刺和沿着山上的小路跑步或者在沙滩上跑步，这些练习能够帮助你提升体能以及身体的恢复能力。

你的身体越健康，你就越容易从高强度的训练中恢复过来。当你状态不佳时，一节很难的训练课程就会让你感到精疲力竭。而当你状态很好时，即使训练很刻苦，你也有充沛的精力度过当天的剩余时光，完成当天的其他活动。

这些教训是我从自己身上以及我训练的运动员的身上获得的。你不要害怕在训练中测试自己，请在虔诚地尝试一项训练计划之前不要去质疑它。我把地下力量健身房当作一个训练试验场，这里没有任何"真理"，所有的方法都必须经过测试。看起来不错，并不意味着在现实中有用，有时看上去很简单的训练计划恰恰是效果最好、挑战最大的。比赛最能考验训练成果，比赛时我可以看到每个人的表现，而我把这当作对训练计划的终极测试。应该从书本中学习如何训练还是应该在实践中学习如何训练终于有了答案。

弹震式训练，力量翻、挂链子的箱式深蹲等方法背后的理论是否正确需要观察很久才能判断。这些训练看上去棒极了，但是大多数运动员必须通过一些严格的训练来培养协调性、力量并积累经验，之后他们才能正确地做力量翻。

我用自重训练法训练了大批高中运动员，其中 90% 以上的孩子无法正确地做一个自重深蹲，大约 80% 的孩子无法正确地做一个俯卧撑。当我看到他们在举重室做力量翻和后深蹲的时候，我就知道他们还没有做好举重的准备。缺乏准备不只是在高中生中很普遍，即使是在高级的大学 D1 级别（Division 1）的学生中也很常见。

运动员的虚弱使我非常生气，因为那种虚弱已经到了危险并且不可接受的程度。你越虚弱，就越有可能受伤。如果你参加了一项竞技性体育运动，如橄榄球、摔跤或者综合格斗，那么你就必须以自己最好的状态去参加比赛。这听上去很刺耳也很残酷，但这就是竞技体育的本质。

我总是告诉运动员们，如果不知道去做什么以及怎么做的话，他们至少应该知道做俯卧撑、引体向上和冲刺跑，这三件事情应该融入运动员的血液里。就是这样！

但是现在的情况不一样了。家长正在强迫孩子在特别小的年纪就去选定某个项目进行训练，而忽略了培养身体素质的重要性。我每周都会接到 6 ～ 8 岁孩子家长的电话，询问改进速度或者增强敏捷性以及针对专项运动的训练课程。我总是告诉他们先让孩子进行徒手体操训练，而不要过早接触针对专项运动的训练。过早进行专业训练弊大于利，除非那项运动要求运动员在很小的年纪就开始训练，如花样滑冰和艺术体操。

我看过 20 世纪 70 年代早期的录影带以及 20 世纪初的训练手册，这些材料主要来自美国以外的地方，无论从事什么运动，所有运动员都是为了提高综合运动能力而训练。

你会看到世界级运动员都在练习徒手体操、奥林匹克举重、户外山道跑步，并进行基本的杠铃、壶铃训练，他们参加各种体育运动来增强身体素质——不止是为了参加特定项目的比赛。

整体运动水平是基础。年轻人应该能够轻而易举地做引体向上、深蹲、弓步、俯卧撑和基本的徒手体操。身体虚弱会导致你在运动中受伤，在工作中也是这样。如果你的岗位要求身体健康并且强壮，而你没有准备好，就可能有危险。

我与运动员接触得越多，就越意识到训练时首先要帮助他们打下坚实的力量基础，这意味着严格的饮食和艰苦的自重训练，如拉阻力橇和简单的哑铃训练。本书稍后会介绍如何训练入门者。

在某种程度上，我不只是被结果影响，也被早期的训练方法影响，它们总是提醒我坚持基本的、有效的训练，而不要为看上去酷酷的训练方法分神。黄金时代的力量运动员和健美运动员将注意力集中在简单而有效的基本动作上，他们从不被那些看上去酷酷的，或者纸上谈兵的人所说

的训练方法左右，相反，他们只关注结果，而这也恰恰是我希望你做的事。20 世纪 80 年代很多有竞争力的健美运动员都会参加"世界最强壮男士比赛"，现在你再也看不到了。那些健美运动员很强壮，真正的强壮！

不要让自己被流行和时尚误导。长远来看，你需要发展力量、训练肌肉和提高身体素质。这是一个长期的持续的过程，不可能一蹴而就。投入时间才看得见成果，一个夏季的训练或者一个赛季前的训练远远不够，全年都必须训练，你不仅要投入时间，还要热爱这些基本训练。

以下列出非常有效的基本训练：

- ✓ 俯卧撑
- ✓ 引体向上
- ✓ 硬拉
- ✓ 深蹲
- ✓ 弓步
- ✓ 冲刺跑
- ✓ 农夫行走
- ✓ 哑铃抓举
- ✓ 哑铃推举
- ✓ 沙袋搬运
- ✓ 哑铃或者壶铃农夫行走
- ✓ 壶铃挥摆
- ✓ 拉阻力橇
- ✓ 推车
- ✓ 屈臂撑
- ✓ 实力举

以上都是一些基本训练，但是在比赛时，与那些整天坐在机器上训练的人相比，这样的训练将会给你带来身体和心理的双重优势。这些动作既可以在商业健身房中完成，也可以在家庭健身房中完成。你的力量完全由自己支配。现在就开始练习吧！

"健身房式强壮" 与竞技实力

高中时，我参加夏季摔跤锦标赛的时候曾看到两名摔跤手做热身训练，这两名摔跤手的体型悬殊实在太大了，一个人像矮壮的斗牛士，有很宽的背阔肌，脖子很厚，样子很吓人，而另一个人却骨瘦如柴，看上去虚弱无比。

比赛一开始，我整个人都傻了，那个骨瘦如柴的摔跤手毫不费力地就把那个壮汉推倒了，接着，骨瘦如柴的摔跤手主导了整场比赛并让那个壮汉精疲力竭。

我太年轻了以致无法理解熟练的技巧对在摔跤比赛中获胜有多么重要。我当时简单地认为一名伟大的摔跤手和一名蹩脚的摔跤手被不恰当地分在一组了。我多次看到这个现象并且肯定这和运动技巧有关，但是更重要的是，这肯定和训练风格有关。

并非看上去很强壮的运动员都有支配肌肉的力量，这就是"健身房式强壮"，你可能也见过这种运动员。他比任何人都强壮，甚至比其他人跳得高，他能够不减速地在健身房一直训练下去。但当他进行某项体育运动的时候，他并不具有获胜所需的特定身体素质和力量。

很久之前我就懂得了这个道理，这是你制订自己的训练计划时需要考虑的因素。在健身房积极训练并不意味着你会自动成为某项体育运动中的高水平运动员。反之亦然。一名在某项体育运动中表现优异的运动员，可能会在最简单的训练项目中不堪一击。在两者间找到一个平衡点是至关重要的，无论你的弱点是什么，都必须改进它。如果你只将注意力放在自己的强项上，那么你就不能发挥自己全部的潜能。

永远牢记这条重要规则：一名高水平运动员不一定就是一名高水平举重运动员，反之亦然。在运动技巧和力量之间找到平衡最终能够帮助你激发所有潜能。

想要在体育运动中达到更高的水平，你的运动技巧是最重要的。

高中时我曾两次参加约翰·史密斯（John Smith）摔跤集训夏令营。约翰·史密斯曾两度获得奥运会金牌，并多次夺得世界摔跤冠军。总之，这个家伙非常厉害，我们所有人都害怕他，虽然他的体重只有 140 磅左右。

他能够轻易打败房间里的每一名摔跤手，包括那些重达 200 多磅的摔跤手。他比我们所有人的速度都快，更确切地说，他知道自己下一步会做什么，并且没有人能够阻挡他。他的力量大得让你感觉他是一只野兽，他的爆发力也让人无法阻挡。在奥运会时，即使他的对手知道他下一步打算怎么做，也不能做出快速反应，也没有足够的技巧或者强大的力量来阻挡他。

他的表现太好了，我认为他的训练方法会很高级，直到我明白了体育运动中的高超技巧和举重室中的高超技巧之间的联系。

一天晚上，我们去约翰所在的举重室训练。我看到约翰在举重室做的训练后感到很吃惊。这位两度夺得奥运冠军的运动员，看上去像从来没有来过举重室一样。约翰在举重室给我们安排了一套训练，在我们训练的时候，他跑过来加入我们。他所做的练习包括用惊人的技巧去做拉力器十字交叉、在杠上扭动耸肩来做肱三头肌下压。他的训练方法看起来有些另类，一些技巧被我视为"野路子"。

甚至我在高中用的最蹩脚的训练方案看上去都比他的训练方法好得多。我的技巧是无可挑剔的。没有身体晃动，没有疯狂运动，从开始到结束动作都很慢并且可控，这就是我理解的正确的训练方法。约翰的理解完全相反，他认为训练就是去攻击并毁坏挡路的一切事物：无论是一名摔跤手、一件运动器械，还是一个哑铃。他的态度恰恰就是想要获胜的人所需要的！

这个例子表明，摔跤技巧、训练方法和训练态度都是获胜的重要因素，当训练态度和摔跤技巧达到制高点时，即使训练方法不太好也能够取胜。

约翰·史密斯永远有欲望去进攻并控制那些挡在他前面的事物，无论是对手还是举重室里的机械。他总是斗志昂扬，这是我永远都不会忘记的一课。

约翰·史密斯有着高超的摔跤技巧，甚至除了摔跤训练之外不需要进行其他训练。一天，我们有幸目睹了他的一节训练课。当天，约翰比我们所有人到得都早，他以一种我之前从未见过的方式打败了两名训练伙伴。我记得在场所有人脸上的表情，因为我们都看到了约翰是如何打败对手的。

他的训练强度太大了，我认为他就

是为了摔跤而活着。那次练习之后，约翰告诉我们，训练的时候，应该有为摔跤而活的态度，如果不是那样的话，就说明我们训练得不够刻苦。那天早上，实际上他已经快把他的两个训练伙伴累垮了，那两名全美 D1 级别的摔跤手几乎没法爬到摔跤的地方。这种训练只有一个着了魔的人才能做到。你可以从他的眼神里和表现中看到他极其认真地对待训练中的每个动作，好像训练就是他生活的全部。

约翰一遍遍地告诉我们，如果我们想要让训练更有效，我们就应该以为摔跤而活的态度去训练。他强调，摔跤训练应该是一个提高我们摔跤能力的时刻，而不是减轻重量、穿三条长运动裤的时刻。

他的建议经常会引起我的共鸣，他所说的不仅适用于摔跤训练，也适用于其他训练。我宁愿运动员用最大的热情和强度进行一次训练，也不愿他们有所保留，在当天晚些时候再来做第二次训练。

体育训练能够磨炼意志和增强体质，摔跤和格斗运动就像举重一样，唯一的不同是你移动的不是杠铃、哑铃和壶铃等，而是一个人。

约翰对我影响巨大，他把力量、速度、耐力和心理素质训练都融合到了一起。推、拉、跳跃、举重——不是在健身房，而是在赛场的垫子上。我总是告诉运动员，训练的时候我会用从约翰·史密斯身上学到的方法去指导他们，因此，他们就不必再做额外的训练了。

一名摔跤手告诉我，他每天都会跑步，赛季的时候还会在摔跤俱乐部参加额外的训练，这本身就说明了他并没有在高中训练中取得应有的效果，也就是说他在训练时并没有竭尽全力。如果他真的竭尽全力的话，他不可能还有力气，甚至是欲望，去参加额外的训练。每周 6 天，每天两个半小时的摔跤训练就有 15 小时。每周再参加几次两小时的额外训练，并且进行几次长跑，训练时间会超过 20 小时。

一方面，更多的训练并不一定意味着有更好的效果。在比赛中表现得更好才有说服力。这意味着要以最优方法进行更有技巧的训练，并且要比对手训练得更好才行。更多的训练也并不能保证赛场上的成功。技巧、力量、速度、爆发力、韧性等——你比对手拥有的优势越多，你获胜的可能就越大。

另一方面，很多运动员把大部分精力集中在力量和体能训练上，而没有努力改进运动技巧。这种困境造就了一名"健身房式强壮"的运动员，而不是一名参加更高级别或更激烈的比赛时表现出色的运动员。在一场技巧不太重要的中级比赛中，力量和体能训

练可能会有点儿作用，但是如果你想参加更高级别的比赛并获得成功，就应该把运动技巧放在首位，并针对自己的弱点做重点突破和提升。

如何安排训练

你知道何时应该刻苦训练，何时应该放松吗？你知道何时具备挑战极限的全部条件，何时只具备了部分条件吗？有很多因素决定了你刻苦训练的程度。

- ✔ 营养
- ✔ 休息 / 睡眠
- ✔ 生活压力
- ✔ 心态
- ✔ 训练经验
- ✔ 健康水平 / 训练能力

帮助或者阻碍你刻苦训练的因素有很多。刻苦训练当然很好，但是如果你粗心大意、不计后果地训练，而忽略了补充营养、恢复体能和自己的身体状况，你就会受伤，还有可能产生其他不良后果。

有时你可以玩命训练或者干脆直接走出健身房，有时你应该科学地训练，把精力放在最重要的训练上，这样，在训练结束时，你就会留有余力。

赛季的时间也很重要，这会决定运动员训练的强度和训练的重点。

如果一个赛季刚刚结束，那么你将不得不重新塑造那些由于高强度运动、低卡路里摄入、巨大的压力、力量训练较少而失去的肌肉。

赛季结束时不是进行负重深蹲、负重硬拉和负重力量翻练习的最佳时机。不幸的是，很多运动员全年都在进行这些练习的单次最大负重测试，月复一月，丝毫不考虑这会给自己的身体和精神带来多大的压力。单次最大负重测试应该留给高级举重运动员或力量举运动员，因为这是专门针对他们的训练。

新受训的运动员没有协调性，更没有经验，不应该做那种最多只能做一次的举重动作。这些最多只能做一次的动作导致他们技巧很差——而这又导致了受伤和糟糕的结果。我经常看到一名高中教练带领整支队伍按照一个统一的计划进行训练，而没有考虑这些运动员是否做好了训练的准备。运动员是否掌握了正确的技巧？是否了解了训练的危险性？这都是教练需要考虑的重要因素。如果考虑不周，运动员就会受伤。没有什么比忽视细节更让我生气了。

通过训练记录你可以轻松地看到自己在每一周、每一月、每一年的进步。单次最大负重并不是测试力量增长与否的唯一途径。除了记录举起的重量，你还可以通过技巧的进步和对重量的控制来判断力量的增长，能够更快地举起相同的重量也是力量增长的一个标志。

训练的底线是你必须学会自己思考。不要盲目抄袭别人的计划，要慎重判断这些练习以及整个训练计划能否切实地帮助你达成目标。这个规则对这本书也适用。根据你的需要或者你训练的运动员的需要衡量利弊。你需要做一个领导者、一个批判者，而不只是个跟随者，跟在别人后面亦步亦趋是没有意义的，你应该花时间去真正地思考。

训练的目的是改进你的运动表现并减少运动伤害。如果我发现一个练习或项目对运动员无益，我就会立即调整。

赛季中不要进行大量高强度的力量和体能训练，但是很多教练会犯这个错误。在赛季中，我训练的摔跤手每次会跑 30 分钟，而不会考虑长时间的慢跑，因为那样会减少他们所需要的专项体能训练时间。

正如你看到的那样，训练中的错误主要是因为缺乏思考，以及那种陈旧的不想求新求变的思维模式。

以下是运动员制定年度训练计划时的常用方法。

赛季前（赛季开始前的 3 个月）：提高训练强度，并专注于普通的专项训练。距离赛季开始一个月的时候逐渐减少训练量，赛季开始前的一周开始减轻使用的重量。

赛季中（3 个月）：把注意力放在自动调节上，它决定了训练的强度。减少运动量并通过优化训练来确保身体恢复到最佳状态。增加恢复训练并引导运动员运用这些恢复方法。在重大比赛之前要减少训练量。通常每个赛季会有两项重要赛事。认真查看赛季日历并做好相应的规划。

赛季后（赛季结束后的 3 个月）：在赛季结束后给运动员一周的休息时间，有时最好强制休假来确保在紧张的赛季之后，运动员的精神得到放松，身体得到充分的休息。在赛季后的前 3 ～ 4 周避免增加脊柱压力，使用适中的重量和组数去帮助运动员恢复在赛季中消耗的肌肉和力量。赛季后的第一个月，运动员们应该做好准备重启高强度的训练，重点应该放在判断下一个赛季需要做出哪些改进上！

休赛期（年中）：事实上，根本没有"非赛季"一说，训练不应该停止。为比赛做准备应该全年无休，但是你在此时尝试新训练方法通常最安全，你也可以在此时挑战运动强度的极限。不过，一些体育项目有一个高强度的赛后训练计划，所以你要根据实际情况判断。如果你所从事的体育项目有一段休赛期，这就是培养坚强的意志、尝试高强度训练计划的绝佳时机。另外，你也可以找一些时间去真正地享受训练的乐趣。

训练应该是有趣的，无论什么时候都不应该是枯燥无味的。你要好好利用能灵活调整自己训练计划的那段时间。在新泽西州，夏天是运动员冲浪、游泳、骑山地自行车和进行传统举重训练的时候，这样，他们就能在训练的同时享受快乐。

我发现那些依然活跃在赛场上的、没有长期在健身房训练的运动员身体最健壮并且更容易取得大的进步，因为那些看似玩耍的活动减轻了他们身体的压力、帮助他们更好地恢复，最终使他们变得更强壮、更敏捷、体能更好。

总之，我反对使用器械、产生泵感和挤压肌肉的健美方法——本质上，就是那些我在年轻时所做的事情，但我不反对通过训练的组数和次数去使肌肉变得更大块。一般来说，更多的肌肉可以提高你的运动表现，初学者和中级健美运动员尤其需要增加肌肉来增加力量和提高运动表现。

赛季结束后的前 4 周或者一个长期的高强度的训练周期结束后是一个很好的时机，多关注练习的组数及次数，在深蹲、卧推和硬拉的时候采用大重量。我经常使用这种方法，我发现一旦你长回了赛季中失去的肌肉，甚至增长了更多的肌肉，你的力量就会自然而然地增长。

每个人都是不同的

在决定训练强度时我也会考虑运动员的性格，不同的性格需要使用不同的训练方法，了解运动员的性格可以帮助我们判断哪种风格的训练最适合他。

我发现绝大多数运动员的性格可以归为以下三类。这里的分类并不固定，但是很常见，可以帮助你明白自己的需要，如果你是一名教练，还可以帮助你了解他人的需要。

战士。一些运动员喜欢高强度训练。他们经常会在训练结束后加练，组间也会做额外的腹部训练、俯卧撑和引体向上。这类人不喜欢组间休息，速度也比一般人快得多。

这类人如果没有在每次训练时使出全部力气就永远不会满意，他们每次离开健身房的时候都像经历了一场战斗。他们不喜欢在训练中留有余力。要么不做，要做就竭尽全力是他们的风格。这类人天生就有坚强的意志，能够承受较大的痛苦，他们甚至能够忍受一般人无法忍受的痛苦。

思想者。这些运动员在次高次数的训练中表现得最好，他们在训练中通常会留有余力。这类运动员喜欢刻苦训练，同时希望离开健身房时不要累得摇摇晃晃，还留有精力做其他事情。他们不想被伤痛围绕，他们认为这是最智慧的训练方法。

思想者不总是活在当下，他们会往前看并思考这种训练明天会带给他们什么样的感受，以及从长远来看这种训练到底是会帮助他们还是会伤害他们。思想者是那种适合最优

化训练的运动员，他们会在该训练的时候努力训练，其他时候就不再想训练的事情。

保护主义者。这类运动员只会做必要的训练，可能还会更少。他们通常很胆小，害怕挑战极限。他们不会主动打破常规和加重量，除非你不断提醒他增加强度、刻苦训练。

如果可以选择一周训练三次或者四次，这些运动员就会选择一周训练 3 次，甚至更少。当其他人都留下做额外训练的时候，这些运动员已经走了。

比赛时，遇到实力相当的对手，他们通常不会取胜，因为他们没有足够的自信，即使他们实际上比对手训练得刻苦并且准备充分。

他们很安静也很害羞，需要你给予额外的关注去确保他们训练得足够刻苦、变得更加强壮。长期而言，这类运动员是可以改变的，只是需要比其他运动员更长的时间。

把运动强度和运动员的性格相匹配并进行相应的训练是教练的艺术，训练方法要根据运动员的性格和所处的时段进行调整。

有关地下力量健身房的记忆

和我一起训练的运动员使我明白了一个道理：为了取得更好的效果，应该采取更加灵活的训练方法。

案例 1　地下力量健身房的早期成员

2002 ～ 2006 年，我在自己家的车库里训练摔跤手和橄榄球运动员的时候，我对每位运动员每天的感受都非常关注，并根据每个运动员的实际情况分别为他们安排了训练课程。

这些运动员中绝大多数人从高中一年级或二年级就开始跟随我训练了。当他们更加成熟、升入高年级的时候，我发现他们的身体和思想能够很好地应对训练压力。起初，我不太懂得教练的艺术，训练时没有针对每个人做出个性化的调整，但是后来，我越来越成熟了。

我总是鼓励他们在每次训练时诚实地面对自己，做好自动调节。这就意味着，有时候他们训练的时间会更长，强度会更高。他们不会总是以一个很高的强度或者最优的强度来训练。他们每天的精力不同，每天的训练强度也不同。

赛季期间的训练量是最小的、最优化的，每次训练平均 30 分钟，最短的时候只有 20 分钟。随着赛季接近尾声，运动员们会在赛季最后也是最重要的比赛之前减少训练。

我记得家长们对缩短训练时间颇有微词，他们想："嘿！我认为应该训练一个小时，难道我们不是按照一个小时付费的吗？"他们把为结果训练和按规定时间训练混淆了。运动员有没有爬着离开举重室或有没有在训练中呕吐，并不能说明训练的好坏。

一些运动员需要被严格要求，需要把科学的方法和地狱式训练结合在一起，他们需

要在训练过程中体会到恶心的感觉，了解什么是刻苦训练和竭尽全力。这会使他们明白，安然无恙地超越他们之前认为的极限是可能的。一些运动员可能会被吓到，而最好的激励方法就是逼他们参加一些地狱式训练，并且为他们的成功而庆祝。

我早期在车库训练的摔跤手是我训练过的最成功的摔跤手。虽然，他们并没有夺冠，只是比一般人的技巧稍微高一些，但重要的是，他们通过努力去获得巨大成功的欲望要远远超过一般人。他们在高中所取得的成功并不仅仅因为他们摔跤技巧更好了，还因为我的训练方案与他们的需求完全匹配。因此，他们的体力比大部分选手好很多，与那些训练不刻苦或方法不得当的人相比，他们就有了一种优势。全身心地投入训练也极大地增强了他们的自信心。

赛季中的训练时间很短，我不仅关注运动员每天的体能状态，也关注即将到来的比赛。当对手都在增加训练量、练长跑、减轻体重的时候，他们做的事情恰恰相反。他们训练得更加科学，从不长跑，专注于精神的放松和身体的恢复。随着赛季的结束，我逐渐减少他们的训练量，逐渐减轻负重，这会给他们更多的能量和动力去竞争，而那些不减轻负重的摔跤手经常受伤，在赛季结束的时候会感到精疲力竭。

比赛之前，我会给他们放一周的假，让他们恢复体能，在赛季的最后一周也是这样。我在最后一周不会安排举重，这样运动员们的精力将会在赛场上释放，而不是消耗在举重室，或者像大部分摔跤手那样消耗在户外长跑上。

总之，我的训练非常科学，并且注意自动调节。在赛季中，他们努力训练，但是不会超负荷。除了训练以外摔跤手们做的其他事情也都是正确的：

他们积极训练运动技巧，正如我一直以来倡导的那样。高强度的训练和摔跤比赛也有利于他们增强摔跤所需的专项体能，而不仅仅是提高了摔跤技巧。事实上，其他摔跤手的训练强度并没有这么高，因此不得不再增加跑步或者摔跤训练来弥补。当他们适当训练时，其他人却超负荷训练，过度训练和过大的压力反而导致其运动表现变差。

他们很重视营养。他们摄入健康的食品，确保一日三餐。即使在比赛日，他们也都会吃早餐。而他们的对手却在减轻多余的体重，这会影响运动表现，同时增加受伤的概率。过度减重还会抵消肌肉和力量的增长。

他们信任我，并积极地练习摔跤技巧来提升摔跤所需的体能。他们在训练中吸取营养，把训练成果全部展现在赛场上。训练不是越多越好，科学的训练才是最好的。

非赛季时，这些摔跤手每周跟着我做 2 ～ 3 次的高强度训练，这样，他们就有更多的时间去尝试各种训练方法，这些尝试也会给他们带来进步。

案例 2 足够即可，不要更多——极简主义的训练方法

我训练过一名高中四年级的运动员，初中时他获得过几次所在州的摔跤冠军，升入高中后，来自他父亲的压力与日俱增，这位父亲并不会摔跤，却总是要求他的儿子跑步、过度训练，这反而产生了反作用。这名有天赋的摔跤手不想再继续摔跤了，如果他

的父亲继续施压的话。

他在赛季开始前的一个月找到我，我告诉他一周和我一起训练一两次就够了，他对这种极简主义的训练方法感到很吃惊，因为他习惯了每天都跑步和摔跤。

赛季开始之后，我只让他进行摔跤训练，训练结束后他就会回家休息，而此时，绝大多数摔跤手都会在户外长跑，并加入摔跤俱乐部，每周额外训练两三次甚至四次。

这名摔跤手跟着我训练，每次训练都不超过甚至经常少于 20 分钟，通常只做 2 ~ 3 组练习，而且不用拼尽全力，一般还会留出再做 2 ~ 3 次的力量。我知道训练的关键在于使他觉得离开健身房时比走进健身房时的感觉更好。这种极简主义的方法会很好地帮他减轻不必要的压力。

我为他制订的赛季中极简主义摔跤训练计划是这样的：

在每次训练的开始和结束，做 5 分钟的泡沫轴，快速完成几组抓握训练、腹部训练以及可以训练肩部的拉力带拉伸和复位训练。因此，他来到健身房短暂训练就能很快离开，他喜欢这种感觉。他仍然可以有社交生活，能够和朋友出去玩，按时睡觉而不需要减轻体重。他不喜欢每天都像一个筋疲力尽的僵尸。像他父亲那样傲慢专横的家长给年轻的运动员们造成了非常大的压力。我看到有些孩子被这些压力压垮，整个人疲惫不堪，甚至放弃了他们一度热爱的体育运动。因此，我不允许家长进入我的健身房。

对他来说这种极简主义的训练风格无论是在身体上还是在精神上都是完美的，大量的高强度训练会打击他的训练热情。这种极简主义的训练把他的精神压力和身体压力降到了最小，这反而提高了他的训练兴趣，促进了他的体能恢复。

今天，他已经成为那所学校毕业生中最成功的摔跤手，赢过 140 场职业比赛。高中最后一年他在州级比赛夺得了第四名，他的能力得到了完美展示。他的成功是因为我把他当作一个独立的个体，并针对他的心态、身体需要、感情需要以及每天的体能状态量身打造了一个训练计划，实际上，这就是自动调节的精髓。

训练方案 1

（1A）硬拉：5×2 次（即 5 组，每组 2 次，下同。使用最大重量的 60% ~ 80%）

（1B）壶铃挥摆：5×6 次

之后，做一个 5 分钟的循环训练：

（2A）倒立撑 × 次高次数

（2B）爬绳子

（3）2 ~ 3 组快速握力和腹部练习

训练方案 2

5 个回合：

（1A）瑞士杠铃地面卧推：5×（3 ~ 6）次

（1B）正反手引体向上或者上斜划船：5× 次高次数

（1C）壶铃挥摆：5×6 次

案例3   棒球野兽

棒球野兽，指的是一名高中运动员，但他不是一般的棒球运动员，而是一名真心热爱定期进行大负重训练的运动员。他喜欢做大重量深蹲、硬拉和农夫行走等练习。

赛季到来时，我担心他在保持着高强度的训练、比赛和旅行计划的情况下，仍然用大重量训练，会减损他的力量以及举重时的总体表现。不过，赛季开始时，他的表现看上去很棒。他可以举起的重量是之前的两倍甚至三倍，他说自己的感觉比以往任何时候都好——他投掷得更快了、打击得更狠了。但赛季过半时，他能举起的重量只有之前的一倍或两倍，再也达不到三倍了。他告诉我，他觉得自己没有之前强壮也没有之前有力量了。

我意识到自己违反了关于坚持满足运动员身体和心理需求的规则。我们停止了深蹲和负重举重，放弃这些练习是一个很大的错误，因为这些练习帮他获得了最初的成功。赛季一开始，我就按照那些传统的有效方法训练，而没有关注这名运动员个体的身体和心理需求。

路易·西蒙斯总是对我强调，教练永远不要抛弃那些最初帮助运动员提高运动表现的训练方法。

当棒球赛季开始的时候，我改变了训练方法，我更加关注他举起的重量是否在最大重量以下，而不是像之前那样举起最大重量的80%，这对他很有用，他之前就喜欢做2～5次大重量的举重。我终于明白了，举重能够使他感到自己很强壮，可以给他信心，举重是我们必须重新捡起的训练。果然，重新开始做大重量举重之后，他很快就又可以举起之前的重量了，并且更有爆发力。

这件事给我上了有价值的一课，我认识到科学和遵守规则不是绝对的，通常，运动员的性格决定了他的训练风格和强度，即使这与身体的正常反应并不相符。

棒球野兽一直都在刻苦训练，这不是我教的，而是对棒球和刻苦训练的热情使他完全投入其中。

在里夫教练还是一名高中摔跤手的时候，他每天都会做500个俯卧撑，在州级总决赛之前他仍然在做这500个俯卧撑，最终，他赢得了州级比赛！

根据科学，在大赛之前做500个俯卧撑并不会帮助你获胜，反而会让你身心俱疲。里夫教练之所以这样做，不仅仅是因为这能给他带来获胜的优势，还因为他觉得高强度的训练和敬业精神可以帮助他主导比赛。凭借自己的敬业精神，他有足够的信心获胜。

目前，科学并不能解释训练中的所有事情，运动员对训练的感受和想法也会影响训练结果，所以，当你训练自己或者别人的时候，不要害怕与所谓的完美训练方案相违背，我们的目的就是使受训者的身体条件达到要求从而改善运动表现。

训练方案 1

（1）跳箱子和跳障碍物：15～20次

（2）大重量相扑硬拉：3×（2～3）次

（3）变式负重农夫行走：（3～4）×（150～200）英尺（使用壶铃或五加仑罐，也可以在负重物上挂链子或把链子挂在颈部）

（4）不同重量的腹部练习：3～5组

（5）握力练习：3～5组

训练方案 2

（1）跳箱子和跳障碍物：15～20次

（2）负重箱式深蹲：（2～3）×（2～3）次（使用不同重量的杠铃）

（3A）负重瑞士杠铃地面卧推或者卧推：3×（3～5）次

（3B）单臂哑铃划船或胸部支撑的划船：每组6～12次

（4）用最快速度跑1/2～1英里

训练方案 3

（1A）倒立：5× 次高次数

（1B）负重引体向上：5×（3～6）次

（2A）双壶铃挥摆：4×（6～10）次

（2B）拉阻力橇或健身雪橇冲刺：4×150英尺

（3A）强力拉力带肱三头肌练习：4× 最高次数

（3B）壶铃翻举：每只手4×5次

丹·盖博的例子也比较独特，他每周训练7天，每天训练7～8小时。他会在赢得奥运会金牌的第二天跑步，在奥运赛场上时甚至没有一个人在他身上赢得一分。他的敬业态度转化为一种无法战胜的精神力量和顽强的意志。这种训练模式并不适合水平一般的运动员，但是这种大量的高强度训练方式对他很奏效。

这些都是独特的例子，但是你一定可以根据运动员的性格以及感受对训练做出相应的调整。

有些运动员喜欢一直做大重量举重，他们的心态和身体会随着举重而调整，因此，对他们来说，这样做既没有身体上的影响，也没有心理上的压力。他们对这种长期训练模式的反应与一般运动员截然相反。

一些体重较轻（120 ~ 135 磅）的摔跤手会来我的健身房和大块头的橄榄球运动员们一起训练。在比自己重 50 ~ 100 磅的运动员身边训练，他们就能够强迫自己举更重的重量。这也让橄榄球运动员们受益，因为他们不得不与这些体重较轻的运动员速度一致，这样他们就会做得更快。

虽然每个运动员的训练量不尽相同，但是对训练内容的选择通常是相似的，因为能产生效果得恰恰是那些基本动作。当你制订训练计划的时候，千万不要离开基本动作！

案例 4   强壮却无用

我曾经训练过一名块头很大、看上去很强壮的橄榄球运动员。他能够做深蹲、卧推和硬拉。在大学开学之前的暑假，他来找我们为橄榄球赛季做准备。他之前一直在做专项训练，那些缺乏经验的教练们制订的训练计划伤害了他。

刚开始的热身运动就把他击垮了，别人 10 分钟能完成的练习他用了将近 30 分钟。做完一组 150 英尺的负重农夫行走之后，他已经拿不动负重了，壶铃或者器械把手会从他手中掉落。这时他无法再继续训练了，他会生自己的气，好像对自己不能做这些动作感到很吃惊。

但是当我深究原因时，才发现事情的真相是这样的：他每周只和我们训练两次，剩下的时间都在休息。我很生气地对他说："虽然你能用大重量做深蹲、卧推和硬拉，但是你没有坚强的意志也没有足够的耐力，每当训练变得艰难的时候你就会放弃。"我又补充了一句："你需要把训练计划反过来，不应该每周训练 2 天，休息 5 天，而应该变成每周来找我们训练 5 天，休息 2 天。"

从那天起，我就不再让他做深蹲、卧推和硬拉了。我要给他他需要的，而不是他想要的。

我开始像训练动物那样训练他。我抛弃了杠铃并开始更多地使用壶铃——抓举、提举、挥摆和高脚杯深蹲；我使用了多种负重来练习头顶搬运、胸前搬运和农夫行走，每次训练都以拉阻力橇开始并结束；我还把抡锤纳入训练当中，并通过高次数的练习来提高他的身体素质、灵活性和握力。

以下是我们曾经使用过的热身后的训练方案。

有一段时间这名运动员没有和我们一起训练，我要求他去公园或操场做山坡冲刺跑，在 10 分钟内尽可能多次地推着小轿车出入停车场，还要做弓步行走、熊爬、俯卧撑和高次数的深蹲。不过，他的训练效果并不太好，那个夏天的训练结束后，他作为大一新生参加了大学橄榄球比赛，结果令人失望，但是大家对此并不意外，因为他经常在训练的时候受伤，他坐在长椅上的时间比在球场上的还要长，训练时他还经常有各种各样的抱怨。

一个每周训练两次的短暂夏天不可能使他的身体和思想都达到理想的状态。比赛阶段需要更多训练。如果你正在看这本书，想提高自己的水平，一定要确保每周训练两次以上。

很多橄榄球运动员都通过大重量举重来增强力量，遗憾的是，结果并不理想。如果技巧不正确或训练量不够大，他们还在用很糟糕的技巧去举起很重的杠铃，对橄榄球比赛并没有什么帮助。

是的，你可以举起很重的杠铃，但是这对改进运动表现并没有真正的作用，因此，自己制订训练计划是至关重要的——或者，如果你是一名教练，你就要训练别人——至少要有针对性地去改进薄弱的环节。

如果能够早点儿遇到这位橄榄球运动员，并且与他合作得更久，我在营养和训练方面的微调会更多。这个经历告诉我，力量并不是最重要的，运动能力才是最重要的。

训练方案 1

（1A）双壶铃提举：5×5

（1B）上斜划船：5× 次高次数

（2A）弓步前进：4×15 次（手握重物）

（2B）壶铃挥摆：4×（10～15）次

（3A）大锤敲击：每只手 5×10 次（第 10 次时在上方换手）

（3B）壶铃农夫行走：5×150 英尺

（3C）拉阻力橇或健身雪橇：5×150 英尺

做弓步的时候我们会用沙袋、壶铃、哑铃或者杠铃来增加阻力。

训练方案 2

（1A）壶铃深蹲：5×6

（1B）壶铃挥摆：5×6

（2A）高姿俯卧撑：5× 次大次数

（2B）单臂壶铃抓举：每只手 5×5 次

（3A）泽奇式沙袋搬运：4×150 英尺

（3B）拉阻力橇或健身雪橇：4×150 英尺

（3C）战绳：4×30 秒

训练方案 3

（1A）单臂壶铃提举：每只手 5×5 次

（1B）单臂壶铃划船：每只手 5×5 次

（1C）跳绳：5×100 次

（2）拉健身雪橇：10×150 英尺

案例 5　用心

一位父亲打电话告诉我，他儿子训练很刻苦，但是在刚刚结束的大一的摔跤季中输了 15 场，一场没赢，这触动了我内心深处的一段不愿意想起的痛苦记忆。

虽然这个孩子的体重只有 88 磅，但他做了我所说的他应该做的所有事情，无论是在健身房里，还是健身房外。每次训练他都严格要求自己，还加了一个摔跤俱乐部来改进技巧并与我们的训练平衡。

他很注意营养的摄入，我也给他了一些饮食方面的建议。这个孩子是全身心投入的，并且训练很刻苦。他有动力、欲望和决心，但是在训练和营养方面缺乏正确的指导。

大约 9 个月后，新赛季开始时，他从 88 磅增长到了 110 磅，他的力量在轻重量级别的运动员中是很惊人的。他和其他人一起训练，翻转轮胎、拉阻力橇、爬绳子并做徒手体操，还可以把很重的壶铃、沙袋和杠铃扔来扔去。

大三那年他取得了巨大的成功，赢得了超过 20 场比赛。他开始成为地下力量健身房里最强壮的运动员，还摔赢了 115 磅的人。他发现自己的弱点在于缺乏摔跤技巧，所以他很积极地坚持每周训练 3 次。

大学四年级时，他获得了参加州际摔跤锦标赛的资格，并且赢了将近 30 场。这是很棒的成绩！这是他全年刻苦训练的回报！

我想强调一下，在地下力量健身房的训练只是他成功的一部分原因，另外一部分原因是他的摔跤教练帮他切实地改进了技巧。当他把二者结合起来之后，他的成绩就有了惊人的进步。

他从来没有逃过一次训练，他从来没有把一年中的什么时候当作"非赛季"。当你想获得成功的时候，一定要为之努力！

BEFORE   AFTER!   AFTER!

案例6　柯尔（Curl）

没人相信柯尔能够成为冠军，但是他从不理会这些说法并最终成了一名出色的橄榄球运动员，他还克服困难两度赢得了"德弗兰科"世界最强运动员的殊荣。

柯尔上小学的时候，我曾是他的体育老师。他长得胖乎乎的，比其他人的动作都慢，并且总是掉队。上中学时，他开始做俯卧撑、仰卧起坐并练习跳绳。他的体型随着身高的增长和肌肉的增加而变大。高中时，他对体育运动的热情依然不减，但是他再也不是队伍里最慢或者最不擅长运动的孩子了，他成了橄榄球赛场上的主导者。二年级那年，他开始在地下车库训练，每周训练3次，每次训练他都努力挑战极限，并且争取打破纪录。

在橄榄球场上，他表现得敏捷、灵活而又有攻击性。他的力量和爆发力都令人印象深刻，这帮助他在比赛中获胜。大四那年，他决定加入摔跤队。他从来没有摔过跤，但是他很健壮、善于运动，所以他想给自己一个新的挑战并且为之努力。我支持他这样做，我相信，从事两种不同运动会使运动员的素质更加全面。

他决定参加220磅级的举重课程，但当时他的体重是240磅。不过，高强度、有规律的摔跤训练帮他迅速甩掉了多余的脂肪，他成功将体重减到了220磅。

他表现不错，甚至在练习摔跤才一年的情况下就获得了参加区域性摔跤锦标赛的资格，摔跤比赛后，他回到我

们中间，每周和我们训练3次，赛季期间，他和其他摔跤手每周一起训练一次。他的体型好多了——更瘦，更加灵活，整体的身体素质也更好了。他做深蹲更轻松了，爆发力改善了，意志力也增强了。他没有刻意追求240磅的体重，而是让体重自然增长，最终达到了大约230磅。

加入摔跤队对他而言是非常好的一件事情。由于摔跤，他的综合身体素质提高了，橄榄球技巧也进步了。需要增强体质的橄榄球运动员应该加入摔跤队，需要磨炼意志的摔跤手应该去打橄榄球。如果你觉得自己需要增强运动素质、身体素质和意志力，提高运动能力，那么就需要把这些内容加入训练中。

案例7　减轻60磅

一名橄榄球运动员非常厌恶自己270磅的体重，迫不及待地想要减掉多余的重量，因为他觉得这些重量正在拖慢自己的脚步。大学毕业后，他开始工作，并且热切期盼着能够重返健身房，像之前那样刻苦训练。

他回来之后，训练并没有改变，但是他的饮食改变了。他遵循间歇进食的原则，现在大概210磅，比大学打橄榄球那会儿轻了60磅。他现在拥有像石头一样坚硬的腹部，他的力量、爆发力、身体素质，特别是健康情况都有了明显改善，尽管他已经不再是竞技型橄榄球运动员了。

这个案例告诉我们，你不应该为了能够举起更大负重而追求更大的体型。如果增加体重会影响你的运动表现和健康，就不要那么做。这名橄榄球运动员在减轻了多余的体重——无用的体重之后，在运动表现上取得了全面的、巨大的进步。

BEFORE　　AFTER!　　AFTER!

案例 8　现代米洛（Milo）

　　这名运动员在八年级时开始和我们一起训练。他的项目是橄榄球和摔跤，不过橄榄球是他真正的兴趣所在。

　　如果他早到了，就会做高次数的徒手体操，如俯卧撑、引体向上、划船和弓步。在训练的最后他会抓起一个沙袋扛在肩膀上，沿着附近的健身房走几圈，每圈大概 100 米。

　　这些体操训练使他的力量快速增长。扛沙袋的练习他做了好多年，这让我想起克罗顿（Croton）的米洛的故事，据说米洛是一名人人都害怕的摔跤手，曾在背上扛一只小牛犊来训练自己的力量，小牛犊越来越沉，米洛的力量也越来越大。

　　这是有关逐步增加负重、决心和耐力的简单的一课。扛重物是最简单的训练，但是也非常有挑战性。非赛季时他一直在举重，基本不练习摔跤。他的身体素质和力量使他在橄榄球和摔跤上都占有优势。这个故事的寓意？扛重物并且不要低估徒手体操的力量，特别是在训练初期。

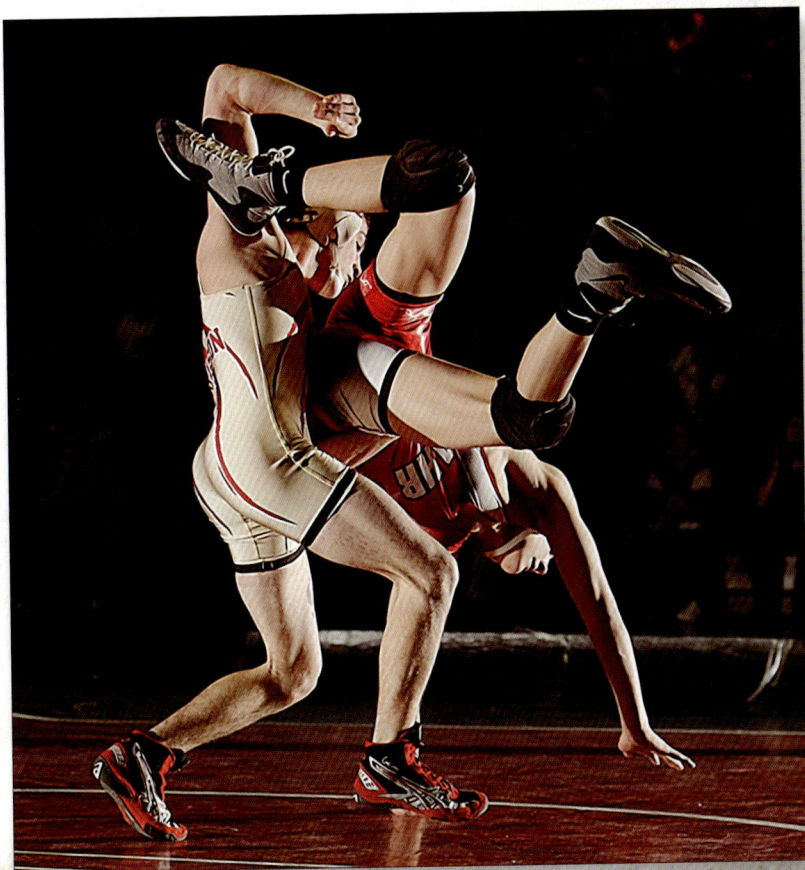

第九章

精益求精，“练”无止境

填补空白

如果你阅读这本书是为了帮助自己训练，那么你必须知道什么时候应该给自己压力、如何给自己压力以及什么时候应该后退以及如何后退，你必须知道学习哪些练习能够改善运动表现，并把那些无用的练习和方法从训练计划中删除。

这不只是练习最好做多少组以及每组多少次这么简单，因为每个人都是不同的，所以，要根据自己的身体、思想和情感需要去进行相应的训练。

当我针对不同的运动员进行不同的力量和体能训练时，主要是填补空白。填补空白是什么意思呢？

如果一个人没有足够的肌肉，并且这阻碍了他在比赛中获胜，我们就通过增加训练的组数和次数来加大运动量，让他增长肌肉。

如果一个人没有足够的力量，我们就采用那些能增加力量的练习和方法，增加他的力量和优势，使他在更高级别的比赛中取胜。

你的弱点是什么？你缺少的能力是什么？训练的目的就是改进它！

这本书之所以对我这么重要，是因为我在 20 世纪 90 年代初所犯的错误始终困扰着我。时至今日，我看见教练们仍在用那种错误方法训练运动员，这不仅会伤害他们，还会剥夺他们成功的机会，所以，我选择直接与运动员分享我的训练方法，这样对他们的帮助更大。

这就是所谓的关怀、朴素和简单。运动员的需求是第一位的，就是这样。

此外，教练们也需要得到更好的教育——既包括体育教练也包括力量和体能教练。现在租一个小地方，订购一些看上去很棒的器械，如壶铃、滑板以及战绳，再稍懂一些营销技巧，你就能告诉别人你是一名教练了，但是，做一名教练不是开玩笑，教练存在的意义是使运动员的生活更美好，要非

> 我的健身房格言是：
>
> 人生中有两种痛苦，
>
> 后悔的痛苦和训练的痛苦。
>
> 后悔的痛苦将会笼罩你一生，
>
> 而训练的痛苦在你尝到
>
> 胜利滋味时就会消失。

常严肃地对待这个身份。

我希望这本书可以帮助那些长期困在黑暗中的人和那些渴望学习的人。学无止境，我们所有人都有潜力去变得更强、更快、更坚韧、更有爆发力。如果你是一名教练，那么你就有责任和义务通过学习知识和采取有效的训练方法来帮助运动员发掘他们的全部潜力。

休息和恢复

关于训练强度、挑战极限、磨炼意志等我讲了很多，下面我来讲讲日常训练中如何进行合理的休息和恢复，从而帮助你改善运动表现。

高中我练习摔跤的时候，几乎一刻也不想休息，但遗憾的是，我心有余而力不足，我的身体不能承受那么大的训练量。即使出现了疲劳、伤病和表现欠佳这些情况，我也没有明白其实休息也是训练计划中关键的一环。

16岁的时候，我的膝盖就开始经常酸痛。我把重量级选手的护膝套在自己的护膝上面，做成双层护膝。我曾因为膝盖受伤而不得不结束比赛，我的膝盖肿得像垒球那么大，当医生告诉我这个赛季不能比赛的时候，我感到终于解脱了。我的身体和精神都严重透支，在我应该处于赛季巅峰之时，我已经累得散架了。

当医生让我休息的时候，我做了些什么呢？

我去了基督教青年会（Young Men's Christian Association，简写为YMCA），隔天训练一次，而我之前是每周六天练习摔跤、每隔一天长跑一次。我做的第一件事情就是训练半个小时，这并不是多么酷的事情，因为这是在基督教青年会。如果你在20世纪80年代和90年代初期训练，你就知道当时基督教青年会是被当作专业健身房而为人们所熟知的。

很多基督教青年会的健身房中都有约克静力训练架、旧式哑铃、长椅、双杠以及很多自由重量配件。每次训练我都使用自由重量和自身重量来做多种不同的上身推拉练习，我不直接做腿部训练，这样可以让膝盖休息，当然，那时候我并不知道如何避开伤处训练。举重后，我会再游泳半个小时。

请记住，压力来自很多方面，而不仅仅来自训练，通常，生活中的事情对身体的影响比训练压力对身体的影响还要大。为了取得良好的训练效果，合理的休息、均衡的营养以及良好的心态都很重要。

按照医嘱，我在两周之后重回摔跤赛场，我感到自己比以往任何时候都强壮，也

更加有动力重返赛场。那两周的强制休息让我感觉好多了，我不知道自己的身体对隔天训练的反应竟然这么好，两周没有跑步反而改善了我的身体状况。游泳对关节的压力更小，对身体也有治疗的作用。室内游泳馆非常热，与在低温中长跑相比，游泳对身体更好。

我感到自己缺乏能量的原因就在于整个赛季的过度训练，这导致我的身体和情感都严重透支。我的错误就在于我的从众心理，我没有听从自己身体的需求。

然而，即使觉得一个相对轻松的训练计划比之前的好，我还是做出了一个错误的选择。我的膝盖一开始好转，我就停止了游泳和举重，并且重回隔天长跑的训练计划。

很快，我就感到自己的体质又变差了。我又变得筋疲力尽了，我的力量又一次消失了。第一阶段比赛后我感到完全没有剩余力量，这让我很困惑并且再一次惹怒了我，而我的沮丧和困惑又导致了我的自信心降低。

我艰难地明白了什么训练方式是有效的、什么训练方式是无效的，那些痛苦的记忆就是我今天这样做的动力，我的使命就是倾听每个运动员的需要，帮助他们获得成功。为此，我及时调整训练计划并尽可能多地了解他们的个体需求。运动员，特别是摔跤手，常犯的一个大错误就是在赛季中和很多年前的我一样过度训练，因为一般而言，力量训练也遵循用进废退的原则，你如果停止训练，就不可能保持强壮和爆发力。

但是，即使你并不想休息，每训练六周后也应该减轻负重，如果没到六周你就觉得自己需要休息，你也要听从身体的声音去那么做。第七周的时候，你会变得更加强壮，头脑更加清醒，并且对下一次训练充满激情。记住，给自己放个假，当你回来的时候，你会变得更好、更强壮。

磨合训练法

结果和经验已经一次次地证明了，即使是 10 ～ 20 分钟的短时间训练也能取得很好的效果。如果你没有时间，那么你就应该使用这种磨合训练法，也就是说你可以每天做几组练习，每周训练 5 ～ 6 次，保持完美的技巧并且保有余力。

磨合训练法对自重练习、壶铃练习和轻重量的杠铃练习来说非常有效。以下是我采用磨合训练法进行的练习列表，要保持低组数和完美的技巧，但不需要用尽全力。

✔ 引体向上	✔ 倒立练习 / 倒立撑
✔ 俯卧撑	✔ 壶铃推举或者提举
✔ 爬绳子	✔ 悬垂举腿
✔ 轻重量硬拉	✔ 健腹轮前推

我经常用磨合训练法来练习杠铃举重，这样即使没有热身也能帮助我变得强壮，使我为真实的生活做准备，因为有时你没有机会热身就必须举起一个重物。这对军队和执

法部门的工作人员而言也是一种很棒的方法，他们需要时刻准备着，通常在毫无准备的情况下就要采取行动，更不用说热身了。

你可以把杠铃放在车库或者仓库，并且在一周中做几组低次数的硬拉，即使是1～3次也能够起作用。我用磨合训练法做硬拉的时候，大概用到我举起最大重量时一半的力量。

我也会做深蹲，通常会用到我举起最大重量时所用力量的40%～50%。没有热身就做深蹲膝盖会感觉很不舒服，所以我不会使那么大劲，硬拉是我用磨合训练法做杠铃举重时比较喜欢的练习。

不能用磨合训练法频繁地做自由重量练习，但是，和所有事情一样，我还是建议你亲自尝试一下，这样可以判断什么最适合你。

全年训练

全年训练非常重要。无论你是成人运动员还是学生运动员，无论你处在赛季中还是非赛季，都会从中受益。

那些在艰难时刻——如忙碌的时候，仍然抽出时间训练的人从来不找任何借口，因此，他们比那些知难而退的人更容易获得成功。原则就是：提高你的标准。

我看到家长们常常给孩子找借口。赛季开始时，孩子们在最开始的两周会比平时晚一些结束训练，他们或者抱怨熬夜才能完成家庭作业，或者干脆就不做家庭作业。之后，家长们会说他们太忙了，忙到每周进行一次30分钟训练的时间都没有。

真的如此吗？他们完全可以在车里做作业、早点起床或者睡得晚一些。刻苦训练才可能获得成功，找借口就意味着失败。那些真正想要成功的人会找到合适的训练方法，即使是短暂的15分钟训练，或者是磨合式训练。这个世界上找借口的人有很多，只要你愿意比大部分找借口的人多做一点儿，你就更容易成功。

那些全年训练的运动员明白额外训练对获得巨大成功的重要性，不仅在体育运动方面如此，在人生中也是这样。就像我们看到的那样，在赛季训练不仅能增强你的身体素质，也能磨炼你的意志。

如果你是在赛季训练，每周额外训练一次，平均每次30分钟，你就会有收获。如果你的生活特别繁忙，那么就采用磨合训练法吧。如果你干的是一份体力活，那么就把自重训练加入你的训练中。卓越是你自己做出的选择，你必须为之努力。如果你像其他人那样训练，那么你也将变得和他们一样。到头来，你又有什么收获呢？

强壮的身体、顽强的精神、刚毅的性格

如今，运动员们回避训练，因为他们看到训练需要刻苦付出、献身精神以及高强度的练习，等等。快速训练、先发制人等宣传语对运动员及其家长很有吸引力。

从地面拉起大重量、搬运重物以及用重物训练，确实需要持之以恒以及献身精神。因此，那些不了解人体工作原理的家长和教练很快就会被那些花哨的宣传语吸引，并把力量和综合素质的训练放在次要的位置。但是，我们知道，如果一件事情很容易做到，那很可能压根就不值得去做，训练也是这样。

发展速度和爆发力，首先要发展力量。力量使你有底气。

不要忽视力量的重要性。我接触过一些运动员，他们曾参加过速度和敏捷性训练，但是那些训练计划忽略了发展力量。这些运动员中的绝大多数人都不能做规范的自重深蹲：臀部向后，膝盖张开，后背挺直，向下深蹲。做一个标准的俯卧撑甚至仰卧起坐对他们来说都是挑战。更糟糕的是，他们的速度一点儿都不快，爆发力一点儿也不好。

进行合理的训练，以最高的速度、最大的控制力去移动身体，为拥有更强的力量而努力发展速度和爆发力，同时，也可以改进运动表现并增强运动的安全性。如果你很虚弱，无论你做多少练习，都不可能提高速度或者增强爆发力。没有坚实的力量作为基础，这些都不可能实现。

世界级力量举运动员马克·贝尔（Mark Bell）这样描述身体强壮的重要性："我从来没有听任何一名格斗运动员说'我希望当时更瘦，这样我就可以很快被淘汰。'我也从来没有听过任何一名橄榄球运动员说'我希望当时更瘦，这样我就更容易被打倒。'"没有人愿意变得更虚弱！

使用大重量训练需要有坚韧不拔的精神，这种精神需要培养。随着力量的增长，你的信心也会增加。无论是在体育运动还是生活中，信心都是获得成功的重要因素，对处于发展阶段的年轻运动员而言，更是如此。强大的力量和强健的体魄对运动员而言是一种非常大的优势，在比赛中会给对手造成压力。

变强壮应该是训练的首要目的，但是这绝不应该成为忽略基本训练的借口。地下力量训练的目标就是将各项运动能力进行优化组合，正如之前提到的：

✓ 力量 　　✓ 耐力 　　✓ 速度
✓ 爆发力 　　✓ 意志力 　　✓ 总体健康程度

达到巅峰状态并不意味着每次训练都要让自己精疲力竭。一个没有经过培训的教练会认为做到力竭是最好的训练方法。不幸的是，一些无知的家长甚至鼓励这种"做到极致"的方法。过度训练很容易，但经常过度训练会使运动员变得更加虚弱，因此，教练需要凭借自己的知识和经验来合理安排训练计划，并把所有重要的内容整合到一起。

举重可以磨炼你的意志，使你为获得成功做好准备。你必须通过训练去培养获胜所需要的坚强意志，去面对体育运动中乃至生活中的困难。你必须学会树立自信，当你面对大重量的时候不要质疑自己，你必须告诉自己你可以举起这个重量。很多运动员都有坚强的意志，因为他们在日复一日的训练中已经习惯面对困难。他们在体育运动中建立的自信也会带到生活中来。

人们经常问我是否应该用三大练习训练运动员，我的答案总是肯定的。只要运动员做好身体上和思想上的准备，并且有正确的指导，合理安排这三种练习就一定有利于力量和速度的发展。那时候，测试一个人力量的标准并不是"你能卧推多大的重量"而是

"力量永远都不会是一个弱点。"

——马克·贝尔

像阿瑟·萨克森（Arther Saxon）这样的巨人，把过头举视为力量训练的核心

你可以用多大的重量做提举。如果你去翻阅 20 世纪初的照片和书籍，你就会发现那时候人们使用的哑铃要比今天大多数人使用的杠铃还重。

能够从地上拿起一个重物，并且把它举过头顶被看作是对一个男人力量的真正考验。除了提举以外，你还应该能够扛着重物去完成多种变式的农夫行走，不是只做一组，而是做很多组，这能展示你身体的耐力，你不是只能做一组低次数的练习或者只需要短暂爆发力的练习。

很多网站上面都列出了做三大练习时，你应该举起的重量标准。以下是他们的共同标准：

✓ **深蹲**：体重的 2 倍
✓ **卧推**：体重的 1.5 倍
✓ **硬拉**：体重的 2.5 倍

"俄罗斯（Russia）雄狮"乔治·哈肯施密特（George Hackenschmidt）在《生活方式：保持健康体适能》（*The Way to Live In: Health and Physical Fitness*）一书中强调了过头举的重要性

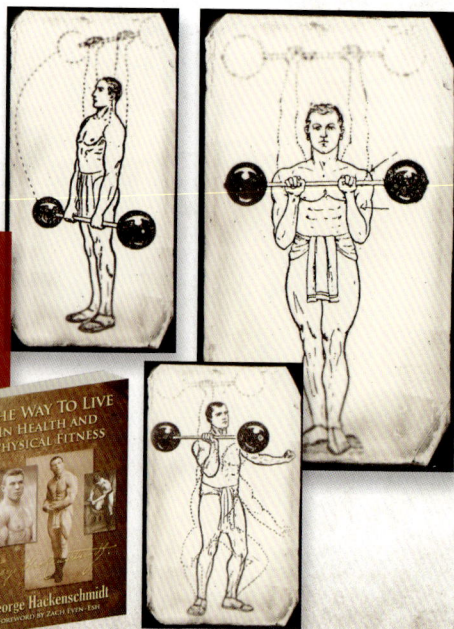

THE WAY TO LIVE IN HEALTH AND PHYSICAL FITNESS

George Hackenschmidt

FOREWORD BY ZACH EVEN-ESH

你应该能够绷紧身体靠着墙倒立，并保持这个姿势一段时间

你应该关注自己的进步——缓慢而踏实的进步，在力量和运动表现方面的进步。不要担心其他人能够做到什么，否则可能毁了你自己的训练计划。

一个并不广为人知的测试力量的标准就是，你能否不用腿部力量并使用与自己体重相同的重量来做过头举。简而言之，这就是推举，但是如今必须强调这是一个严格的推举，因为使用与自己体重相同的重量来做推举是一个很高的目标，很多人甚至连见都没有见过。

达到以上标准需要你在训练、饮食、营养、心态和整个生活方式上都做好规划并全力以赴。如果你已经达到这些标准了，那么还可以继续努力并争取变得更强壮。

体现在杠铃上的力量并不应该是你的最终目标。我也想看到你在引体向上之类的动作中体现出力量，能够做各种变式的引体向上——至少做 10 次——并最终能够不借助腿部力量攀爬绳子。

你应该能够绷紧身体靠着墙倒立，并保持这个姿势一段时间。最终你将至少能做 5 次全动作幅度的倒立撑。

另外，跳箱子、跳障碍物、跳绳以及多种自重练习，如伙伴双手行走（独轮车）、弹震式俯卧撑、深蹲跳、弓步跳和悬垂举腿和各种变式，都可以改善你的运动表现。

保持专注

如果你抛弃了基本训练并无视自己的个性化需求，照搬别人的力量训练方案，就会产生到底应该如何训练的困惑。照搬力量举或者奥林匹克举重运动员的训练方案，而没有根据自己的需求进行调整和改变，只能产生微弱的训练效果。

例如，你看见力量举运动挣扎着做最大重量的硬拉，以能承受的最大重量做卧推，在一个箱子上系着弹力带做深蹲，等等。如果你打算照搬这些技巧，你或许在身体上和精神上都没有为之做好准备，同时，你不是在为自己的项目训练了，你是在为力量举而训练，你的项目很可能并不需要使用那么大的重量。

　　如果你像很多高级举重运动员那样训练，可能就没有力气去练习自己的项目了。力量举运动员比的是谁的力量大，而其他项目的运动员进行力量训练则是为了改善自己在举重室以外的表现。

　　原则就是：最终的检验标准并不是你能够举起多大的重量，而是你在自己项目中的运动表现。使用那些能够改善你运动表现的方法，不要盲目模仿别人。你应该关注自己的真正需要，而不是别人的需要。

　　里夫教练总是能够保证运动员结束训练后有 10% 的余力，这激励着他们日复一日地持续训练，也激励着他们去独自完成额外的训练，里夫教练称这种自我激励的训练为"冠军训练"，他并不在乎运动员在训练中做了什么，运动就好。

　　如果不用父母或者教练告诉你该做什么，你就能自发训练，那么你就能够凭借这份努力获得更多的自信。冠军们就是这么做的，他们为了自己的理想而努力，他们不会等着别人告诉他们该起床为梦想打拼了！你会意识到你做了对手没做过的额外训练，这种自信会改善你的运动表现。如今，运动员做任何事情都有一名教练，一名力量和体能教练、一名速度教练、一名营养教练以及一名心理和目标设定教练。不知不觉，运动员已经无法自己思考和训练了，他们停止独立思考，丧失了力争上游的动力，因为他们已经被训练得即使抬起一根手指头也要等待教练的指令。

　　依赖他人并且活在既定规则里并不会让你变得更强壮，反而会让你在体育运动中和人生中变得更加虚弱，因为你丧失了内在的前进的动力，并且只有在轻而易举地获得成功时你才会采取行动。记住，过分依赖他人的训练会导致你意志薄弱并且不会成功。

　　在我的地下力量健身房，运动员每周有 3 次与教练一起训练的机会，除此之外，他们必须自发地根据自己的需求来训练。我想把运动员们培养成领导者，而不是跟随者。

发展整体力量先于发展专项力量

　　针对专项运动的训练是为了改进运动技巧，这种训练会帮助你练习自己项目的各个要素。例如冲刺跑训练，时间是根据你的项目中所需要的冲刺跑的时间决定的。

　　之后我们还会做一般性体能准备练习（general physical preparation，简写为 GPP），其实力量和体能训练中包含最多的就是这种练习了。你应该把精力集中在训练动作上，而不一定要照搬并练习某个项目的运动技巧。例如，如果你是一个橄榄球四分卫或者投手，用弹力绳练习"投掷"这个动作反而会毁了你在自己项目上的技巧，并让你的身体感到困惑。你的目的是增强在运动中或者工作中会用到的那部分肌肉，并且更加轻松地完成既定任务。

　　到底应该如何展开力量和体能训练？答案很简单，你的项目要用到哪些肌肉，就用一定的训练方法去增强那些肌肉的力量。通过增强力量来改进运动表现，最终改善你的薄弱环节并建立自信。

　　事实上，大多数运动员都没有为专项的力量和体能训练做好准备，如果他们采用一般性体能准备练习去改进力量、爆发力和身体素质，会获得更多的好处，会让他们的总体表现变得更好。如果你能够完成专项运动，你一定可以高水平地完成普通运动。

为了改进你的技巧，请在自然的环境中练习。棒球投手应该聘请棒球教练去改善他的投球技巧，短跑运动员应该跟随跑步教练去学习跑步技巧。通过训练去使你的身体变得更强壮、更健康、更有能力，就是这么简单明了。

我看见高中校队和大学 D1 级别的运动员定期来我的健身房训练，但他们甚至不能完成基本的自重深蹲、俯卧撑、引体向上和弓步，我知道他们只能做基本动作。

这些一般性的力量和体能准备练习与体育技巧练习结合在一起会起到最好的效果。运动员必须足够聪明、足够自律，要去改善自己的薄弱环节，不能陶醉于自己的优势。

有些橄榄球运动员在举重室而非橄榄球赛场给我留下了深刻印象。有些看上去像健美运动员的摔跤手败给了那些看上去不那么魁梧但是技巧高超的运动员。

如果运动员的技巧训练不与力量和体能训练相结合，他的技巧就会变差或停滞不前。如果你是一名运动员，并且打算在更高级别的比赛中并取得成功，那么一定要优先进行技巧训练并寻找力量和体能训练与技巧训练的最佳平衡点。例如如果你想要变得更加强壮或者更加有爆发力，那么举重时就要把注意力集中在增强力量和爆发力上。

想身体强壮？打好基础

我曾经训练过一个高中橄榄球运动员，他人高马大，十分魁梧，训练起来动力十足，这是一个加分项。但是，他只喜欢训练上半身，往往事后才想起来训练双腿。

每次他训练完之后来到我的健身房，都会再做一个额外的"冠军训练"，但是他从来没有想过训练他的腿。他总是做卧推、哑铃卧推、卷腹和肩部练习等，这是打造沙滩身材的训练方式。所以我对他说："嘿，兄弟，如果你要做额外的训练，你应该从腿部开始。你总是运动上半身，可以卧推 225 磅的重量，但是你做 135 磅的负重深蹲都很勉强，不应该这样啊。"

经验法则：任何时候，如果一个人做卧推时使用的重量超过做深蹲时使用的重量，那么他训练的优先级别就有问题。我的高中摔跤教练总是说："腿部是基础，如果你想身体强壮，那么就需要打好基础，"这是正确的。

腿部训练能够帮助你打造坚强的意志，虚弱的腿部不仅会削弱你的意志，而且会阻碍你到达体育运动的极限。运动从脚开始，薄弱的腿部力量每次都会阻碍你。

那么，我们如何解决橄榄球运动员不喜欢腿部训练这个问题呢？

我开始把深蹲的重量加到 135 磅，并将其作为热身训练的一部分。这位橄榄球运动员每次去健身房的时候，无论他打算做什么训练，都必须在热身阶段先做 3 组深蹲，每组 10 次。这听上去并不多，但是对他而言是具有挑战性的。这个训练可以帮助他增强腿部力量，并且见效很快。一周又一周，渐渐地，他的腿部力量开始增加了，最终，他做深蹲时使用的重量超过了做卧推时使用的重量。在热身之后，这个运动员的每一次训练

深蹲构建基础。经验法则：任何时候，如果一个人做卧推时使用的重量超过深蹲时使用的重量，那么他训练的优先级别就有问题

都会包括某种形式的负重深蹲：

- ✓ 箱式深蹲
- ✓ 无箱深蹲
- ✓ 泽奇式杠铃深蹲
- ✓ 沙袋深蹲（把沙袋放在背上、肩上或者泽奇式）
- ✓ 壶铃高脚杯深蹲或者双壶铃深蹲
- ✓ 低位六角杠铃硬拉

　　每种深蹲的变式都会让他的身体感受到冲击。作为一名高中橄榄球运动员，他的深蹲技巧很特别——负重过大并且从未低于半深蹲。深蹲的时候，你必须让大腿与地面平行或者略低于地面。如果你蹲得不够低，我们认为这就不能算一次深蹲！

　　一开始，当我督促这个橄榄球运动员做额外的腿部训练时，他的身体和心理都很有挫败感。他总会在做这些深蹲练习的时候胃疼，他经常想呕吐或者去洗手间。他的神经系统受到高强度的深蹲、拉阻力橇和弓步的影响。他之前做沙滩肌肉训练的时候从来没有过这种感受，这一点是肯定的！如果你曾经很刻苦地进行腿部训练，那么你就能明白我在说什么。高强度的腿部训练对整个身体的推动作用是其他肌肉群训练无法比拟的。

　　深蹲、硬拉以及拉阻力橇对神经系统的影响与卧推和弯举相比是完全不同的。卧推仍然是一种很好的训练动作。弯举？当然我们会做弯举——通过反握的大重量借力弯举模仿悬垂翻举。原则就是：你想身体强壮？那么就打下强大的基础吧！

如果有弱点，就改进它！

观察自己身上的肌肉，如果哪块肌肉较弱并阻碍了你的进步，就要加强训练。如果需要增强肱二头肌的力量来做引体向上，就要训练肱二头肌。薄弱的肱三头肌让你很难轻巧地做俯卧撑？准备好在每次训练结束的时候做高次数的弹力带下推。因为腿部力量薄弱而无法做标准的深蹲？那么就在每次运动前后拉阻力橇。

请记住，如果你有薄弱之处，就重点训练它并把它变成一个优势。你可以把针对薄弱之处的额外训练加入热身环节，也可以用磨合训练法自己训练。磨合训练法对所有运动员都有很好的效果。自从七年级起，我就一直运用磨合训练法做俯卧撑，那时候每次掰手腕我都会输，这促使我每天都做几组俯卧撑。磨合训练法有助于增长力量和肌肉。力量是一种技巧，需要练习。

磨合训练法不仅适用于力量训练，如引体向上、卧推、硬拉和爬绳子等。你也可以在头脑清醒的时候使用磨合训练法去练习技巧。

我们地下力量健身房的训练方法之所以有效，我所训练的运动员之所以成功，最重要的原因之一就是，我一直鼓励这些运动员通过全年努力训练来提高整体健康水平，这使他们一直保持强壮，特别是赛季时，他们的对手都很疲劳或者受伤了，而他们却精力十足。赛季结束的时候，你听到别人谈论他们是多么疲惫不堪，而你还觉得很有力量，这会极大地增强你的自信心。正如哈肯施密特所说："健康与力量永远不能分开。"不正确的训练导致的疼痛会让你的体能和精神力量都消耗殆尽。

科学的训练会使运动员的身体和心理都更加强大。你的健康水平越高，越能快速地从训练中恢复，越能坚持全年训练，同时也能减少受伤的概率，增强综合运动能力。

恢复

自动调节不是一成不变的训练方法，请不要混淆自动调节和偷懒。当你进行自动调节时，你必须分清：你是真的感觉精疲力竭，还是想偷懒为不训练找借口。

如果你想努力训练并且取得成功，身体和思想都必须做好相应的准备。很多时候受伤都是因为我们的身体和思想不一致。我们的身体已经很疲劳了，但是心里却想着"努力训练，不要偷懒！"30 岁以前我太顽固了，不愿意听从身体的声音，不要犯和我同样的错误了。

自动调节应该诚实。只有你知道自己到底感觉良好还是疲劳，因此你应当根据情况来进行相应的训练并付出最大的努力。

我会根据运动员的年龄和训练经验来进行自动调节。新的高中运动员和有经验的高中运动员会有不同的训练方案，大学运动员和职场人士也有不同的训练方法。随着年龄的增长，人的恢复能力也会变化，因为生活中有了更多的压力，竞争也越来越激烈了。

执教的艺术

训练时，我总是随时与运动员交流，不仅仅是语言上的，也包含非语言上的。我会观察他们的面部表情、姿势以及训练中的精力水平，这些会成为我上课的依据。

我根据他们的表现去判断当天、下节课、甚至下一轮训练到底应该如何安排。自动调节以及训练的艺术对任何人而言都是适用的。如果你认为自己不再参加体育比赛或者超过了一定的年龄，因此就不再是一名运动员了，那么你就需要改变态度、提高标准以及给自己更多的自信。不要让别人告诉你你有能力做什么，没能力做什么。消极的人以给别人泼冷水，以把别人拉到和自己一样的水平为乐。请把消极的人挡在你的生活之外，在克服困难达成目标这方面，不要让任何人阻挡你前进的道路。

无论你有多大年纪，为了更好的运动表现和身体健康去训练应该一直是你的目标。参加训练的所有人都是运动员，这和年龄无关。

我总会根据受训者的年龄和经验来调整训练强度，进行自动调节并且每6～8周就减轻负重。减轻负重的时候，我有一些基本的标准，如避免深蹲和硬拉这种脊柱负重练习，并根据运动员的反应安排个性化的训练方案。

你的经验越多，就越会剔除不必要的训练项目，并且很可能只会坚持那些基本的举重练习和训练项目。你会发现，随着自己水平的提高，你反而会回过头来，更加关注基本的训练。经验是最好的老师，如果你觉得某个事物超出了你的认知，那么就要向别人求助，向其他专家学习。例如，在过去的几年里，预康复、康复和矫正训练已经成为力量和体能教练都熟悉的词语了。

当我和国内一些顶级的理疗师兼力量教练咨询师交谈的时候，他们一直强调那些折

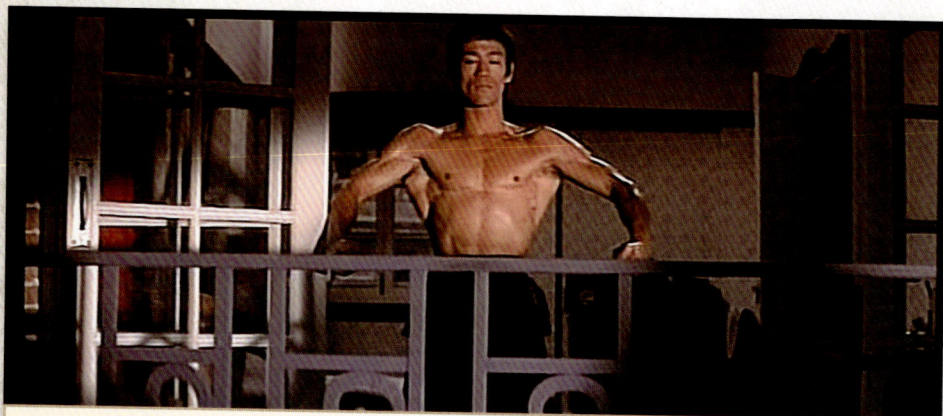

"取其精华，去其糟粕，再加上自己独特的风格。"

——李小龙

磨我们的小小的失衡其实很多年之前就已经存在了，只是现在我们的知识更丰富了，能更多地意识到这些失衡，但很多时候我们给了它们过多的关注，把恐惧融入了训练。

遗憾的是，很多教练对这些小小的失衡过于敏感和紧张。教练们害怕如果一个人的脚不能笔直向前，或者一个人的腘绳肌太紧绷，无法深蹲、硬拉、等等。正是这种偏执的思考方式阻止了他们帮助运动员变得更强大。运动员其实可以通过发展力量去改进那些失衡。

每个人身上都有小小的失衡，这些失衡未必会让他们进医院或者妨碍他们运动，但这不是教练逃避学习如何进行预康复或者矫正训练的借口。这些训练是非常重要的，作为教练，我们必须经常为自己充电。如果你所学的东西能够帮助运动员改善运动表现，你就应该尽可能多地去研究那个领域。

记住，体育运动和生活都是很不确定的，没有绝对，所以，如果你总是在一个完美世界中训练，那么你就不能为在现实世界中有出色表现做好准备。

> "你应该明白，每个训练计划都有瑕疵。"
>
> ——巴迪·莫里斯（Buddy Morris）

无论训练计划看上去多么完美，总会有瑕疵，但这不是一个让你停止训练或者停止学习的借口。你的目标是制订一个尽可能安全和有效的训练计划，而不要太在意训练中的小瑕疵或者运动员动作中的小毛病。请不要因为没有在力量训练、爆发力训练、健身和塑造肌肉上花相同的时间而大惊小怪，通常，你对一个特点的关注会多于另外一个，这就是执教的艺术，你可以在下一次训练中做出调整。

进步，而非完美

总之，不要让训练中的不完美阻止你刻苦训练。不要等到最后才去做深蹲或者提举。如果我无法确定如何解决问题，我就去联系业界的专家来商讨解决的方法。尽管我是一名教练，但是我首先是一名学生！

当别人看到我的训练方法时，有时会很激动，因为我说过要超越科学以及"正常的"界限，我强调把科学和地狱式的训练相结合来磨炼意志，而不仅仅是强化体能。除非你经常超越极限挑战自己，否则永远不可能发挥出自己全部的潜力。思想和身体上的力量只是一方面，培养顽强的精神是另一方面，并且这要花费更多的时间。这是一个持续的进步过程。

专项力量

我喜欢用科学的方法去训练运动员的多种专项力量：力量耐力、速度力量、爆发力、爆发力耐力。这些方法最开始是西部杠铃俱乐部（Westside Barbell Club）的路易·西蒙斯介绍给我的。路易告诉我要用较多的组数、短暂的休息和较低的次数去训练，我对这样训练的好效果感到震惊。这些方法与典型的 3×10 次训练甚至 5×5 次训练不同，对改善运动表现和塑造肌肉都有很好的效果。

这并不意味着我们不使用 5×5 次训练或者 3×10 次训练。我们当然会，但是发展专项力量的方法与正常情况并不一样。

力量耐力是在一个延长的时间段保持力量的能力。速度力量是爆发性地移动大重量的能力，这被称为爆发力。还记得我之前提到的强壮而无用么？有爆发力就不会这样。

通俗地讲，我把爆发力视为综合运动能力。一个运动员的身体应该有力量，并且能够在要求的时段内持续使用这种力量，既有速度又有敏捷性，还有很好的协调性。

爆发力是在最短时间内迅速将器械或人体本身移动到尽量远的地方的能力，爆发力耐力指的是能够在很长的一段时间内保持速度和爆发力。这种特殊的力量给运动员以及那些在军队或者执法部门工作的人很大的优势。当绝大多数人觉得精疲力竭并且身体开始拒绝运动的时候，接受过特殊力量训练的人还在高水平的运动，这就成了优势。

发展专项力量是我花时间研究并对训练做出相应调整的地方。但是，当我帮助运动员训练并发展他的韧性的时候，我会采取"无规则"的训练计划，这不仅可以使他的身体更强壮，还能磨炼他的意志，使他超越自我并熬过艰难的日子。

在传统的耐力训练中，有一系列的全身练习，包括传统的自重练习和自由重量练习，通常每个练习都会做 8 ~ 12 次。这些方法很棒，我也使用它们，但是跳出这些常规的训练，还有一些能够同时进行思想和身体训练的方法。

如果你想通过训练成为一流的运动员，或者挖掘出自己最大的潜力，那么就不要害怕打破科学教材或期刊中的规则。磨炼意志和把身体训练强壮一样重要——如果不是更重要的话。你可以在打破训练规则的同时科学地训练。

随着热身环节转变到训练环节，我们开始在维持动作标准性的情况下追求最快的速度。无论是自重训练还是自由力量训练，训练必须是可控的，只

"如果你给每件事情都设了限，无论是有形的还是无形的，它都会融入你的工作和生活。

没有极限，只有停滞不前，你千万不能停滞不前，你必须超越和突破。"

——李小龙

有这样，我们才能把注意力集中在运动的爆发力上。

　　有爆发力地移动重物，同时又有很好的控制力，做到这一点的关键就是避免使用与自己的水平不匹配的重量。如果我训练时使用的重量是自己单次最大负重的75%～85%，我通常会做3～5次，有的时候甚至只有2次。高级举重运动员可以很好地把握这个百分比。

　　由于使用自动调节训练法，我不会一直说，"嘿，你必须举起比你的单次最大负重多1%的重量"。我们会以训练当天的能量水平为基础。你的能量和压力水平每天都会不同，所以与其坚持一个僵化的最大负重的百分比，倒不如灵活一些。这对你的成功和长期健康都是至关重要的。

　　训练运动员使用大重量的时候，我经常建议他们保留做一两次的力量。进行那些主要的举重练习，如深蹲、卧推、力量翻和硬拉时，保留一些余力有助于保持平稳而持续的进步。当你感到肌肉疲劳已经快到极限或者使用的重量达到最大负重的95%以上的时候，技巧就会变差，受伤的可能性也会增加，对初学者和中级运动员而言尤为如此。事实上，不需要在三大练习中拼命就可以获得平稳的进步。

　　如果你想增加训练强度，那么最好在其他风险较小的练习中增加强度，如自重练习、哑铃练习、高次数壶铃练习、负重拉阻力橇练习，等等。除非你是一名高水平运动员，否则在进行更高强度的训练或者当你感到疲劳的时候，还是这些练习更安全。

跳跃练习和爆发力

　　在户外和车库训练运动员的时候，我常以多种方法对他们进行跳跃训练，他们会利用野餐桌或者公园的长椅做跳箱子，还会在草坪上跳跃或者跳上台阶。

　　在车库训练时，我们开始尝试更加多变的跳跃练习。训练里加入的跳跃练习越多，运动员们就越活跃、越有爆发力。尝试跳跃练习吧，你也会有相同的体会。你可以在每天的早晚做跳跃练习，早晨训练开始时精力充沛，晚上训练结束时身体疲劳，在这两个时间做跳跃练习各有各的好处。每次都要保证10～20次的跳跃运动。跳跃的风格取决于运动员的经验，混合的跳跃练习可以让你的身体为应付多种情况做好准备。我见过一些教练和运动员局限于跳箱子，我喜欢利用跨栏、长椅、箱子、轮胎、台阶以及山坡做跳跃练习。我们从不同的位置开始跳跃并通过在跳跃中增加阻力来增加训练的多样性。

> "仅限于知道是不够的，我们必须去实践；单纯的希望是不够的，我们必须去行动。"
>
> ——李小龙

如果你是一名运动员，当身体疲劳的时候你会需要爆发力，因此，你应该将身体训练得时刻充满爆发力。你听说的可能是在训练的开始训练爆发力，但是为了达到目标，你有可能需要在举重之后或配合举重练习进行跳跃练习。

训练的时候请跳出条条框框并找到合适的方法使身体做好准备去进行这些常规训练，我认为所有人的训练都应该如此。你必须为在不完美的环境下训练做好准备，原因在于，正如之前所说，生活和体育都是不确定的，没有什么绝对的事情。

有时我们会在举重之前开始跳跃练习，有时我们会在举重之后进行跳跃练习，后者需要调动更多的肌肉。我们会跳过某个物体或者在某个物体上面跳跃，有时会在两个物体之间来回跳，有时会有不同的高度。我们有时用双脚跳跃，有时用单脚跳跃。一些跳跃是直接往前的，另一些跳跃则需要转弯。一些跳跃是从脚开始的，另外一些跳跃则是坐在一个箱子上开始的，或者从我们的膝盖开始的。一些跳跃是用自身体重进行的，另一些跳跃则是手持哑铃、穿着举重背心、在踝关节增加负重或者利用弹力带进行的。

在训练中使用小循环

在训练中使用小循环能够改进举重的技巧和力量。力量也是一种技巧。频繁改变计划有其弊端。使用小循环能够使你与过去进行比较并看到自己的进步。

小循环可以持续 2 ~ 4 周，时间的长短取决于你的经验水平。刚刚开始训练的人可以在几乎没有变化的条件下持续进步，中级健身者需要一些变化，而高级健身者需要的变化最多。

我经常会给运动员使用一定百分比的小循环训练，从一个较小的百分比开始，并且每周增加 5%。在第四周，你可以后退并使用和第二周一样的百分比。在小循环的过程中，你的力量和技巧会以一个缓慢而平稳的方式增长。

我最喜欢使用的小循环方法受到了吉姆·文德勒的 5/ 3/ 1 方法的影响。总之，每周你都要增加负重同时递减每组练习的次数。第四周你要慢慢减少负重，第五周再回到之前的负重，使用 5/ 3/ 1 的方法去增加负重并减少每组练习的次数。

吉姆的方法简单而有效，并且可以应用到深蹲、卧推、硬拉和实力举上。我们把吉姆的训练方法和爆发力跳跃训练、壶铃训练、自重训练、杂物训练等结合了起来。

以下就是除了组数、次数和负重之外我每周的训练计划：

第一周：介绍动作，对更加有经验的举重运动员可以说是重新介绍动作。这是一个建立或重新建立技巧标准以及评估你有多强壮的时期。

第二周：努力打破纪录并举起比第一周更大的重量。

第三周：再一次努力去打破第二周的纪录。

第四周：使用较轻的负重和相对适中的组数，这样可以使身体恢复并在第五周重新举起大重量。

如果你是一名高级举重运动员并且觉得自己需要更多的多样性训练，以下就是你在三周的小循环中应该做的事情：

改变使用的器械来做相同的运动。例如，我们可以连续三周使用一个直杆杠铃做后深蹲，之后的三周，用臂弯夹住沙袋做泽奇式深蹲，再之后的三周我们可能会只用一个安全深蹲杆做箱式深蹲。

实际上，我们在每一个新的循环中都做相同的动作（深蹲），但是我们会改变所做的练习（深蹲的类型）。这使得你能够继续深蹲，并在深蹲的过程中变得更强壮，而不会因为重复相同的深蹲动作（或者你选择的任何练习）感到厌烦。

在上面的例子中，动作一直是深蹲，但不要连续几周甚至几个月一直使用直杆杠铃。你可以轻而易举地用动作的变式来改变动作的风格。更加高级的举重运动员会在每次训练中改变杠铃杆或者使用的器械，他们会在改变中成长。

为了增加多样性，我们会使用各种各样的器械，比如用不同的杠铃、以不同的姿势拿沙袋、拿一个壶铃或者两个壶铃、变换脚或手的位置来改变姿势，等等。多样性并不仅仅来自于变化使用的器械，也来自变化的姿势。运动员们会因为训练的多样性而成长。一名高级的举重运动员通常对基本动作有热情，而没有欲望去寻求基本训练以外的变化。变化并不是一件坏事，但是训练运动员的时候我们必须在保持他们训练的激情与取得训练效果之间找到一种折中的方法。必须把运动员变得更强壮，否则训练就无效！

以下就以最基本的动作——深蹲为例，讲解如何轻而易举地想到各种变式。

✓ **后深蹲**

✓ **箱式深蹲**

✓ **宽距箱式深蹲**

✓ **降低箱子高度的箱式深蹲**

✓ **不同重量杠铃的负重深蹲**

✓ **沙袋深蹲（把沙袋放在肩上、背上或者泽奇式）**

✔ 壶铃高脚杯深蹲

✔ 双手壶铃深蹲

✔ 深蹲跳（自重或者轻重量杠铃）

✔ 壶铃深蹲跳（壶铃握持在身侧或者相扑深蹲的姿势）

如果你对每个动作的每个变式都保持开放的心态，就很容易保持对身体的挑战。永远不要让你的身体习惯于某一个训练计划或者某一个具体的动作。适应就意味着变得舒服，而一旦你的身体变得舒服，力量进步和肌肉增长的进程就会变慢。

走出舒适区

拥有坚强的意志，超越坚强的意志，或者有些人会称之为具有内在的战士精神。超越身体和思想的限制你就会发现自己真正的能力，身体所能做的事情是很神奇的，在到达特定点的时候有些人会放弃，而其他人则会在遇到更深层的挑战时超越极限。

也许对你而言是挑战的事情对别人而言就像在公园散步一样轻松。别担心任何人，把注意力集中在自己身上。为了达到更高的水平，你所需要的就不只是意志力了，你必须超越极限。远远超过绝大多数人认知的有益的训练课程就是成功的关键因素，这不是给"绝大多数人"准备的。

这些是我们用来训练你思想的困难的、残酷的课程。最终，你的思想会崩溃，你会发现如何唤醒你内心的战士精神去超越坚强的意志。

这些残酷的训练会教会你如何超越在激烈的竞争和生活中出现的逆境和障碍。在训练中或人生中，一些人面对压力会知难而退，而另一些人则会在困境中奋起并最终获得成功。你需要时间去磨炼这种坚强的意志。

高中一年级时我成了一名摔跤手，那时我 14 岁，直到 36 岁，我才理解如何达到这个水平，那可是 22 年以后啊！希望你不需要等这么长时间就可以做到。进步的速度取决于你自己，以及你采取行动和发掘自身潜能的意愿有多么强烈。

每个人的起点都不一样，进步的速度也不同。如果你总是平均训练 30 分钟，那么你每周可以增加一次额外的 15 分钟训练，并开始挑战极限。如果你总是训练一个小时，那么可以在这一个小时中做更多的练习来增加强度。在 45 分钟内完成

训练，同时给你的训练增加一个新元素。

经常打破训练套路，你就会发现一种自己之前从来不知道的韧性。如果要给努力训练赋予一层深刻的意义，那就是，当思想和身体想要停止训练的时候，你内心的战士精神要掌控一切。正常的训练无法磨炼出坚强的意志，因此，你必须通过残酷的训练来发掘自己真正的潜力。

当我经历这段时期的时候，我正在为海军海豹突击队的挑战做准备，那是我完全不熟悉的领域。我开始做自己并不擅长的事情，如长跑，既可以在公路上跑，也可以在沙滩上跑。我开始进行 20 ～ 30 分钟的高次数循环训练，而在之前，我做的体能训练比较少。有时，我会背着 30 磅的双肩包长跑 30 ～ 45 分钟，之后再进行"正常的"训练，也就是说，开始训练的时候，我已经很疲劳了。每次停止跑步时我都会做深蹲和俯卧撑。我会把双肩包放在头上，做深蹲推举和弓步行走，等等。

在训练中，只要你不断磨炼自己克服困难的意志，并且无论情况变得多么糟糕都永不放弃，你就会发现在健身房之外也能获得成功。如果你是一名教练，那么你需要对这种训练方法做出最准确的判断。你必须考虑使用这种方法的时间与频率，以及在谁身上使用这种训练方法。

我想你已经注意到，有些运动员在技巧方面很有天赋和才能。他们可能非常强壮、非常有爆发力或者身体条件很好，但是在思想上，他们可能会在面临挑战时崩溃，比如在面对一个同样技巧高超的对手时，或者在需要高水平的表现时。这些运动员必须像下面这位运动员一样去培养坚强的意志。天赋帮不了你。

一位父亲坚持让他的儿子跟我们一起训练，但是他希望略去入门阶段的训练。在我的健身房，我总是让新运动员们从入门阶段开始，那个阶段不仅仅能教会他们基本的动作技巧，也能让他们的思想和身体适应训练的强度。无论你看上去多么强壮，或者你说你自己有多么强壮，都要从入门阶段开始。但是这

位父亲则不以为然。

他的儿子壮实匀称，穿着短裤和背心，看上去令人印象深刻。运动员们也用羡慕的目光看着他，我看得出他们被他轮廓分明的肌肉吓到了。但是我更加明白，因为我已经见过，甚至自己也体会过——看上去强壮是一件事，身体和心理都做好训练的准备需要的不只是健身房里训练出的力量，这是完全不同的另一件事。

我们的运动员在训练中击败了这位稍微年长一些的运动员。尽管他看上去比我们的运动员肌肉更发达，但是他的表现并没有达到与肌肉同样的层次，甚至连接近都谈不上。这种训练对这个运动员的神经系统是一种打击，而我们训练有素的运动员就好像又在办公室待了一天，因为他们都会定期经历我们正常的训练方式，去突破自己的极限。

我们的训练将自重训练、举重、沙袋训练和阻力橇训练融合在了一起。这位橄榄球运动员并不习惯用杂物训练，也不习惯那些培养力量耐力和爆发力耐力的训练，他正常的训练模式是一个典型的健身房计划，做一组休息一会儿，做所有的传统举重运动：卧推、弯举、腿举等。他属于"健身房式强壮"。我的目标和以前一样，就是帮助他发展能在橄榄球赛场上运用的独特力量。短短几周之后，他的心理和身体都发生了很大的变化，每周和我们一起训练3次他就迅速取得了进步。这些高强度的运动使他保持强壮，信心也随之增长。我很高兴，因为我知道这就是孕育成功的训练和在健身房之外的坚强意志。

不过我也看到过相反的情形，有的运动员思想封闭，厌恶艰苦训练。他们拒绝改变自己"健身房式强壮"的训练计划，与真的强壮相比，他们更愿意看上去强壮。因为被训练击溃非常令人难堪，这会打击他们的自信心，所以他们继续着传统的训练方式而不愿艰苦训练。

那些拒绝改变、不想把自己推到下一个层次的运动员教会我：如果你在平时训练的时候会因为压力而崩溃，那么你也会因为比赛或者工作压力而崩溃，这几乎是肯定的，正如下面的著名军事格言所说。

你可能看上去很强壮，更确切地说是健身房式强壮。放弃健身房的训练方法，摆脱安逸的训练，训练你的薄弱部位——你可能已经知道这些薄弱部位。如果你已经知道你的弱点，那么现在就是时候去应用这些方法了，抛弃那些在器械下面躺着、坐着而不是站着的传统训练方法，是时候进行更多的基于地面的举重并尝试用杂物训练了。

"训练之时多流汗，战时才能少流血。"

——海军海豹突击队

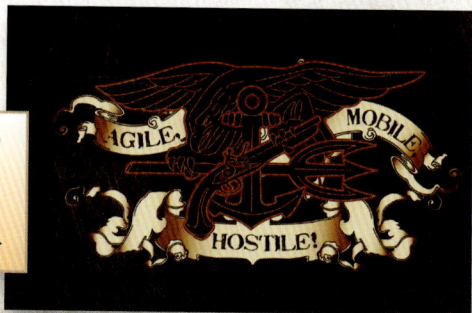

不过，在使用这些富有挑战性的训练方法时要聪明一些。过度训练会引起身体不适，可能你需要花费比训练更多的时间去恢复。慢慢地让自己面对挑战，避免滥用或者过度使用这些方法。如果你是一名教练，你要明白，不是所有的运动员都适合这种训练方法，因为每个人都是不一样的。

需要挑战极限时一些人会崩溃，另外一些人则会突破，事实的确如此。

我曾经训练过一名高中橄榄球队员几年时间。开始时他志向很大，是一名真正有训练热情的专业运动员。他的进步让我们所有运动员都感到振奋，但是当他成为健身房中较为强壮的人之后，他就丧失了斗志。我们无法帮他打开这个心结。

他开始例行公事地在我们热身之后出现在训练课上。他会故意晚到 20 分钟，并对我们说："我刚刚在学校做完举重，我已经做好热身了，现在可以加入你们吗？"

最开始我让他顺其自然，直到他的父亲告诉我他每次都是先回家，坐一会儿再去健身房。我很快就明白了他为什么会迟到，他觉得我们的热身一点儿意思都没有，对身体无益也有损他的自尊。他能够比轻量级选手举起更重的重量，但是热身实在让他太不舒服，他想逃避像熊爬和蟹行这种小事情。

他是所在橄榄球队的明星，但是他的块头不够大、身体不够强壮、技巧也不够熟练，这一点在后来得到了证明，上大学时他以为自己是 D1 级别，但是他并不是。这个故事告诉我们，你必须时刻保持进取心，永远不要丢掉自己的优势，永远不要认为你已经足够好了——无论你做什么，总会有改进的空间。

在本书的自重训练部分你会看到，热身训练本身就是相当具有挑战性的。你可以很快增强体能和意志力，而且不会感到疲劳。我把热身当作一种评估标准，以此来判断谁会放弃，谁会突破自我，通过艰苦训练最终获得成功。

测试你的力量

20 世纪 80 年代中期的一个夏天，我刚刚为许多高中运动员举办了一个力量和体能训练夏令营。那天晚上，我想做一些大重量的硬拉，那个高中有一个地牢式的举重室，里面有旧式的约克杠铃片和约克球状哑铃，屋子后面还有一个深蹲架。在橄榄球队训练的时候我也进去训练，他们训练的情景把我吓坏了。

我看见一群骨瘦如柴的孩子在做近 300 磅的负重深蹲，这个重量快要把他们压死了。三个陪练站在后边，大声喊叫来激励孩子们。他们在杠铃上裹了一条大毛巾，来保护孩子的瘦弱的、未受过训练的脖子。深蹲架上缠了一个橡皮筋标明正确的深蹲深度，孩子们摇摆得就像暴风中的小树一样，才能把杠铃卸下来。

无论别人怎么喊叫，如果你没有强壮到可以举起某个重量，就不要去尝试！如果你是一名教练，你需要控制举重室里发生的事情，你要告诉人们如何正确地做负重跳跃、什么是正确的方式、如何在还不太迟的情况下去结束一组训练，等等。

在举重室的另一边，一名橄榄球运动员在用 20 磅的哑铃做单臂哑铃弯举，他用一个倾斜的长凳支撑着手臂，而其他人都在闲聊。

我还看到一名橄榄球运动员做各种力量翻：直腿、弓背，之后又尝试通过反握弯举将杠铃猛然拉起。这个动作在最高点完成时，腿部要像开合跳那样叉开很宽。这个"定格的"姿势呈现为反握弯举的最高点姿势和半个背桥的组合。

这一天把我吓坏了，我永远不会忘记这些孩子经历的恐怖训练。所有高中的举重室都是这样的吗？不是的，但对我训练的很多运动员来说，那些动作即使在他们状态最好的时候来做也是很危险的。

那些高中运动员需要用最大重量去做深蹲和力量翻吗？不。他们并没有那么强壮也没有足够的技巧去举起并控制那么大的重量。他们被迫参加高级训练计划并且跳过了那些能够使他们足够强壮，使他们可以做标准的深蹲、硬拉、卧推和力量翻的训练。这些错误不怪孩子们，教练们应该承担责任。我总是告诉教练们，如果你不是力量和体能训练方面的专家，一定要让一名专家来帮助你，这不仅仅是为了你自己，更是为了孩子们。

教练们在训练即将入学的高中新生时犯了错误——那些连正确的自重深蹲都不会的14 岁的孩子，就被迫去测试深蹲时的单次最大负重。这是既危险又愚蠢的，到头来反而会伤害他们。在地下力量训练体系中，你不需要做最多只能重复一次的最大负重的举重，除非你是高级举重运动员。在每个 3 ~ 6 周的小循环中，你可以测试并记录下自己在力量和运动表现方面的进步，也可以通过在动作技巧方面的进步来衡量力量的进步，不过这常常被忽略。

例如，你开始做 5 个俯卧撑时会很费劲，一周之后你就可能完成 5 个动作完美的俯卧撑——身体紧绷、腹部收紧。你做了相同的次数，但是技巧更好了。这种技巧上的改进也表明了力量的增加。

实施为期 3 ~ 6 周的小循环时，你可以很容易地测试自己是取得了进步。第一周，你可以建立力量的基准。第二周，你可以用同样的次数去举起多一点儿的重量吗？或者是单单是表现出更好的技巧？第三周，你比第二周更加强壮了吗？标准很简单？但是并不容易达到，你需要记录举起的重量、组数和技巧，如果你不是高水平运动员，请远离最多可以做一次的最大负重。

玩得开心

永远不要忽视在训练中获得乐趣。无论训练的强度有多大、多么具有挑战性，训练都应该是有趣的。如果你对高强度的训练没有热情，你永远都不会获得很大的进步。作为一名教练，你需要激励、教育和改变你的运动员，让他们稚嫩的思想变得坚强，使他们能够有热情地刻苦训练。

黄金时代的运动员以享受训练而著称。看 20 世纪六七十年代阿诺德、弗兰科、德雷珀等人的照片，他们脸上都挂着微笑，而这些就是地球上最强壮、体型最好的人。

如果你热爱壶铃并且它能带给你很多欢乐，那么就用壶铃训练吧，拿出你所有的热情和力量去使用壶铃吧。

如果你热爱自重训练，而且它可以使你热血沸腾，那么就进行自重训练吧，尽你所能，充满热情进行有强度的训练吧。

如果你喜欢用"老派"的方式使用大重量的杠铃和哑铃训练，那么一定要用自由重量，像黄金时代的巨人们那样充满热情地去完成那些基本动作。

无论是什么事，只要它能让你充满热情并且找到目标，你就去做。目标不仅仅是执行一个 12 周的训练计划，我们的目标是让你为人生中余下的日子而训练。制订一个训练计划至关重要，但是那个计划不会一直持续，除非你喜欢这种训练风格。

原则就是：要想使这些训练起作用，你就必须鼓起勇气真正地去实践。你必须有韧性，你必须爱上基本动作并刻苦努力，更漂亮、更疯狂的训练动作并不一定更有效。

如果训练方案失去了新鲜感，那么就走出健身房去户外训练吧。远足、爬山或者跑步都可以，还可以搬运石头、提举石头、抱着石头做深蹲和弓步，等等。遇到一个比较低的足以承受你重量的树枝？做几次引体向上之后继续走，直到你看到下一个可以举起或者搬运的东西。

我们常常给自己设定限制，给我们认为我们能够做什么设定一个上限。你会被信息淹没，会认为如果你每周训练 3 次，每次超过 45 分钟，你的睾酮水平将会降低，你会认为自己陷入了过

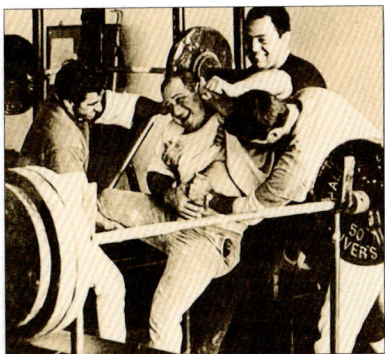

度训练的恶性循环，你的肌肉会非常疲惫，你得在床上躺 10 天才能恢复。

> "不要祈求生活平顺安逸，应当祈求自己能够变得更坚强。"
>
> ——李小龙

努力训练的能力取决于你的信仰以及你周围的人。如果你周围都是些思想软弱、身体虚弱、惧怕训练与挑战极限的人，那么你也会虚弱的。让那些积极向上以及有训练主动性的人围绕在你的周围，那么你就会成为在健身房内外都很强壮的人。

当然，如果你的身体没有做好充分的准备，训练得太频繁，或者强度太大，你的确有可能训练过量。但是，更有可能的是，你吃得太少，休息得太少，或者仅仅是没有照顾好自己的身体和精神。如果除了训练，你忽略了其他能够帮助你变得更加强壮的事情，你永远都不会取得进步。

无规则训练

训练时的确需要遵守规则和总体方针，但是，有时候，你必须打破这些规则，超越界限，并忽略那些阻碍你的废话。如果你遇到了瓶颈，那么是时候去打破规则了。

你需要经常进行测试来确定自己仍然有优势，你需要在思想、身体和精神三个方面都不断进步。你会发现自己做着相同风格的训练。或许你总是举大重量并回避针对性训练，或许你总是在跑步，每天都做数百个波比立卧撑，并躲避使用大重量举重。所有人都有可能遭遇平台期，这就是事实。每个人都不完美，有时，你的确需要当头一棒。

我总是被特种部队激励。记得哥哥在以色列部队服役的时候，他向我提起他和其他士兵为了加入特种部队而经历的那些挑战。他向我描述那有多么残酷，他的身体经历了多么严重的疼痛。随着挑战难度的增大，他不知道自己的身体能否在疼痛和抽筋中继续应对这些挑战。他的身体在喊"不"，但是他的思想坚持永不放弃。每次他们通过了挑战，就会有士兵告诉他们快到终点了，但接下来，下一个士兵就会告诉他们距离结束还很遥远，打心理战，鼓励士兵们放弃，但实际上放弃是一个骗局，目的就是去看他们能否突破这些在"正常人"看来是极限的界限和边界。

马克·迪万（Mark Divine），美国海军海豹突击队以及海豹训练法（SEALFit）的创始人，鼓励我们把"放弃"这个词从字典中除去。当你这样做的时候，你会很惊讶地发现自己的身体可以做很多事。

刻骨铭心的记忆

我问马克·迪万是否愿意在新泽西州的沙滩上举办一个小型海军海豹突击队挑战赛。马克同意了，他创造了一个可以让我们超越极限的 12 小时挑战，那的确是个挑战——无论是身体上、思想上还是精神上。当这个挑战的时间确定以后，我和朋友们开始拼命地训练。

我们立即着手增加训练强度，我们打破了最优化训练的所有规则。当你为一个 12 小时的挑战而训练的时候，只进行一个 45 分钟的训练是远远不够的。

我们加大了训练量，提高了每周训练的频率。通常，我会把两三个训练融合到一节课中，这样可以为连续进行几项运动做好准备。

在地下力量健身房，我从来没有长跑过，那是我总是找借口避免的事情。我上次长跑还是在高中练习摔跤的时候，然而，20 年以后，我重新开始长跑并改变了我的态度。

起初，跑一公里的感觉就像下地狱。现在，每周我都以不同的形式去练习跑步。

有时我会在训练开始时跑步，有时我会在训练结束时跑步，组间休息时我也会跑步，并且会把举重和短跑结合起来。我的座右铭是对挑战随遇而安，并且我承诺在生活中全面践行这个座右铭。

> "面对挑战，随遇而安。"
>
> ——地下力量健身房

我很快意识到自己的真正体能远远超过我的想象。我应该努力训练而不是逃避。然而，这么多年以来我在一直找借口，我认为自己的体型太大了，无法长跑，我认为自己的长处之在于有爆发力地举起大重量。

我之前一直给自己设限，你很可能也是这样，或者至少曾经这么做过。但是，如果你想获得成功，就要打破这个限制，并为自己的目标而努力。

为什么？什么是促使你努力训练的力量呢？

你需要给自己找一个理由。我的好朋友奎特罗·迪欧斯（Quatro Deuce），一名海豹突击队队员，让我懂得了这个道理。一天晚上我们一起吃饭，他问我是否想参加一个长达三天的长距离骑行活动，每天都会骑几百英里，这听上去像是一个疯狂的探险。

我立即拒绝："兄弟，我不能做那种事情！我不适合！"

但是他说："要是你的孩子被绑架了呢？"

我说："地狱我也会去！"

他坚定地说："那么你就是做好准备了，你只是需要给自己找一个足够大的理由。"

除非你时不时地尝试新事物，否则你永远不会知道你的身体潜能。我建议你经常给自己设置一些挑战，随着你的不断进步，这些挑战可以每隔一周设置一次，最终变成每周设置一次。这些挑战不是典型的45分钟～1个小时的训练，而是会持续两三个小时，甚至更长时间。不要设定限制，你很快就会了解到自己思想上、身体上的潜能。

我最喜欢的一个挑战就是在寒冷的冬日骑着山地自行车穿越州立公园。在这个巨大的国家公园，我不认识路，每一次错误的转弯都会导致下一个错误的转弯，这使我离正确的道路越来越远。最终，我迷路了，并且冻坏了，但是我并不害怕，我保持微笑，因为我想到了我的孩子们，他们总是给我力量，这种精神上的力量让我更加乐观，并最终指引我找到了回家的路。

挑战不一定来自健身房。正如我之前强调过的那样，离开健身房挑战自我。你需要发掘自己的潜能，如果你的终极目标仅仅是比旁边那个家伙拥有更加发达的胸肌和手臂，那么这永远都无法推动并激励你为人生做好准备。

这对一些人而言可能是地狱般的经历，但是对我以及那些遵循地下力量训练方法的人而言，这些地狱式的训练是有趣的，并且我们很爱这些训练！我们渴望通过训练使自己更强大——无论是在身体上还是精神上。

心理、身体和精神上都变得更强

事实上，随着时间的推移，你的训练目标应该随着你的成长而改变。当你的身体无法迎接来自工作、训练或者生活的挑战时，问问自己这是你人为地设定了一个限制呢，还是你真的需要休息。如果你需要的是坚强的意志，那么就要诚实地面对自己，并且在训练时去培养。通常，我们需要坚持的是正确的态度。

我绝对没有让你傻乎乎地走到危险境地的意思，你可以一边科学地训练，一边给自己设置一些适当的挑战。渐渐地，你就可以突破限制并且赢得挑战，在不知不觉的进步中，你就会完全停止给自己设限。无论是在训练中还是在生活中，习惯通常是在三周左右开始形成的。开始写日记，每天给自己设立一个目标，并在当天结束时检查是否达成，你还可以记录下自己当天取得的三个成就，庆祝你的胜利。

总之，享受你的训练，给自己找一个刻苦训练的理由，很快，其他人认为是地狱般的经历将会被你当作是玩耍一样的享受！

第二部分

地下九式

第十章

自重训练

我们永远不能也不应该低估自重训练的力量。你不一定要能做杂技一般的动作，但是你应该强壮而灵敏——能够做各种推力动作、拉力动作、跳跃、深蹲、弓步、攀爬和爬行等自重训练。

自重训练是入门级训练的精华，它使你有能力去增减训练量来与你的力量水平相匹配。

我听说即将上高中一年级的孩子被安排做深蹲、卧推、力量翻和硬拉，但是这些孩子连一个较好的自重深蹲、一个完美的俯卧撑或者一个动作规范的引体向上都做不了。这个问题就很严重了。

当你接触杠铃、自由重量、轮胎等之前，你必须首先通过自重训练来培养运动感觉、发展稳定性和增强力量。你必须从以下自重练习开始：

✓ 深蹲
✓ 弓步（向前、行走、后退）
✓ 俯卧撑
✓ 引体向上或上斜划船
✓ 双杠提膝

在上面这些练习中，你始终要保持正确的技巧、动作的完整性和全身紧绷。例如，在做俯卧撑的时候你必须收紧背部，挤压臀部和腿部，并把肱三头肌拉向背阔肌，将整个身体收紧为一个整体。这种全身的紧张将会传递到其他练习中，无论是利用自重的练习还是外部加载负重的练习。

我第一次对自重训练有概念是在大学的一节体操课上，我无法完成弹震式俯卧撑，而其他身材不那么魁梧的同学都成功地完成了动作，我气坏了！这堂课使我明白了做跳跃训练、双手行走和绷紧肌肉是多么有挑战性。

根据我在自己的健身房以及户外训练运动员的经验，我知道运动员有多么虚弱、多么缺乏训练，这主要是因为他们没有采用合适的方法。一些未受过专业培训的教练和家长采用了不当的训练方法，因此，这些运动员在受伤的同时也学会了一些错误的技巧。

技巧一直是首要的。自重训练适用于任何年龄的运动员，并且在热身、训练、主动恢复训练中都可以使用。

以下就是我安排的多种方式自重训练：

- ✓ **热身**
- ✓ **大肌肉群训练**
- ✓ **减重训练**
- ✓ **循环训练**
- ✓ **在完成一次大重量举重之后做额外的训练**
- ✓ **速度或爆发力训练**
- ✓ **肌肉塑造**
- ✓ **静力训练**

通过自重训练可以找出你的薄弱部位，如果你的稳定性、平衡性和灵敏性较差，通过自重训练就能表现出来。

例如，你能在做俯卧撑时，保持腹部和臀部不下垂，躯干平直，核心肌群收紧吗？

你的脖子和头部会低下来无法和脊柱保持在一条直线上吗？当你做俯卧撑的时候，臀部会下垂吗？

对一个训练经验较少的人而言，与用一个很重的杠铃做深蹲和力量翻相比，自重训练更加安全。

当我肩膀、后背、膝盖和手脚疼痛严重的时候，我只进行自重训练。到目前为止，我已经进行了 20 多年自重训练，并且感觉自己的身体拒绝任何形式的举重练习。

我决定停止自重训练之外其他形式的训练，并停止跑步、骑自行车、游泳、打网球之外的所有体育活动。

我一直以来都深受路易·西蒙斯及其训练方法的影响，因此我把他的一部分训练方法应用到我的自重训练中。不过，人们总是忽视自重训练，因此，我决定自己测试自重训练的效果，并且每天安排一个训练重点。我创造了这个训练计划，并把它称作"自重健身"，你可以登录网址 http：//BodyweightBodybuilding.com 了解更多信息。

第一天：专注于力量。给自重训练增加阻力并且保持低次数。

第二天：专注于速度或者爆发力。多做几组，每组少重复几次，快速完成所有训练。

第三天：专注于增长肌肉。聚焦于高次数并且把很多血液挤压进肌肉。注意控制动作的节奏，有时需要放慢速度去挤压肌肉并增加肌肉紧绷的时间。

第四天：自由练习。这一天，我会练习技巧，而不会在意组数和次数。如果我觉得自己需要进行更多双立臂练习或者各种双手行走的变式练习，我就那么做，但是在休息的时候我从来不催促自己。

在完成当天的训练重点之后，我会把针对性训练和循环训练融入当天的训练中。

开始时，我们计划进行 30 天的试验，但最后这个试验持续了将近 5 个月。一旦我的身体开始告诉我是时候重新拾起大负重了，我就以较轻的重量开始并仔细地观察自己的身体在举重之后的感受。

后来，我把这个试验叫作"自重健身"。在试验过程中，我的腰围变小了，体重减轻了，关节也不疼了。

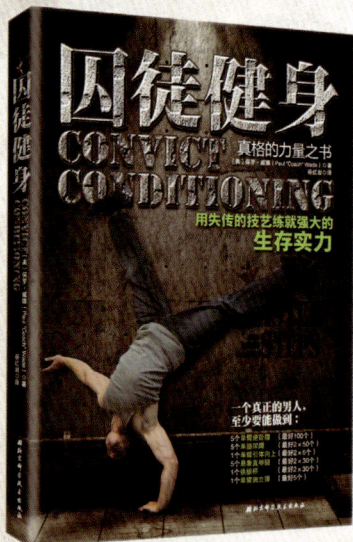

自重训练的好处已经通过我自己的训练经历、我的运动员的训练经历，以及其他自重训练专家得到了证实。我最喜欢的一本关于自重训练的书叫作《囚徒健身》（*Convict Conditioning*）。我向所有人强烈推荐这本书，这不只是因为我自己频繁进行自重训练，而是因为这本书可以教会你正确的训练技巧。

从徒手体操到热身训练、发展力量乃至更多，自重训练应该成为你训练计划的一部分。你可以参考我们的自重训练来安排自己的训练计划。

注意：在训练中，我们也会做一些高次数的力量训练，如深蹲跳和弓步跳，但是在热身阶段，我们会做低次数和低组数的训练。

自重热身训练

慢跑

　　慢慢地跑，热身训练的目的只是活动双腿、双脚和关节，加快全身血液循环并且开始把注意力放在热身后的训练上，思想上和身体上都做好准备。肩膀微微向后收紧，不要弓背。慢跑时要避免脚跟直接着地。想象你在慢跑的同时也在跳绳，这样你就能轻轻地把重量落在前脚掌上，再用脚跟轻轻着地了。

　　如果天气不好，可以跳绳。

　　倒退慢跑和向前慢跑相同的距离。

前后跑

做完几个来回的向前跑和倒退跑之后，提高速度，以中等速度再做几个来回。这只是热身训练，要逐渐增加强度。

踢臀跑

跑步时保持腹部紧绷和躯干直立。再次强调，不要弓背，小腿要向后踢，直到脚后跟碰到臀部。

前后跳

　　向前跳和向后跳。做几个来回的向前跳和向后跳使脚踝活动开。每一次都要比上一次跳得更高。前后跳可以有效地增强协调性和身体素质。一次跳跃可分解为两个动作，第一个动作很简单，就是向前迈一步，之后是单腿跳。迈步、跳跃，再迈步、再跳跃……

力量跳跃

腿部和脚踝热身完毕，就可以开始力量跳跃练习了。我们只做向前跳，不做向后跳。你的目标是爆发性地向上跳并轻轻着地，不要笨重地着地。想象一只猫从高处跳下，它会在着地时保持身体紧绷，而不是马上放松。

侧向滑步

　　左右两侧都做侧向滑步。开始做侧向滑步时，脚要稍稍抬起。双臂首先在体前交叉，然后打开并向后拉，并借此拉伸胸部和肩膀。向左右两侧滑步时步幅要一致。

单脚跳

　　用一只脚轻松跳跃。保持直立并用脚踝支撑身体，单脚跳时脚后跟不要着地，这对发展单脚力量、平衡性和稳定性都很有好处。你也可以往两侧跳，或者往后跳，这样可以增加变化。

力量单脚跳

单脚着地，依靠爆发力起跳，用双臂辅助向前跳跃。每次着地时都迅速弹起并平稳过渡到下一次跳跃。如果你正在训练运动员的平衡性和稳定性，也可以让他们只做一次跳跃，直接着地。不过，要保证他们的脚和脚踝都经过了热身训练，并且他们的身体已经为力量单脚跳做好了准备。

弓步行走

向前迈出一个大的弓步，保持躯干直立，腹部紧绷。后面那条腿的膝盖离地面1～2英寸。不要让运动员养成用膝盖接触地面的习惯，因为如果在水泥地上训练，用膝盖接触地面可能会受伤。为了保证安全和动作的准确性，在后面那条腿的膝盖即将碰到地面时就停止。每做一次弓步行走就换一条腿。

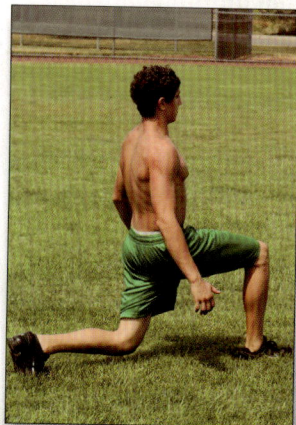

旋转弓步

在每条腿都扎扎实实地做了 5 ～ 10 次弓步之后，再通过旋转躯干做 8 ～ 10 次旋转弓步。做一次常规弓步，双手放在前面那条腿内侧的地面上，举起靠近前面那条腿的手臂，笔直指向天空，眼睛看着这只手臂。保持这个姿势并做深呼吸，把手臂放回地面，站起来，用另一只手臂做这个动作。随着能力的提高，你能够举起前面那条腿最外侧的手臂并指向天空。

旋转弓步（侧视图）

鳄鱼式俯卧撑

　　这是熊爬和俯卧撑的混合动作。向前爬，将一个膝盖抬高到手肘的位置，再做一个俯卧撑。掌握了技巧后，你的动作会做得自然而流畅。

跳远

　　随着热身训练的进行，你会感到激动和兴奋，身体也会逐渐进入训练状态，这就为跳远做好了准备。第一次跳远时，站直，并把胳膊举过头顶。

　　快速下蹲并向后摆臂，你会感到腘绳肌和整个臀部都是紧绷的。手臂快速向前摆，尽量跳得更远。着地时，手臂快速向后摆，等下一次跳远时再向前摆。最好连续跳2～5次。

此图展示的是完全伸展的跳远

深蹲跳

　　身体下蹲，然后猛烈地垂直向上跳。和往常做深蹲一样，平稳地向后坐，做一个半深蹲或者动作幅度比半深蹲稍小的深蹲，再向上跳至最高点，完成既定次数。保持胸部直立、臀部向后、膝盖向外。手不要碰到腿部。

　　常见的错误是含胸、弓背、膝盖内扣或者把手放在腿上。记住，技巧是第一位的，并且永远是第一位的。

弓步跳

从弓步的最低位置开始跳。最好在跳跃时摆臂。爆发性地向上跳至最高点，然后两条腿互换位置，注意不要让后面那条腿的膝盖碰到地面。保持腹部紧绷，身体直立。不要无精打采，手不要放在腿上。

前滚翻

蹲下，把双手放在身体前方的地面上。绷紧下巴贴近胸部，看着胃部，身体团成球形，弯曲肘部并向前翻滚。

常见的错误是身体没有团成球形并使背部直挺挺地着地，或者没有收紧下巴而是用头翻滚，这对颈部力量不够的运动员而言是很危险的。不要用头翻滚，要把身体团成球形。

后滚翻

下蹲，绷紧下巴，把手放在肩膀前方，就好像在一个杠铃后面那样。向后滚时手心朝上，双腿向后蹬，双掌接触地面，用双臂来辅助完成后滚翻。如果双腿竖直向上，身体就会僵住不再向后滚，所以，双腿要向后、向下蹬，这样才能完成动作。

背部伸展

　　当你的后滚翻做得越来越流畅自如时，借助手臂的力量能帮助你更好地完成这个动作，这看上去就像是从后滚翻过渡到倒立姿势。用脚平稳着地，而不是用膝盖着地。随着力量的增长，你的背部伸展自然会做得更有爆发力，你可以猛推地面并向后踢腿，让上半身更多地发力。

　　后滚翻和背部伸展常见的错误是倒向一侧肩膀或者喜欢偏向一边，这时你会看到运动员用一只手的手掌和另一只手的手背推地。再次强调，保持平衡，双手手掌都放在肩膀前方。你的双腿会沿直线在身后运动。

肩滚翻

　　类似于前滚翻，但不是用双肩，而是用一侧肩膀完成动作。肩滚翻在诸如摔跤和桑博（译者注：俄罗斯的一种格斗术）这样的格斗项目中是很常见的。此外，肩滚翻可以帮我们学会如何摔倒并尽快恢复，这可能超越了传统的观念。

　　做右侧肩滚翻时，身体下蹲，让你的头和右臂沿躯干的对角线方向运动，就好像你在努力试图把右臂和头放进左侧腋窝的下方。你的身体会沿着躯干对角线滚过去，但是你的运动轨迹仍然是一条直线。每一侧都做相同的次数。

鱼跃滚翻

　　走几步，假装你要越过一个障碍物然后跳进水池里。不要跳得太高，要用腿部力量做一次小的俯冲。手一接触地面就立即弯曲肘部，像做前滚翻那样绷紧下巴和身体。平稳地转换到前滚翻的动作，然后起身结束动作。

婴儿侧手翻

　　婴儿侧手翻可分为四个动作：手部动作，手部动作，脚部动作，脚部动作。这个动作可以帮助那些紧张而缺乏协调性的运动员。如果不想把腿举高，你可以蹲下做婴儿侧手翻或者"低侧手翻"。我建议以左手为主要支撑手做 5 次侧手翻，再以右手为主要支撑手做 5 次侧手翻，这样你可以从一开始就练习平衡。

侧手翻

你感到更加自信之后，可以再做一个常规的、分为四个动作的侧手翻。先是一只手接触地面，再是另一只手，然后是一只脚，最后是另一只脚。努力将腿伸直，越直越好，胳膊也是越直越好。你的身体应该像风车一样运动，胳膊、躯干和腿要成一条直线。

常见的错误：弯曲双臂或者弯曲一只手臂，膝盖着地而不是脚着地。做侧手翻时，要用双臂支撑身体。很多运动员身体的一侧强壮有力，而另一侧却无法做侧手翻。他们不是用脚着地，而是用一个或两个膝盖着地。他们的一只或两只手臂没有伸直，这会导致身体倒下。侧手翻是检测运动员协调性、运动能力的一个好指标，能够帮助判断运动员的身体是否一侧比另一侧更强壮。

侧空翻

这是一种更具爆发性的侧手翻，分为三个动作：手部动作，手部动作，脚部动作。腿在空中时，双脚在头顶并拢，然后同时着地。你可以从慢跑开始练习这个动作，如果你有信心而且协调性不错，也可以从跑步开始练习这个动作。

蟹行

可以沿各个方向做这个动作。臀部不要接触地面。

常见的错误是没有保持肩部的稳定，所以，用手行走的每一步都要注意肩膀有没有挤到耳朵。肩部要保持紧绷不能松弛。

蟹行伸展

蟹行时，尽量抬高臀部，伸展 15 ～ 30 秒。这些动作可以屈腿做，或者伸展腿部来做，你也可以在伸展的同时变化手的位置。

熊爬

手和脚都放在地上，压低臀部，后背与地面平行或者接近平行。放松臀部的时候收紧腹部，你能感到腿部和上半身的压力。手脚并用向前爬，同时把膝盖放在胳膊肘外侧。像所有的动物爬行一样，你可以向各个方向移动，这样可以让身体进行全方位运动，从而改善协调性和运动能力。

桥

　　躺在地上，弯曲双腿和双臂，手掌放在地上。用手和脚推地面，尽量把胳膊伸得远一点儿。你可能会在这里遇到一些困难，这取决于你身体的灵活性。在动作正确的前提下尽可能久地保持这个姿势。高级桥（如右下角图片所示）可以通过往周围移动甚至是抬高一条腿或者抬高一只手来完成。

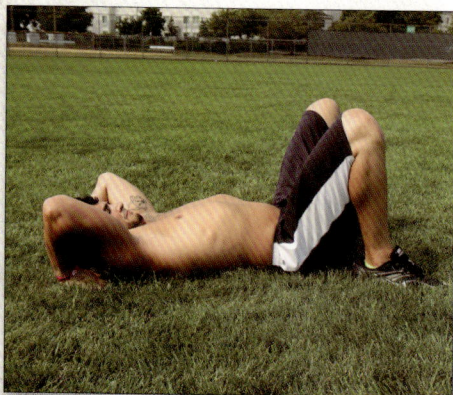

窄距俯卧撑

双手的间距要比肩略窄，全身绷紧。双手、双脚以及脚后跟都应该在肩膀的正下方，双腿、臀部和躯干应该保持紧绷。身体向下直到胸部触到双手或地面，再向上推，这样双臂就会锁死。在向上的过程中身体应该保持一条直线。

常见的错误是：弓背或者做半个动作，要么是向下做半个动作，要么是向上做半个动作。

变换俯卧撑的姿势，避免因训练过度而受伤

组合热身训练

随着运动能力和动作的熟练程度不断提高，你可以把两个甚至三个徒手体操动作结合在一起，进一步提高自己的运动能力。

侧手翻和滚翻

从侧手翻过渡到前滚翻或侧滚翻。和以前一样，做侧手翻和肩滚翻时要变换主要的支撑手。把注意力放在非主导的一侧以增加协调性。你可以从一侧开始做几次，然后另一侧做相同的次数，或者每次都换主要的支撑手。

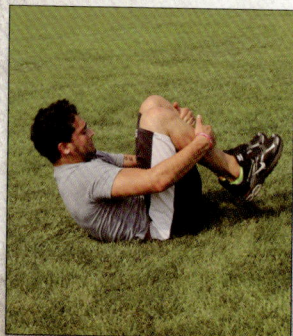

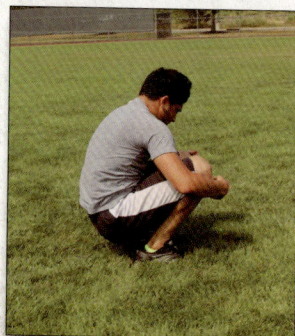

侧空翻和背部伸展

　　做侧空翻时，以后滚翻的起始姿势着地。这是一个完美的组合训练动作。做侧空翻着地时，平稳地过渡到后滚翻，更理想的是过渡到背部伸展。

侧手翻和后空翻

　　通常，训练运动员的时候，无论是在举重室还是在训练场上，我都会给他们一些选择，让他们用"自选动作"去完成他们刚刚学会的这些徒手体操动作，目的就是让他们可以不用思考和犹豫就去运动，让他们处于一个流畅的运动状态。开始运动时，他们非常有爆发力，身体处于空中时也觉得舒服，这种情况十分常见，这叫作运动知觉。他们中的一些人力量越来越大，现在能够做后手翻，甚至可以做后空翻、侧手翻和侧空翻。

除非你接受过专家的指导，并且有一个安全的着地点，否则不要做这些动作

双人热身训练

独轮车检查

　　这个练习对增强上半身力量、躯干的稳定性以及腿部内收肌的静态力量都很有帮助。为了确认你的腿是否真正夹紧了训练伙伴的髋部，你的伙伴必须放开你的脚踝，并检查它们是否能够锁定在他的髋部上。如果不能的话，我建议你稍微增强你的腹部力量之后再进阶到这项练习。

独轮车

　　夹紧伙伴的髋部，你的伙伴要握住你的脚踝来帮助你保持姿势。然后，你要用双手行走，你的伙伴要配合你的速度前进。你的腹部和腿部肌肉要保持紧绷。这项练习对增强身体的协调性以及团队的默契性同样十分有用。爬行一段距离后，在伙伴的帮助下完成一次前滚翻，然后两人交换角色。随着力量的增强，你们可以根据自身情况延长爬行距离。

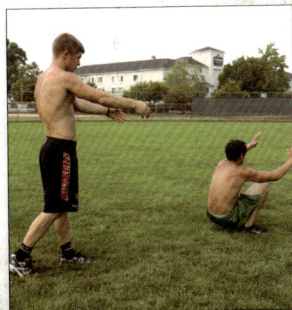

双人弹震式俯卧撑

　　使你的脚踝一直锁定在训练伙伴的髋部，降低身体高度做俯卧撑，然后借助爆发力猛推地面，身体弹起的同时向前方移动。肘部轻轻下落，下落时要有缓冲，再爆发性地向前或者向上弹起。我更喜欢先做 3 ～ 5 个弹震式俯卧撑，再做更多的双手行走，这是一个高级练习。

　　常见的错误：在你还没有强壮到能安全完成这个动作之前就去做这个动作。着地时用手猛击地面，躯干松弛，肘部外翻。必须以极好的技巧和较少的次数来最大限度地确保安全和运动速度。

背负伙伴行走

背训练伙伴能够增强你的腿部力量和背部力量。背伙伴时可以变化姿势，从身体直立到稍微下蹲，甚至是沿着小山或者沙滩行走。这个动作的所有变式带来的挑战都是不同的。除非你是高水平运动员，否则不要跑步，在快走的过程中要控制好背上的伙伴。

挂钩抱

把一只手臂放在你的训练伙伴的一条腿下，另外一只手臂放在他的背部。他应该保持肌肉紧绷，这样你就可以像抱一块木头那样抱着他了。你的手臂应该向上弯曲。

常见错误：训练伙伴放松身体，无力地挂在你的身上。你放松手臂，向后靠，并且改变姿势。两名运动员都必须保持肌肉紧绷。

两个人都必须保持肌肉紧绷

挂钩深蹲

　　如果你可以抱着自己的训练伙伴走 50 英尺，你就可以抱着他做深蹲了。这类似于泽奇式深蹲。你们甚至可以做得更有爆发力，你可以在每次深蹲的最高点把你的伙伴向上抛，就好像要把他扔到空中。

双人深蹲举

　　你的两脚可以前后稍微错开，或者保持正常深蹲姿势。把双手锁定在训练伙伴的腘绳肌上，臀部向后，脚平放在地面上，膝盖朝上。通过站起和完全伸展身体去做深蹲举。抱着你的训练伙伴做深蹲时要控制好他，重复既定次数。

　　常见的错误：身体松懈，弓背，臀部向上。不要总是像做正常深蹲那样保持背部直立。

错误！切忌总是像做正常的深蹲那样保持背部直立

连续击打训练

虽然连续击打是一种摔跤和综合格斗训练，但我一直用它来训练橄榄球运动员。每一对训练伙伴都要一上一下地胸贴胸站好。在双方头部左右交错换位的同时，手臂都要从类似挂钩抱住对方肩膀的姿势转变为双手环抱在对方肩部下方位置的姿势。

技巧练好了之后，你可以移动双腿，通过增加腿部力量来增加训练强度。

打斗训练

早在 1992 年我观看丹·盖博的高级竞技者视频时就受到启发，开始尝试打斗训练。盖博教练的摔跤手们会在体育馆的台阶上做冲刺跑。在台阶的顶部，他们会在心率非常高的时候练拳击、连推带挤。这教会了他们如何战斗、如何保持强壮、如何在承受身体和思想压力的情况下保持坚强的意志和攻击性。在阻力橇练习后、在每组训练之间、在山坡冲刺跑后、在橄榄球场上，我都使用过这些训练。

极具爆发性的下半身训练

深蹲跳

以深蹲的姿势爆发性弹起，离开地面时双腿要完全伸展。腹部收紧，着地后迅速下落到半蹲，着地与下蹲应该连贯、快速，技巧正确。重复既定次数。

常见的错误与常规深蹲相同，双手不能接触双腿，更不能用手拍腿。

弓步跳

从弓步的最低位置开始，爆发性地尽量往高处跳。手臂可以选择性地向上挥舞，跳至最高处时改变主要的支撑腿，轻轻着地。重复既定次数。

常见的错误：后脚放松，躯干太低，后面那条腿的膝盖接触地面。

跳远

做一次跳远，并直接落地。开始时手臂举过头顶，身体完全伸展，再做半深蹲，向后摆臂，然后立刻向前挥臂，跳跃至最远处，落地时做一个深蹲。重复这个动作。动作熟练后，连续做 2 ～ 5 次。

完全伸展的跳远

每次跳远时身体都要完全伸展。

爆发俯卧撑训练

　　在你能够完成弹震式俯卧撑之前，你必须通过上半身和躯干的训练增强力量和稳定性。此外，弹震式力量训练——也被称为跳跃式肌肉伸缩训练或者冲击训练——对身体很有挑战性。

　　跳跃训练不仅是针对下半身的，对上半身也有帮助。少重复几次，在速度慢下来之前停止，这是最安全、最有效的跳跃训练方法。我见过教练们滥用弹震式力量训练，他们逼迫孩子们重复多次。技巧很差的跳跃训练最终会对运动员造成伤害，导致他们受伤或者运动表现不佳。

　　总之，训练方法要既科学又安全。

弹震式俯卧撑

　　以俯卧撑的姿势爆发性弹起，双手离地再轻轻着地。重复既定次数。

　　常见的错误：爆发力不够，仅仅是简单地从地面拉起手臂；着地过猛，双手和手腕猛击地面。

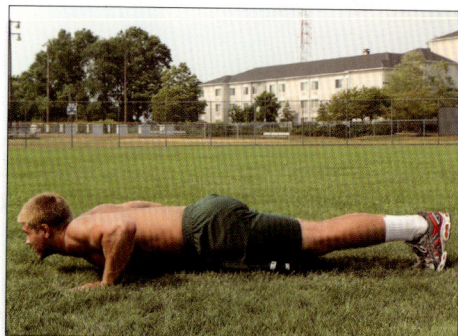

错手弹震式俯卧撑

　　双手前后错开，一只手在肩膀前方，另一只手在肩膀后方。

　　以俯卧撑的姿势爆发性弹起，在空中改变手的位置。和往常一样，轻轻着地，然后再次爆发性弹起。重复既定次数，在动作变慢之前停止训练。

窄距和宽距弹震式俯卧撑

　　做弹震式俯卧撑的时候，窄距和宽距（比肩稍宽）交错练习。

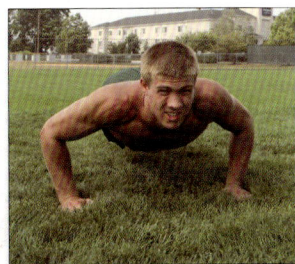

击掌俯卧撑

以俯卧撑的姿势爆发性弹起，在空中击掌。

拍胸俯卧撑

与击掌俯卧撑相比，这种弹震式俯卧撑的变式要求更大的力量和爆发力，因为你需要弹得更高。每次都爆发性弹起并拍打胸部。

拍髋俯卧撑

　　这种变式要求更大的力量和爆发力，你向上弹起的高度要足够你的双手向后拍打髋部并且以俯卧撑的姿势安全落地。这一变式的更高层次是每次重复时都在背后拍掌。

冲刺跑和台阶训练

　　台阶冲刺跑和山坡冲刺跑可以有效地增强力量、体能和爆发力。

台阶冲刺跑

　　越简单越好。沿着台阶往上冲刺，然后往下走或者慢跑以恢复体力。你也可以在台阶的最高处或者最低处加入徒手体操动作来增加强度。

跳台阶

跳台阶对增强腿部的爆发力和爆发力耐力有惊人的效果。你可以逐级跳跃，也可以更具爆发力地一次跳 2 ～ 3 级。走下来或慢跑下来以恢复体力。

单腿跳台阶

单脚跳跃，脚掌着地。用一只脚沿着台阶往上跳，再慢跑回来，然后换另一只脚重复练习。如果你对这个套路还不熟悉，可以一只脚跳完一半的台阶后，换另一只脚跳完剩余的台阶。

爬台阶

以熊爬的姿势沿着台阶向上爬。如果你的水平较高，你也可以以反向熊爬的姿势沿着台阶往下爬。初学者和中级者也可以走下去再重复爬台阶。我穿着负重背心在体育馆的台阶上做过这些训练，这与在高中操场比较少的台阶上练习相比有很大不同。

反弹跳台阶

与连续跳远类似，反弹跳台阶要求摆臂并且"一触即发"。双脚一落到台阶上，就向上摆臂，尽快反弹跳到下一级台阶上。每次跳跃都要"一触即发"。

冲刺跑

如果你有强烈的进取心，自己单独训练也许不错，但是对那些需要别人激励的人来说，我总是建议他们集体训练，展开竞争。他们可以根据自己的目标进行不同距离的冲刺跑，比如专注于增强爆发力，进行 10 码（1 码≈0.91 米）的短途冲刺跑，或者跑 100 码甚至更长的距离。不同距离的冲刺跑有不同的益处，会让你接受不同的挑战。

山坡冲刺跑

　　山坡冲刺跑是我个人最喜欢的速度和体能训练方法。它迫使运动员主动摆臂——这是一些新运动员在平地上常常无法做到的事情……平地跑也不太可能让人绷紧腘绳肌。

　　我喜欢在冲刺跑的开始有些变化，用口令、手势或口哨声来指挥运动员们冲刺。试试下面这些开始方式吧：

- 从俯卧撑的最低或者最高位置开始
- 登山
- 从躺在地上开始
- 做三次跳远之后再冲刺

　　充分的热身对冲刺跑的重要性不言而喻。

操场器械版的上半身拉力动作

　　停止在商业健身房训练之后，操场就成了我经常训练的场地。我和朋友拿着一个沙袋、几个壶铃，有的时候还会拿一个阻力橇，开着车四处寻找训练场地。

　　我从没见过能与我在俄罗斯等国见到的怪兽操场相媲美的操场，很多成年人和运动员都在怪兽操场训练，这些操场并不只是属于孩子们的。

猴架

猴架侧向行走

　　沿着猴架攀爬对发展双手力量、上半身力量以及耐力而言是一种很好的方法。在猴架上以不同的方式运动可以增强不同种类的力量。如果手臂略微弯曲，可以发展静态力量；如果手臂伸直，可以提高运动能力和灵活性，在猴架上来回攀爬可以改进总体耐力。使用尽可能多的变式：向前运动、向后运动、从一边运动到另一边。

引体向上

做引体向上时掌心要向外。

反手引体向上

做反手引体向上时掌心要向内。

正反手引体向上

正反手引体向上要求一只手掌的掌心向外，另一掌心向内。

窄距引体向上

　　窄距引体向上要求两手抓握距离较近。

弓手引体向上

突击队员引体向上

引体向上的所有变式都是为了进行全方位运动，做引体向上不要只做一半动作。我更喜欢在下降时始终伸展手臂，同时保持肩膀和背阔肌紧绷。在动作的最高位置，尽量使下巴远离横杠。我不喜欢在做引体向上的过程中静止或摇摆，这样的话上半身就没有真正得到训练。

改变握距和引体向上的角度可以避免过度使用或滥用向上拉的肌肉和关节。

上斜划船

　　这个练习看上去像倒置的俯卧撑，与俯卧撑的规则相同。全身保持紧绷：腹部紧绷，双脚并拢，从双手到脚趾的所有肌肉都保持紧绷。缩回肩膀，使其保持紧绷从而确保其灵活性。划船时收紧肩胛骨，唯一运动的部位是手臂。身体不要摇晃。假装下巴下面有一个西柚，这能阻止下巴碰到胸部，从而防止弓背。颈部、后背和双腿应该在一条直线上。

尝试正手和反手两
种抓握方式

毛巾引体向上

　　当在单杠上做引体向上对你不再是挑战的时候，可以把一条厚毛巾挂在单杠上拉着它做引体向上。你的双手和握力会受到很大的挑战。与其他引体向上变式相同，这个练习为全动作幅度的练习，要避免腿部摇晃和屈伸。

跳跃双立臂

　　学习双立臂的时候，你可以先找一个比较低的单杠，用腿部提供一些助力来完成动作。你也可以在单杠的最高处做立式俯卧撑。我不喜欢做很多组，因为随着组数的增加，动作的质量会迅速下降。我喜欢通过跳跃双立臂达到最高点，并在半高处做俯卧撑。

单杠双立臂

做单杠双立臂的时候，你必须将身体爆发性地往上拉，使小腹中部越过单杠。然后，上半身向前探，越过单杠并微微前倾。双手用力推杠将身体推起至最高点，快速锁死。

挂链子引体向上

在自重练习中，我们经常用到链子，链子很容易系上和摘下。这条链子有 20 磅重。如果你能做 10 次以上的引体向上，可以尝试增加一条链子来增加阻力。

绳子引体向上

另一个增强握力以及增加引体向上强度的方法就是使用一条粗绳子。你的双手必须抓紧绳子并努力上拉来避免身体下滑。

篮圈引体向上

如果你能找到有较低篮圈的操场，可以在篮圈上做各种引体向上。这与用毛巾、绳子等方式不同，但也可以增强双手的力量。在这个操场上，我们做完引体向上后还进行了山坡冲刺跑，这在体能训练中是一种较残酷的组合。

爬绳子

爬绳子是我们能够做的最好也是最残酷的上半身上拉练习之一。作为初始阶段的练习，向上爬的时候要用两只手交替向上握住绳子，向下爬的时候要交替向下握住绳子。

上斜爬绳子

做上斜划船的时候，在向上和向下的过程中都要保持身体紧绷。在爬绳子的过程中，肘部应该保持弯曲。常见的错误是手臂伸直，这只能增强握力，但无法刺激你的拉力肌肉群。

我告诉运动员，手臂应该保持掰手腕的姿势，否则他们就会经常想在绳子上做单臂引体向上。

如果你觉得上斜爬绳子比较简单，可以以站立的姿势开始，快速向上爬绳子——通常做 4 ~ 5 次就足够了。之后，有控制地往下爬，两手交替向下握住绳子。出于安全的考虑，不要让手沿着绳子往下滑。

你也可以借助脚部或腿部的力量。军人和执法人员要学会以不同的姿势和角度爬绳子，包括身上携带有装备的时候。

爬绳子的高级阶段是不借助腿和脚的力量，以坐姿开始爬绳子，再以坐姿结束。这也是我期望运动员达到的目标。

我建议执法人员和军人尝试各种变式，包括使用齿轮和不使用齿轮、借助双脚和不借助双脚。有时我允许运动员增加负重，但是如果太频繁地增加负重，就会过度使用肱二头肌的肌腱。

你最好足够强壮并且在练习中保留一些力量。

操场器械版的上半身推力训练

双杠行走

　　在双杠上用手臂往前和往后走，保持肩膀紧绷。你可以通过在双杠的尽头做屈臂撑和（或）举腿来增加双杠行走的强度。

屈臂撑

　　保持肘部紧绷并紧贴身体，弯曲手臂，直到上臂与地面平行。在每次动作的最高点锁死，避免在最低点反弹。

墙壁爬行的变式

可以用墙壁做各种角度的双手行走。我曾在热身时使用过这些练习，并把它们作为整体训练的一部分，也在大团队训练课上以及青年运动员身上应用过这些练习。

墙壁爬行要求有很大的力量以及很强的躯干稳定性和肩部稳定性，可以提高运动能力。想想我们在一天之中用双脚走多少路。开始花一些时间练习用手行走吧，你的上半身会得到很好的锻炼。

倒立上踢

以登山的姿势开始，双眼聚焦在两个拇指中间，头部不要往前顶到墙。一条腿向上踢，另外一条腿跟进。慢慢地保持倒立的姿势，将双脚搭在墙上"飘移"。

常见的错误是向上踢得过快或者没有控制，把腿猛踢到墙上之后放松手臂或腿往上踢时就放松手臂，结果摔在地板上。

出于安全的考虑，向上踢的时候手臂必须始终锁死。

对熟练掌握倒立撑的人来说，可以离开墙壁完成此动作。

倒立墙壁爬行

可以上上下下或者从一头爬到另一头来练习墙壁爬行。如果从一头到爬另一头，两头要做相同的次数。身体越垂直，肩膀和上背部就可以得到越多的锻炼。身体越水平，躯干和腹部肌肉就会承受越大的压力。

侧手翻墙壁爬行

　　随着运动能力的增强，你可以通过做侧手翻把脚搭在墙上，再沿水平方向做墙壁爬行。

操场器械版的腹部训练

提膝

保持身体直立,缓缓抬高膝盖,使大腿高于双杠并与地面平行,在最高点保持,数一两个数,感受腹部强烈绷紧。垂直下降,下降时要缓慢而有控制。

可以通过在踝关节增加负重来增加阻力。

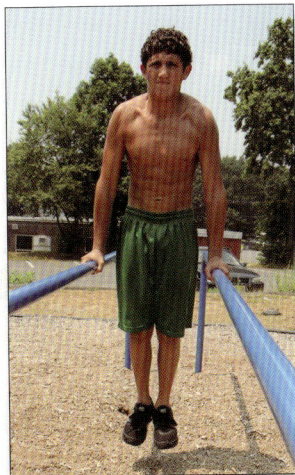

双杠举腿

保持身体直立,缓缓抬高双腿,使双腿高于双杠并与地面平行,在最高点保持住,数一两个数,感受腹部强烈绷紧。垂直下降,下降时要缓慢而有控制。

可以通过在踝关节增加负重来增加阻力。

悬垂提膝

　　跳上能够做引体向上的单杠或者猴架，稍微弯曲肘部使背阔肌参与运动。向上提膝至胸部。缓缓放下双腿到躯干正下方。不要摇晃双腿或者让双腿运动到身后，否则摇晃和动作的惯性就会主导这个练习。

悬垂提膝碰肘

　　通过提膝碰肘可以将提膝练习进阶到更高一层。肘部朝前，身体向上蜷缩，直到膝盖碰到肘部。

悬垂提脚碰杠

悬垂举腿的最难变式就是把脚趾直接举到单杠处。膝盖微微弯曲,把双脚直接往上举,再有控制地将腿放下。常见的错误是直接放松腿部肌肉。缓缓将腿放下对训练腹部力量也很重要。

桌子训练

从在操场上训练的第一天开始,我就开始使用野餐桌了。每个人都嘲笑我,但是我比他们更加了解野餐桌的功用。野餐桌既可以在练习组中作为轻重量使用,也可以作为跳跃训练的器械帮助我们训练速度。那些很强壮的人还可以用一只手做桌子推举。

我们可能看上去不那么酷,也可能没有最好的训练器械,但是可以利用现有设备进行训练。运动员要习惯在不完美的环境中训练,这样才不会被惯坏。

跳桌子

跳桌子就像跳箱子一样。可以走一步往前跳一步，也可以站在原地起跳。

这两种风格的跳跃都要求在跳跃的同时摆臂，并以正确方式着地——膝盖微微弯曲，双脚保持运动的准备姿势。训练速度和爆发力的时候，跳跃至关重要。

桌子推举

可以用一只或两只手臂来做桌子推举。推举时要夹紧手臂，绷紧躯干。当你能用两只手臂很轻松地做桌子推举后，用一只手臂来做这个动作是很自然的。你也可以在每次做双臂推举时在一定范围内放开桌子，以弹震的方式做单臂推举。和之前一样，每只手臂做相同的次数。

弹震式桌子推举

如果普通的桌子推举太简单了，你可以爆发性地推起桌子，并在桌子下落时接住它，就像做弹震式俯卧撑一样。

低姿俯卧撑

把双脚放在长凳或桌子上，用力做俯卧撑。随着双脚的位置变高，你的腹部可能会下垂。保持躯干紧绷并且总是把正确的技巧放在第一位。

桌子双手行走

一个人单独训练的时候，桌子双手行走是替代双人双手行走的绝佳练习。你可以把双手行走和俯卧撑结合起来。尝试着从长椅的一端开始走然后往回走，或者沿着野餐桌走完一圈后重新再来。记住每个方向都做相同的次数。

自重训练计划

初级

训练方案 1

（1A）深蹲：分别做 10，8，6，4，2 次

（1B）俯卧撑：分别做 10，8，6，4，2 次

（2）引体向上阶梯组：分别做 1，2，3 次（完成 1 次之后休息 30～60 秒，完成 2 次之后休息 30～60 秒，完成 3 次之后休息 2 分钟）

（3）弓步行走：每条腿 3×10 次

（4）冲刺跑：5×100 码

训练方案 2

（1）慢跑：1/4 英里

（2）俯卧撑：25 次

（3）引体向上：10 次（也可以用上斜划船 30 次替代）

（4）深蹲：50 次

（5）慢跑：1/4 英里

训练方案 3

（1）10 分钟内把 A-D 完成尽可能多的回合

（A）引体向上：5 次

（B）俯卧撑：10 次

（C）深蹲：15 次

（D）冲刺跑：200 码

（2A）反向弓步：每条腿 3×6 次

（2B）双杠举腿：每条腿 3×12 次

中级

训练方案 1

(1) 慢跑：1/4 英里

(2) 冲刺跑：1/4 英里

(3A) 击掌俯卧撑：5×2 次

(3B) 深蹲跳：5×5 次

(4A) 上斜划船：分别做 10，8，6，4，2 次

(4B) 屈臂撑：分别做 10，8，6，4，2 次

(5) 俯卧撑：完成最高次数

(6) 引体向上：完成最高次数

(7A) 引体向上：3×5 次

(7B) 窄距引体向上：3×5 次

(8) 以最快速度跑 1/2 英里

训练方案 2

(1) 水平墙壁爬行：3×5 步（向左走 5 步，向右走 5 步）

(2A) 深蹲跳：分别做 10，8，6，4，2 次

(2B) 上斜划船：分别做 10，8，6，4，2 次

(3A) 引体向上：3× 次高次数（最高次数的 90%）

(3B) 弓步行走：每条腿 3×10 次

(4) 双杠举腿：每条腿 3×10 次

训练方案 3

(1) 俯卧撑：35 次

(2) 引体向上：15 次

(3) 慢跑跑 400 码：1 次

(4) 冲刺跑 300 码：2 次

(5) 冲刺跑 200 码：2 次

(6) 冲刺跑 100 码：4 次

高级

训练方案 1

（1）开合跳：4×15 秒（组间休息 15 秒）

（2A）正反手引体向上：5 组，每组都改变握姿，同时完成次高次数（最高次数的 90%）

（2B）拍胸俯卧撑：分别做 5，4，3，2，1 次

（3A）弓步跳：每条腿 4×5 次

（3B）倒立撑：4× 次高次数（最高次数的 90%）

（4）冲刺 1/4 英里：4 组（组间休息 1 分钟）

训练方案 2

（1A）跳高箱子：6×3 次

（1B）拍胸俯卧撑：6×3 次

（2A）垂直墙壁爬行：分别做 5，4，3，2，1 次

（2B）爬绳子：5 次

（3A）负重屈臂撑，4×（6～10）次

（3B）负重引体向上：4×（3～6）次

（4A）两头起：3×10 次

（4B）弓步行走：每条腿 3×15 次

（4C）悬垂提膝碰肘：3×10 次

训练方案 3

越快越好

（1A）引体向上：分别做 10，8，6，4，2 次

（1B）俯卧撑：分别做 10，8，6，4，2 次

（1C）深蹲跳：分别做 10，8，6，4，2 次

（1D）弓步跳：每条腿分别完成 5，4，3，2，1 次

小提示：

高水平举重运动员可以使用 20 磅重的负重背心，水平特别高的运动员可以使用负重背心或者每个回合递减 1 次，而不是递减 2 次，也就是说每个回合分别做 10，9，8，7，6，5，4，3，2，1 次，而不是 10，8，6，4，2 次。

（2）以最快速度跑 1½ 英里

（3）以最快速度完成 100 次俯卧撑

第十一章

沙袋训练

沙袋扛举训练

肩扛沙袋

深蹲，背部要始终挺直。把双手放在沙袋下方，紧紧地抓住沙袋。贴近身体爆发性地举起沙袋。想想你是如何拉上夹克的拉链的，立刻从地上拿起沙袋并放在肩膀上。

当沙袋放在肩膀上的时候，你要站直。控制好沙袋并放回地面，背部要始终挺直。

常见的错误是弓背或者把沙袋往上拉时蜷缩身体，而不是把沙袋往上举的同时使其靠近身体。

当你垂直拉起沙袋靠近身体的时候，很像杠铃高拉。这使你的身体很有力而且可以使你举起更大重量，这种方法也更加安全。

想想你是如何拉上夹克的拉链的，立刻从地上拿起沙袋并放在肩膀上

肩扛沙袋深蹲

保持身体直立，不要往扛沙袋的一侧倾斜。你应该增强稳定性，避免被沙袋影响。

深蹲至最低点后向上弹起。接近深蹲的最高点时，把沙袋举过头顶，这样深蹲和推举就融为一个连贯动作了。

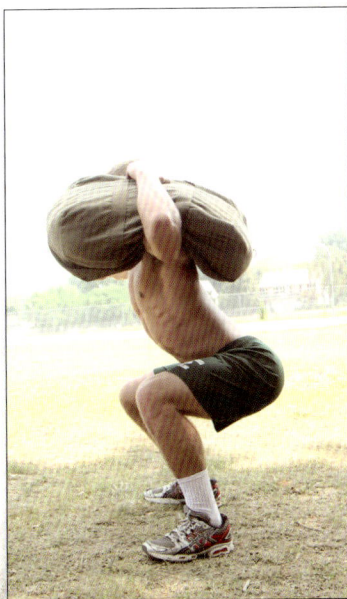

沙袋深蹲换肩举

　　你可以借助来自腿部的轻微借力推举，用沙袋来完成从一个肩膀到另一个肩膀的推举，也可以严格要求自己，像做杠铃实力举那样保持全身紧绷。

　　换肩举是"偏重负重"的一种变式，它从不同的角度给身体增加负重，强迫身体在困难的角度下保持稳定并努力运转。这种困难角度下的练习与体育运动和劳作活动很相似，这二者都极少在舒服的动作状态下完成。偏重负重使得身体更有耐力，更不容易受伤。

　　把沙袋推举到另一边，重复这个动作。每次深蹲都换另一边。

　　推举时手臂要锁死在头部上方。常见的错误是推举到刚过头的高度就换到另一边了，这样只完成了半次动作，你的注意力应该永远放在完成完整的动作上。

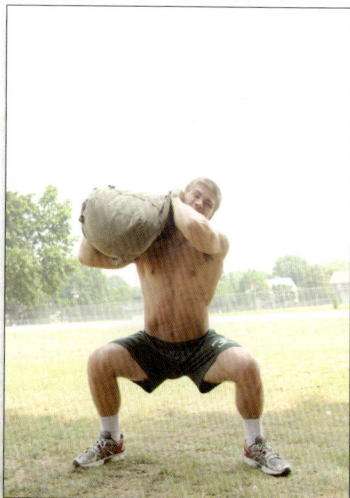

沙袋抓抱

　　沙袋力量翻或者沙袋抓抱是一种很简单的方法，用于教授一种无需杠铃举重技巧的快速举重。

　　下蹲时背部挺直，紧紧抓住沙袋的两边。

　　爆发性弹起，使劲往上拉沙袋。沙袋应该靠近身体，这和往上拉拉链的动作类似，要爆发性地往上拉。

　　肘部到达最高点时放开沙袋用小臂接住。这就是泽奇式姿势——摔跤手们把这个姿势称作是双臂反锁。

　　抱住沙袋后，要确保结束动作时身体挺直。拿好沙袋并深蹲，做完一个完整的深蹲后把沙袋放回地面。

　　臀部应该略低于半深蹲时的高度。

　　重复既定次数。

沙袋力量翻

　　深蹲时保持背部直立，用手抓紧沙袋。

　　爆发性弹起，挺胸，背部挺直。

　　腿部伸展时肘部上抬，放开沙袋并在下方用双臂接住。

大熊复合式沙袋练习

大熊复合式沙袋练习很残酷！整套组合练习对训练力量耐力和磨炼意志十分有效，我很喜欢。

用沙袋做一次力量翻，但不要像在抓抱中那样放开沙袋而要把沙袋向上拉，然后就像做杠铃翻举那样去翻转手肘和指关节。沙袋在锁骨位置时，指关节朝上，肘部朝下。

接下来，用沙袋做前深蹲，起身时把沙袋举过头顶。

之后把沙袋放在背后，做一个深蹲，起身时再次把沙袋举过头顶，最后把沙袋放回地面。这算一次动作！

总之，"一个力量翻 + 一个前深蹲 + 一个过头举 + 一个后深蹲 + 一个过头举"算一次动作，把沙袋放回地面后重复练习。

肩扛沙袋弓步

我喜欢用沙袋以各种姿势做弓步：背驮的姿势，肩扛的姿势，或者是泽奇式的姿势。你可以做反向弓步或者弓步行走。做负重弓步时，交替向前跨步对膝盖来说是很困难的，所以我喜欢做弓步行走或者反向弓步。

每一组必须以力量翻或肩扛开始，这样每次你都会用力，随着次数的增加，你会更加强壮、更加坚强。

无论做后退弓步还是弓步行走，确保每一步的步幅都很大。后面那条腿的膝盖应该距离地面 1 ～ 2 英寸，不要接触地面。

常见的错误是步幅太小，这会导致躯干放松。每次都要保持躯干紧绷和直立。

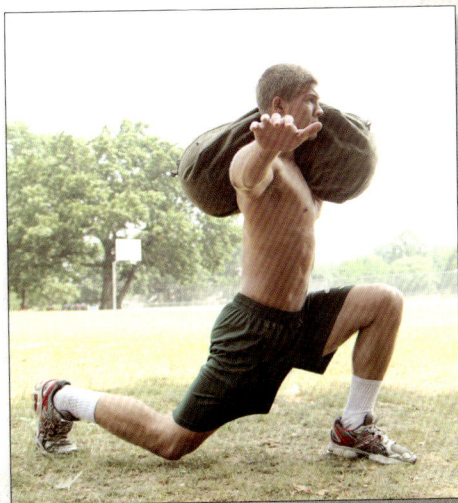

沙袋深蹲推举

做沙袋力量翻，然后紧紧抓住沙袋保持在锁骨的高度。深蹲到最低处，然后弹起，把沙袋举过头顶，双臂锁死。

常见的错误是肘部抬得不够高和在深蹲的最低点扔掉沙袋。肘部要始终抬高，身体要始终紧绷，特别是在向下运动以及把沙袋举过头顶的时候。

把沙袋举过头顶时，放松腹部和躯干会造成下背部拱起，还会给脊柱带来额外的压力。在推举的最高点要绷紧腹部。

也可以把这个练习分解为一次做一个动作，如只做前深蹲或只做过头举。这是一种既能缩短学习时间、又能专注于基本动作的好方法。

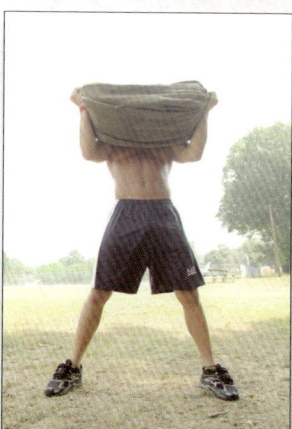

沙袋弓步起身

把一个非常轻的沙袋放在右肩上并躺下，弯曲右腿，把右脚重重地踩在地面上。

左臂与身体约成45°，右脚发力，牢牢地踩在地面上。用左手撑起身体，完成仰卧起坐，身体应稍微左倾，而不是直立。腹部、双腿和上半身应该一起运动。

左手放在地上，左臂竖直，这样就不会因耸肩而碰到耳朵。用手臂用力支撑，使肩膀保持稳定。

臀部抬高，左腿跪在地上，就好像在弓步的最低位置。

左手离开地面，躯干向上抬起，然后用肩膀扛着沙袋站起来。为了把沙袋重新放回地面，需要按相反的顺序完成这套动作。左腿做一个后退弓步。左手放到地面上，保持稳定。抬高臀部并把左腿放回到身体前方。臀部慢慢下降至地面，缓慢而有控制地躺下。重复既定次数，交替使用左、右肩负重。

沙袋装卸

与抓抱类似，完成一次力量翻后把沙袋放在野餐桌上或者你面前的任何一个物体上。我的训练伙伴曾经用过一辆皮卡，这辆皮卡与我的胸部一样高。我们把沙袋放到皮卡上，再把沙袋从皮卡上拿下来。这个动作与你在"世界最强壮男士比赛"中看到的阿特拉斯（Atlas）石头装卸非常类似。你可以通过增加沙袋的重量来增加这项练习的强度。

如果想增加强度，可以把沙袋从装卸平台上拿开50～100英尺，这样可以把冲刺跑和沙袋搬运这两个动作增加到装卸过程中。

沙袋旋转装卸

　　沙袋的多功能性可以帮助你进行多角度训练，旋转装卸就是其中一种。把沙袋放在两脚之间，或者放在与装卸平台方向相反的一侧，为装卸做好准备。

　　可以将一个稍重的沙袋举起，使其刚好离开装卸平台，或者将一个稍轻一些的沙袋举过胸部来增强训练强度。

沙袋投掷

沙袋翻举投掷

投掷物体是增强爆发力的终极方法。投掷沙袋时，要把它扔在草坪上或沙滩上，以免摔散架。

完成一次力量翻之后，一只脚往前迈一步，狠狠地把沙袋投掷出去，使其越过障碍物，或者仅仅是把它往前方最远处投掷。

双人沙袋翻举投掷

如果你有一个训练伙伴一起进行投掷练习，那么你们可以一起练习这个动作，完成既定次数或达到既定练习时间。

沙袋搬运

泽奇式沙袋搬运

用沙袋做力量翻并用双臂反锁的方式接住它。保持腹部紧绷并避免身体向后仰。

双手保持与肩同高，抱着沙袋走一段时间或者一段距离。

常见的错误是使用过重的沙袋，这会使你往后仰，不能把沙袋抱得足够高。如果你想要从这个练习中获得最佳效果，那么就应该把技巧放在首位。

过顶式沙袋搬运

这个练习适合高级举重运动员，因为这个练习对整个躯干乃至肩膀的压力都很大。

完成一次提举。双臂必须锁死在头顶上方，腹部紧绷，避免下背部拱起。

慢慢地走。

当你感觉躯干和肩膀将要失去稳定性的时候结束这一组训练。当动作质量变差的时候就不要继续训练了，这一点很重要。

沙袋自重训练计划

初级

训练方案 1

（1）肩扛沙袋：每边 5×3 次

（2）泽奇式沙袋深蹲：5×5 次

（3）肩扛沙袋搬运：3×100 英尺（在 50 英尺处换边）

训练方案 2

（1）沙袋弓步行走：每条腿 3×8 次（配合泽奇式沙袋搬运）

（2）沙袋提举：5×3 次（每次都从地面开始）

训练方案 3

（1A）沙袋提举：分别做 5，4，3，2，1 次

（1B）正反手引体向上：分别做 10，8，6，4，2 次

（2A）沙袋后深蹲：5×5 次（先通过提举把沙袋放在背上）

（2B）冲刺跑：5×200 码

（3A）泽奇式沙袋搬运：3×100 英尺

（3B）弓步跳：每条腿 3×5 次

中级

训练方案 1

（1）大熊复合式沙袋练习：分别做 5，4，3，2，1 次

（2）泽奇式沙袋反向弓步：每条腿 4×6 次

（3）以过头举的姿势搬运沙袋：3×50 英尺

训练方案 2

（1）沙袋翻举和投掷：以最快速度完成 15 次（翻举，向最远处投掷，慢跑着去拿沙袋）

（2）沙袋抓抱：以最快速度完成 15 次

（3）沙袋深蹲推举和相扑深蹲的组合：5×3 次（每次动作做完后都要换边）

训练方案 3

（1）沙袋抓抱：以最快速度完成 15 次

（2A）负重引体向上阶梯组：分别做 1，2，3 次

（2B）倒立撑阶梯组：分别做 1，2，3 次（在每次阶梯组的第三次动作之后休息 2 分钟）

（3）沙袋深蹲推举：分别做 10，8，6，4，2 次

（4）向前或向后冲刺跑：每个方向做 10 次，每次 50 英尺

高级

训练方案 1

（1）沙袋弓步起身：以最快速度每边完成 10 次

（2）泽奇式沙袋搬运：以最快速度完成 1/4 英里（只要沙袋接触地面就要做 10 次俯卧撑作为惩罚）

（3）沙袋后深蹲：分别做 15，10，5 次

训练方案 2

（1）沙袋深蹲换肩举：每边 4×5 次

（2）沙袋旋转装卸：每边 4×3 次

（3）沙袋装卸：以最快速度完成 20 次

（4）沙袋反向弓步：每条腿 3×5 次

训练方案 3

地下沙袋挑战：

• 肩扛沙袋每边 15 次，再以最快速度做引体向上 30 次

• 沙袋的重量应该是你体重的 50% ～ 75%

• 在完成 30 次肩扛沙袋之前，不要做引体向上

• 做引体向上时下巴不要碰到单杠

第十二章

石头训练

　　我从私人教练转变为力量教练后就开始把石头训练融入自己的训练中，那时候我还在和父母一起生活，我们的后院有一排石头，有各种形状和大小。我和几名运动员挤在只有一个车位的车库里训练，幸运的是，我想起了在 20 世纪 80 年代看过的"世界最强壮男士比赛"，我记得在比赛中他们使用了石头，因此，我决定好好利用这个现成的小"器械"。

　　那是在 2002 或者 2003 年，我是给孩子教授体育课的老师，同时也是一名摔跤教练。我多希望在我还是一名摔跤手的时候就使用那些石头进行训练，而不是做蝴蝶机夹胸、腿部伸展等以及其他一些无用的练习。

　　那个时候，我只有一个杠铃，几副哑铃，并且沉迷于"功能性训练"。那时的功能性训练就是单脚着地做哑铃弯举，站在平衡板或健身球上面弯曲身体，以及做各种一般性的马戏表演，这些动作看上去很酷，也很高级。我到现在仍然感到震惊，我居然会相信用这种滑稽的方法训练能够培养出优秀的运动员。不过，这种可以发展"核心力量"的训练方法在当时的确引起了不小的轰动。

　　我知道单腿训练或类似马戏团中的训练方法永远无法帮助我的运动员们取胜。这些训练无法磨炼运动员的意志，而石头训练对我让运动员们做的那些"老派"的健身训练而言则是完美的补充。

　　我用石头做那些用杠铃做的基本举重训练：硬拉、俯身划船、深蹲、弓步、搬运、提举。没有什么特别的，人人都尝试过这些动作，这些动作是真正的基本动作。

　　每当我需要激励的时候，我就走到户外做一组石头训练，有时还会加入一些自重训练。当你需要狠狠地训练一场的时候你就去户外训练吧。

　　有一次，我看到自己家附近在盖一座楼，于是决定在建筑工人下班后过去看看，那就是我的第一次石头训练。我用这些石头来测试自己是否对运动员要求过高，我拿起散落在建筑工地上的石头，做了搬运、提举和俯身划船，我甚至还用两只手抓起一些小石头，去做侧举和弯举。

　　那些石头训练累死我了，第二天我的前臂和双手都累散架了。我后背上一些从未疼过的部位也感到很酸疼。我明白了用很重的石头去做摔跤训练——搬运、推举和深蹲对运动员非常有效。我也感觉到了用杂物训练带来的心理挑战。我遇到的成功运动员都具有接受挑战的能力，无论是身体上的还是心理上的。我更关注心理上的挑战，所有那些超越常规的挑战，我都想尝试。

石头硬拉

石头硬拉

　　尽管这个动作非常基础，但是了解如何正确地完成这个动作很重要。全身紧绷，臀部向后，挺胸。

　　下背部必须挺直，不要弯曲。

　　在每次动作的最高点保持直立，并有控制地把石头放回地面。不要扔石头以免砸到自己的脚。无论搬着石头向上还是向下运动，都要将其控制好。如果无法在下降的过程中控制石头，那么就需要找一块轻一些的石头并使自己变得更加强壮。

石头搬运

普通石头搬运

做完石头硬拉之后，尝试搬着石头走一段距离。从 50 英尺开始，逐渐增加到 100 英尺、150 英尺甚至是 200 英尺，中途不要把石头放下。

泽奇式石头搬运

就像泽奇式沙袋搬运那样，也可以用双臂反锁的姿势抱住石头。如果需要，可以穿一件运动衫来避免前臂划伤。身体挺直，双手与肩等高，身体不要向后仰。如果无法把石头抱得高高的，就说明这块石头太重了。科学训练，确保安全。

举石头

石头翻举

像沙袋翻举一样，也可以用石头来做翻举练习。当然，首先要掌握用沙袋做翻举的技巧。开始动作和硬拉一样。

肘部抬高，双手由掌心朝下翻转到掌心朝上。小心你的脸，抱住石头保持在锁骨的高度。

石头推举

　　用石头做推举之前，必须首先能够用石头做翻举。把石头举至颈部时，头部后仰并保持全身紧绷。

　　把石头推举过头顶，手臂锁死，保持数两个数的时间。控制好石头并慢慢放回到颈部。

石头提举

　　掌握了石头翻举和石头推举这两个单独的动作后，可以把这两个动作结合起来，就组成了石头提举这个复合动作。

石头投掷

石头翻举投掷

　　像上文描述的那样完成石头翻举。往前迈步并把石头往最远处投掷，确保两只手臂用力相同。

　　为了保证平衡，每次投掷时，变换向前迈步的脚。你可以用较轻的石头来增强力量。在沙滩或者在空旷的场地做这个训练很不错。慢跑去捡回石头，重复既定次数或按既定时间训练。

石头训练不需要花哨的动作，基本动作永远是最好的。使用石头或杂物训练，带来的生理和心理挑战都是一样的。有一些国家的人使用石头训练的历史已长达几个世纪，其中一些国家甚至把石头举重列为一项国家体育项目。这些人理解并且尊重真正的强壮。如今，很多人不知道真正变得强壮需要付出多少努力。找到一些石头并不困难，我就在家里、操场、公园以及沙滩等地方找到了合适的石头。

在大自然中进行户外训练对身体和精神都有益处，至少，可以避免像商业性健身房那样的拥挤问题，并且还可以呼吸新鲜空气。规则被打破了，你可以踩在草地或沙滩上做所有想做的动作。

你可以自己寻找石头，也可以用网上出售的石头模具去制造阿特拉斯石头。就像沙袋训练一样，我喜欢用不同形状和大小的石头进行训练。不同的变式有不同的效果，并且可以从不同的角度去开发身体潜力。当你熟悉了某种训练方式，或者一直用相同的器械进行训练，你的身体就不会继续变强壮了。人都有惰性，你必须明确态度，强迫自己走出舒适区。

马特·勒布朗（Matt Leblanc）在高中橄榄球教练指导下开始用我的方法训练，十年后，他与我又见面了。在那十年当中，他从橄榄球运动转向海洋运动，然后又投入到世界最强壮男士比赛当中。他的身高有 5 英尺 5 英寸，体重足足有 175 磅，身体非常健壮。我们见面的时候，他说了一些非常有力量的话。

这是在马特加入我们的年度筹款人项目之后发生的，当时我们在为预防白血病和淋巴瘤协会筹款而举行举重比赛。他是最轻的举重选手，体重为 175 磅，但是他可以翻转600 磅的轮胎，用 190 磅的农夫手柄跑步，并且拉将近 400 磅的阻力橇！

下面这句来自马特的名言，或者他从其他人那里听到的名言对训练很有用。当你的身体习惯了那个负重或者习惯了以相同的顺序做相同的练习之后，力量增长就会停止。

不要抱怨无法找到石头。即使你住在纽约，你也可以在当地的公园里找到一些石头。妥善利用你现有的条件，抛弃那些微不足道的借口，你就能成为一名坚强的运动员。

大溪地（Tahiti）的搬石头比赛

"冠军和赢家们远离舒适区，而失败者们从未离开过他们的舒适区。"

——马特·勒布朗

石头训练计划

初级

训练方案 1

(1) 石头硬拉：5×5 次

(2) 石头搬运：5×100 英尺

训练方案 2

(1) 石头提举：5×3 次

(2) 石头搬运：5 分钟内完成最长的距离

训练方案 3

以下训练要做 5 个回合，每两个练习之间休息 1 分钟

(A) 石头搬运：100 英尺

(B) 石头提举：3 次

(C) 泽奇式石头深蹲：3 次

中级

训练方案 1

(1) 石头推举：分别做 5，4，3，2，1 次

(2) 石头深蹲：分别做 5，4，3，2，1 次

(3) 石头提举投掷：5 分钟内完成最高次数

训练方案 2

(1) 石头俯身划船：5×5 次

(2) 石头硬拉：分别做 10，8，6，4，2 次

(3) 混合石头搬运训练：准备 5 块不同形状和大小的石头，把 5 块石头都放在起点上，在 100 英尺以外放一个障碍物代表终点。把一块石头搬到终点后，再做反向冲刺去搬另一块石头，直到把 5 块石头都搬到终点。

训练方案 3

石头装卸：就像在野餐桌上进行沙袋装卸那样做，你可以使用任何平台，我曾经见过举重运动员用木头来做装卸平台。准备 3～5 块不同形状和大小的石头，把它们放在装卸平台附近。以最快速度把所有石头都放在装卸平台上，休息两分钟之后重复，整个练习持续 5 分钟。

高级

训练方案 1

（1）从装卸平台上把 3 ～ 5 块石头搬到 50 英尺以外。就像之前描述的装卸训练一样，这将把跑步、搬运和把石头放在装卸台上这三个动作组合在一起。当你把所有的石头都搬到装卸平台上之后，再重复 5 个回合。

注意：带一个手推车或临时阻力橇，这样可以把石头搬到手推车或者阻力橇上带回到起点。

（2A）俯卧撑：5×20 次

（2B）石头俯身划船：5×20 次

训练方案 2

（1A）石头提举：5×3 次

（1B）正反手引体向上（负重）：5×（3 ～ 6）次

（2）之字路线搬石头混合训练：2 个回合，每个回合搬运 3 ～ 5 块石头

在之字路线上放上障碍物，搬着石头绕过障碍物，到达终点后以冲刺跑的方式折返，回到起点后去搬另一块石头，直到把所有石头都搬到终点。

（3）自重弓步行走：以最快速度每条腿完成 60 次

（4）山坡或台阶冲刺跑：10 次（每次冲刺之后休息 60 秒，冲刺时长约 30 秒）

训练方案 3

（1）石头搬运：以最快速度完成 400 米

（2）引体向上：以最快速度完成 25 次

（3）俯卧撑：以最快速度完成 50 次

（4）深蹲：以最快速度完成 75 次

（5）弓步行走：以最快速度每条腿完成 50 次

（6）石头提举投掷：以最大力量做 6 分钟

我希望你能明白，用石头训练是没有花哨的练习的，使用杂物训练都是这样。你的首要目的就是变得更加强壮、更加有爆发力，身体素质更好。为了达到这些目的而进行的练习都是很基本的。你需要练习搬运、深蹲、推举、划船以及投掷。

为了看上去很酷而做花哨的练习没有任何好处。坚持基本练习，结果才最重要，永远不要忘记这一点。

第十三章

户外训练——推卡车

户外训练是一种原始而自然的训练方式，它可以让你头脑清醒。

在户外训练的时候，你会忽略那些所谓的举重"规则"，并开始真正聆听你作为一个动物的本能。你不会再歧视一种训练方法而偏爱另外一种训练方法，我把这种人称之为"灵魂举重运动员"。他们把一切都当作训练，并且尊重各种各样的方法，只要这些方法可以使他们的思想、身体和灵魂更强大。

我有过很多经历，那些经历促使我每周至少进行一次户外训练。当然，激励我的第一个事就是阿诺德关于打破训练规则的讨论，以及把一个杠铃和250磅的重量放在他的汽车上的讨论。阿诺德和他的训练伙伴们一起做了50组甚至更多的深蹲，直到他们无法站立，更不用说行走了。他们停止了夜间的烧烤、喝酒、聚会，以及与女朋友约会。

我采访过胡安·卡洛斯·桑塔纳（Juan Carlos Santana），他说在20世纪70年代，他的武术教练让他们沿着沙滩上超过一英里的路线边走边练习扔石头。

瓦西里·阿莱克谢耶夫（Vasily Alexeev）是世界最强壮的男人之一，我看过他的照片也读过关于他的介绍。他曾经为了增强臀部力量而连续几个小时在与齐藤深的水中行走。他会在齐腰深的水中用杠铃做奥林匹克举重，在高次数的抓举训练中把杠铃扔出去。关于运动员打破规则战胜对手的故事很容易引起我的共鸣，它们也应该引起你们的共鸣。成功是有迹可循的。

瓦西里·阿莱克谢耶夫

推卡车

在我听说拉阻力橇之前或者人们发明健身雪橇之前，我记得曾经看过"世界最强壮男士比赛"这个节目，那时我还是一个孩子。当我看到他们把汽车翻过去，用肩带拉着汽车行走，用手推拉小轿车、公共汽车甚至火车的时候，我简直惊呆了！

再说一次，成功是有迹可循的。上小学时，我非常喜欢看《不可思议的浩克》（*The Incredible Hulk*），卢·费里尼奥的身体非常强壮，绿色很快就成了我最喜欢的颜色。

我曾把车开到车库后面或者寻找较空的停车场，然后在周围推卡车。我的双腿、肩膀以及后背都得到了很好的锻炼。倾斜的路面更有助于锻炼这些部位。

推小轿车或卡车时，双臂锁死，腹部紧绷。很多人都会犯的一个错误就是在推小轿车或卡车时弓背或放松腹部。记得绷紧全身每一块肌肉！

户外训练时要用常识来确保安全。确保地面不滑并且没有铺满碎石，鞋底要足够耐磨。

推卡车时，做几个来回，每次多长的距离才最有效果呢？

• 在决定像推卡车这种训练的次数和组数时，我更喜欢关注技巧。如果感到技巧达不到要求或动作要变形了，你就要停止。不要让自己受伤。保留一点体力，这样下次再练习时就会变得更强壮。

• 推卡车的距离为 50 ～ 150 英尺。

• 如果卡车很重，可以两个人一起推，但要保证两个人用力相当，并且都使出了最大力气。

• 你可以在训练的开始和最后推卡车。如果先做这个练习，应该在之前的热身运动中好好活动一下双腿、脚踝、双脚乃至整个身体。

• 我曾经和另外两个人一起推着卡车穿越整个停车场。每隔 5 ～ 10 秒钟，我们会交换位置，之前推车的伙伴会跑到车的前面。这是让大家在完成很多爆发力练习的同时使所有人都融入其中的好方法。

第十四章

户外训练——战绳

一次，我的朋友贾森·布朗（Jason C Brown）从费城（Philadelphia）码头购买了 50 英尺的绳子，他向参加研讨会的所有人发出挑战——一分钟内不停顿甩战绳。

在全部 40 位参加者中只有几个人成功地甩了 30 几秒，更不要提一分钟了。我自己也尝试了战绳训练，并马上感受到了挑战。正如约翰所说，战绳训练对爆发力耐力和速度耐力都有要求，因为要让绳子持续运动，需要很快的速度和很高的强度。

第一种握战绳的方法
（正握）

　　我发现甩绳子可以使肩膀更有力、更灵活。你可以把绳子从一边甩到另一边，也可以向前和向后甩，当然你也可以改变手臂的动作，从不同的角度去刺激肌肉。

　　标准的绳子有 1.5 英寸粗，但是对想要有更大挑战的人而言，可以也应该用 2 英寸粗的绳子。尝试这两种不同的手握战绳的方法，如果 1.5 英寸粗的绳子对你而言不具有挑战性，你也可以把战绳的两端对折来自制一条粗绳。

第二种握战绳的方法
（反握）

甩战绳

战绳猛击

　　手握战绳时，不要直接把绳子往回拉，否则绳子会离开地面，你就感受不到绳子的重量。要把手臂成 90° 放在腰部，此时，这条绳子只有最前面几英尺是离开地面的，其余部分都在地面上，这样就可以增加重量，并给你带来适当的挑战。

　　用不同站姿来完成这个练习：可以采用宽距，在双腿内侧上下摆臂；也可以采取窄距，在双腿外侧上下摆臂；还可以两脚错开，采用弓步的姿势。做几组之后用一个弓步跳来变换放在前面的那条腿。我每次完成弓步跳之后都会甩绳子。你可以在甩绳子的同时进行侧向移动，也可以向前或向后走。尝试所有这些练习，并把它们混合在一起，来判断哪种练习对你最有效。

战绳交替猛击

交替猛击的动作看起来就像是在打鼓。这些绳子不会摆动得像双臂运动得那么高，交替的波浪比手臂的动作幅度更小、更短。这个练习对手臂和肩部来说非常具有挑战性。

战绳旋转

这个练习基于摔跤手在过臀摔中的甩髋动作。很适合通过臀部和躯干来增强力量，对发展运动素质也很有好处。

战绳旋转（续）

　　这个练习要求运动员依次旋转脚踝、臀部和躯干。如果他们是平足或者像机器人一样动作僵硬，那么就需要改进协调性和运动能力。旋转身体并把绳子向上、向远处扔，就好像要移动绳子避开一个障碍物。

战绳画圈

　　这是一个极好的训练，可以保持肩部健康，同时增强肩部的耐力。站好后，用战绳画大圈的同时向前走或向后走。

动态战绳训练

战绳开合跳

把手臂举过头顶增加了开合跳的强度。确保双手握绳在最高点相碰。绳子应该和你的躯干在一条直线上。往前移动一点儿，这样绳子就更加松弛，更容易高于头顶。

注意：正如之前提到的，在使用战绳的时候，我们也可以做横向动作、弓步跳、反向弓步、平板仰卧、单臂俯卧撑等。我鼓励所有人都去尝试各种变式，并且去验证哪种训练效果最好。你可以在自己以及其他人身上尝试各种训练方法，只有这样你才能真正明白哪种训练是有效的，哪种训练是无效的。

户外训练

　　刚开始进行常规性的户外训练的时候，我不得不休息很多次，这样才能从残酷而辛苦的循环训练中恢复过来。

　　我会在下面列举出各种训练方法。对我和我的训练伙伴而言，有一种方法总是很奏效，那就是在汽车后备厢中准备好以下这些训练器械：

- √ **阻力橇或健身雪橇**
- √ **沙袋**
- √ **两个壶铃（一个重量适中，一个较重）**

　　小学的操场是最佳场地。或许你可以幸运地找到可以做引体向上的单杠和双杠，但是遗憾的是，对我而言，这样的操场要么很远，要么没有这么全的设施。

　　我总是想寻找很高的猴架、引体向上单杠和双杠，这些单双杠是所有训练的基石。

　　如果没有壶铃，那么就带上一个或者两个哑铃，也可以带一个轮胎以备拉阻力橇或投掷时使用。

　　没有任何规则，你只需走到户外，在新鲜的空气中努力训练。

初级

训练方案 1

（1）推卡车或小轿车：3×100 英尺

（2A）双杠行走：4 组

（2B）引体向上：4× 次高次数

（2C）壶铃农夫行走：4×100 英尺

训练方案 2

（1）肩扛沙袋：4×100 英尺（走 50 英尺后换边，折返，做 4 个来回）

（2）双杠双手行走：5 个来回（在双杠的尽头做 5 次屈臂撑）

（3）拉阻力橇：5×200 英尺

训练方案 3

（1A）壶铃农夫行走：5×100 英尺

（1B）引体向上：5× 次高次数。

（1C）在长凳上做换脚跳开：每边 5×10 次

（1D）低姿俯卧撑：5×10 次

（2）推卡车：3×100 英尺

中级

训练方案 1

（1A）屈臂撑：5×6 次

（1B）双杠举腿：5×6 次

（1C）在双杠上做上斜划船：5×6 次

（2）越过引体向上的低杠，做沙袋翻举投掷：20 次

（3）拉阻力橇：5×100 英尺

训练方案 2

（1A）野餐桌实力举：4×（15～20）次

（1B）低姿俯卧撑：4×10 次

（2A）泽奇式沙袋深蹲：分别做 10，8，6，4，2 次

（2B）引体向上：分别做 10，8，6，4，2 次

（3A）推卡车：4×100 英尺

（4B）战绳：4×50 次（选择两种练习，每种做 25 次）

训练方案 3

（1）双杠向前向后走：4 个来回

（2A）壶铃弓步行走：每边 3×6 次

（2B）引体向上：3× 次高次数

（2C）跳上桌子：3×10 次

（2D）壶铃农夫行走：3×100 英尺

高级：

训练方案 1

（1）跑 1/4 英里，之后做 5 个回合下面的训练：

（2A）双杠行走＋ 10 个屈臂撑

（2B）俯卧撑：分别做 10、8、6、4、2 次

（2C）跑 200 米

（2D）上斜划船：分别做 10、8、6、4、2 次

（2E）深蹲跳：分别做 10、8、6、4、2 次

（2F）弓步跳：分别做 10、8、6、4、2 次

训练方案 2

（1）沙袋搬运：1/4 英里（在整个扛沙袋的过程中分别把沙袋放在背上、肩上或者是泽奇式和混合姿势）

（2）拉阻力橇冲刺：10×100 英尺（把阻力橇连在配重带上）

（3）正反手引体向上：以最快速度完成 50 次（每组都换一下握姿）

（4）弓步行走：每条腿 60 次

（5）肩扛沙袋：以最快速度完成 15 次

训练方案 3

（1A）泽奇式沙袋搬运：5×100 英尺

（1B）推卡车：5×100 英尺

（2A）屈臂撑：分别做 20，15，10，5 次

（2B）上斜划船：分别做 20，15，10，5 次

（3A）泽奇式沙袋深蹲：4×6 次

（3B）把沙袋放在背上做弓步行走：每条腿 4×6 次

第十五章

轮胎训练

　　我第一次做轮胎翻转训练是在我附近的轮胎场里。那时，当我的伙伴和我去轮胎场时，我们根本不了解如何正确地翻转轮胎。

　　那会儿还没有 YouTube，并且我也从未在互联网上看到过一篇谈论轮胎翻转的文章。当时，"功能性训练"是一种热潮，而"功能性训练"在那时的定义是站在平衡板上、使用健身球等进行练习。

　　我们让正在操作起落式装卸车的两个工人推下一个他们认为重量合适的轮胎。那个轮胎大概重 400 磅，我试图翻转那个轮胎时差点崩溃，我朋友的表现更糟糕，让人尴尬的是，那两个装卸工人一边吸烟一边看着我们，我们的窘态成了他们的娱乐。

　　我不情愿地让他们为我们推下一个轻一些的轮胎，他们照做了。在我们努力尝试并成功完成了几次轮胎翻转之后，那两个工人熄灭了香烟，很轻松地完成了几次轮胎翻转。重点是很轻松。

　　我的朋友和我都感到很尴尬。我看着我的朋友，告诉他，如果这两个刚抽完烟的家伙都能轻松翻转这些大轮胎，那么我们的训练方式一定是错误的。

　　我意识到在谈到"功能性训练"时，我们搞错了重点。功能性训练与躺在一个健身球上或者单脚站立做 20 磅的哑铃弯举没有任何关系。

　　这件事给我敲响了警钟，我明白了"秀"肌肉和"用"肌肉的真正区别。我想真正地"用"肌肉而不只是"秀"肌肉，我不想再受伤了。我想真正做到比别人更加强壮，而不仅仅是看上去更强壮。

　　第一次翻转轮胎的三四天后，我的肱二头肌和前臂酸痛至极，这表明我们之前的方法不对。正如我在后面将要提到的那样，翻转轮胎时我的肱二头肌没有弯曲，而且我的肱二头肌也不够强壮。

　　我被托尼（Tony）及其他在轮胎

新泽西州爱迪生市最初的地下力量健身房的仓库中的一些健身器械

场里工作的男人击败了，托尼的前臂和双手看起来像武器一样，如果朝我挥一拳足以敲掉我的脑袋。我听说可以把手臂塑造成强大的"武器"，如果在年轻时训练握力就更容易做到这一点。

托尼从 14 岁开始就在轮胎场里工作了，他那年 28 岁。在年复一年的抓轮胎、举轮胎和四处投掷轮胎之后，他的双手和整个身体已经被变了致命的武器，不管他吸了多少香烟都是如此。

"强壮"有各种各样的表现，一些人在自重训练方面很强，另外一些人在举重方面很强，还有一些人在装卸轮胎、搬运渣煤砖方面很强，等等。

你的目标是变得更强，就是这样。要找到一种合适自己的训练方法。本书可能概述了很多种训练器械和训练方法，但是，归根结底，你想变得强壮的欲望才能引导你取得最终成果。

现在，让我们继续探索，看看如何进行轮胎训练！

在这些轮胎翻转的照片中，你可以看到我们的运动员挑战 450 磅、600 磅的轮胎。作为一名力量教练，我要强调这个练习是有风险的。为了翻转轮胎，你必须符合如下条件：

- 身体的每个部位都很强壮。
- 头脑清楚并且准备好竭尽全力。当你翻转一个很重的轮胎并与之斗争的时候，要有如临大敌的感觉。接近轮胎时，不能有丝毫犹豫。准备好占据主动位置并攻击那个轮胎，就是这样。
- 如果你是一名教练，不要让十几岁的孩子或身体虚弱的人翻转轮胎，哪怕是较小的轮胎也不可以。轮胎训练适合身体强壮的人，不适合新手，当然更加不适合青少年或虚弱的人。

翻转轮胎

翻转 450 磅的轮胎

翻转 600 磅的轮胎

那些能够使你在轮胎翻转中变得强壮的重要举重动作如下：

✓ **硬拉**

✓ **引体向上**

✓ **深蹲**

✓ **力量翻**

✓ **提举（壶铃、杠铃、哑铃）**

当我看见青少年或虚弱的人们用不安全、不正确的技巧——弓背、用肱二头肌的力量做轮胎弯举的时候，我就知道他们离受伤不远了。

你想要翻转很重的轮胎吗？这要从变得强壮并且专注地做上述五种练习开始。

下面，让我们把要点分解开来，来帮助你既安全又高效地进行轮胎翻转训练。

• 从 1 ~ 2 英尺远的地方接近轮胎。当你深蹲并把自己的胸部贴近轮胎时，你的身体要向前倾斜一定的角度。

• 不要像做硬拉那样直立地去接近轮胎，否则一旦你的腿伸直，你的身体就会与翻起的轮胎卡在一起。

• 你所采用的姿势取决于你觉得身体的哪个部位更强壮。你可以采用较窄的站距和较宽的握距，也可以采用较宽的站距和较窄的握距。

• 你的臀部应该比胸部低。

• 深呼吸并保持全身紧绷，特别是腹部和背部。

• 用双腿乃至整个身体狠狠发力。

• 一旦轮胎翻起的高度超过大腿中部，抬起一个膝盖，将轮胎助推到锁骨的位置（上胸部）。快速将手部动作由之前的"搬"转换为"推"，双手始终要放在轮胎的边缘。

错误！永远不要弓背

● 一个很大的错误就是用轮胎练摔跤并把手放在轮胎顶部。你要用尽所有力气爆发性推轮胎边缘。

● 假装轮胎是一群愤怒的人，而你必须穿过他们。

需要避免的常见错误：

● 背部拱起。

● 使用肱二头肌做轮胎弯举，而不是靠腿部带动和膝盖硬顶将轮胎翻过去。

● 让轮胎在手中停留的时间过长。

● 不要用力量翻的方式把轮胎快速抬起到锁骨的高度，这会造成动作停滞，使轮胎卡在大腿处。

● 选择的轮胎过重，超出你的能力。

我更喜欢用低组数，像做硬拉那样进行轮胎翻转训练。练习轮胎翻转时，一共做 10 次就足够了，选择一个轮胎并努力训练吧！

双人轮胎训练

轮胎大战

有很多种练习轮胎大战的方法，但是我最喜欢两种轮胎大战的变式，一个是弹震式推轮胎大战，另外一个是静力轮胎大战。

弹震式推轮胎大战：找一个和你体型以及力量都差不多的训练伙伴。两个人爆发性来回推轮胎。这与弹震式俯卧撑类似，因为你在爆发性地推轮胎时会把手松开。这个练习可以很好地锻炼你的推力肌肉群以及腹部肌肉。

保持腹部和背部紧绷，每次托起轮胎的时候，都要努力保持稳定，并确保不会被轮胎推回来。我喜欢每次变换前面的那条腿，并且我鼓励你也这么做。这有助于提高协调性和运动能力。

选择一个和你的体型和力量水平接近的训练伙伴能更好地完成弹震式推轮胎大战，可以每个人做 10 ～ 20 次，也可以每次做 10 ～ 20 秒。

静力轮胎大战——不要来回推轮胎，你和你的训练伙伴都用手推住轮胎，开始时用双腿和上半身发力。不要和比你虚弱的人结对训练，你会把对手推倒，使他受伤。

这模拟了你在体育运动和各种格斗中所需的静态力量。你可以持续练习 10 ～ 20 秒，但是如果你是高水平运动员，并且可以保持运动强度以及高水平的动作技巧，也可以练习更长时间。

轮胎摔跤

　　这是一种残酷的握力训练，可以很好地增强单侧身体的力量。用一只手抓住轮胎并且用力往回拉。练习时要计时以确保身体两侧练习相同的时间。这个练习可以教会运动员如何为了赢得胜利而战斗：要主动出击，同时要为了赢得对手而变得更强。

拖拽轮胎大战

　　拖拽轮胎大战与向后拖拽阻力橇类似。你的股四头肌和后背将得到集中的训练，和双人轮胎大战一样，这个练习也可以磨炼你的意志。

轮胎爆发力练习

双臂后掷轮胎

　　投掷轮胎变式的多少取决于你的想象力，但是，就像其他练习一样，基本的总是最好的。你既可以使用单臂，也可以使用双臂，但是请记住，做单臂投掷的时候，要确保两只手臂做相同的次数。

双臂侧向掷轮胎

单臂后掷轮胎

　　你可以在投掷轮胎、跑向并捡起轮胎以及按既定时间或既定次数投掷轮胎中增加一种体能训练元素。即使增加了体能训练元素，也不能降低投掷训练的强度，相反，还要保持较高的训练强度。训练的目的是增强力量耐力、心肺耐力以及磨炼意志。

单臂侧掷轮胎

跳轮胎

　　没有用于跳跃的箱子？没问题，那就用现有的东西练习吧。初学者可以跳上轮胎，然后双脚一先一后下到地面。每次下来都变换先落地的脚，这样有利于训练平衡性。直接跳下轮胎容易导致动作变形和受伤。

　　跳轮胎的技巧：

- 开始跳跃时，距离轮胎 1 ～ 2 英尺远。身体挺直，手臂举过头顶。
- 手臂快速向下摆至身后，同时臀部向后做半深蹲。快速向上摆臂跳到轮胎上。
- 着地时膝盖微微弯曲，臀部向后。跳上轮胎，站直，然后下到地面。重复多次。

跳跃时应该避免的常见错误：

- 跳跃前臀部没有向后或者没有紧绷。
- 胸部压得过低，与地面平行或几乎与地面平行。这在那些不知道应该在跳跃之前收紧后链肌肉的运动员身上很常见。
- 下轮胎时膝盖内扣。
- 直接从轮胎上跳下来（这个动作适合高水平运动员，最好不要在超过 24 英寸的轮胎或者箱子上进行）。

跳大轮胎

之前讲过的跳跃技巧也适用于跳大轮胎。你可以用我们称之为助跑跳跃的方式开始跳大轮胎。

接近式跳跃是指走到轮胎处跳跃，这与你在篮球场上做上篮动作类似。臀部向后，做半深蹲，向上跳跃的时候双臂迅速向上摆。

跳大轮胎的常见错误与之前列出的一样：

- 有些人尝试跳上很高的轮胎和箱子来满足自己的虚荣心，其实他们并没有准备好，或者说没有足够的爆发力去完成动作。他们只是稍微跳离地面再把膝盖抬得特别高。
- 跳上很高的轮胎和箱子有助于增强髋部的灵活性，但这并不是真正的跳跃。跳跃动作如果正确，身体腾空的高度会增加。
- 如果臀部着地，那就说明箱子或轮胎对你而言太高了。
- 科学训练，跳跃到合适的高度来保证技巧正确以及足够安全。

如果你不能跳得足够高，那么就应该变得更加强壮、更加有爆发力，还要学会如何正确绷紧臀部。

轮胎装卸

这是个大任务，请以团队为单位进行训练。你们需要相互配合把一个大轮胎放在另一个上面。团队协作会使这个任务简单很多。

本书中有很多动作和练习可以帮助你增强爆发力和垂直跳跃的能力。其中我最喜欢的是：

√ 深蹲　　　　　√ 推卡车

√ 箱式深蹲　　　√ 负重弓步

√ 硬拉　　　　　√ 壶铃挥摆

√ 向前拉阻力橇　√ 引体向上

√ 台阶冲刺跑

是的，我提到了引体向上，当你有一个足够强壮的上半身时，特别是拥有强壮的背阔肌时，你整体的速度和跳跃能力都会增强。跳跃的时候上半身和下半身是一起发力的。跳跃是一个全身练习！

跳跃是很简单的练习，以至于很多人忘记了它的重要性。我每周都会做 3 次跳跃练习，每次做 10 ~ 20 个。那些跳得更高、力量更大、着地更轻柔的运动员会用各种各样的方法来增强他们的跳跃能力，我们有跳跃用的木箱和泡沫箱，这比跳轮胎增加了更多的变化，但是，简单地增加训练中爆发性的跳跃项目，也可以增强你的运动能力和爆发力。

下面是我们用过的一些跳箱子的变式：

- 坐姿跳箱子：从坐姿开始跳跃。
- 手持哑铃跳跃：从 15 磅开始，慢慢地增加重量。
- 双脚起跳，单脚落地：每只脚完成相同的次数。
- 旋转跳跃：面向箱子起跳，在空中向右或向左旋转后着地。也可以面向右边或者左边起跳，在空中向前转体，直立地着地。我会要求那些跳跃技巧熟练、身体控制性更强的运动员把这个动作倒过来做。
- 跪姿跳跃：跪在地上，小腿前侧与脚趾接触地面，双臂与躯干爆发性弹起，顺势跳到箱子上。

如果你是一名高级举重运动员，可以尝试在做完 2 ～ 3 次举重练习之后进行跳跃练习。举重后你会精疲力竭，此时进行跳跃练习可以调用更多的肌肉纤维。你可以尝试所有这些方法，看看哪种对你最有效。

第十六章

酒桶训练

我不记得那是 1999 年还是 2000 年了，那时，我是一名教师，由于暑假没有收入，我就找了一份在酒吧当酒保的工作。

那个酒吧的装修既过时又老旧。酒桶在地下室里，走出酒吧并走下一段破旧的水泥楼梯才能到地下室。当时，老板安排我去调酒，几乎所有的业务都需要自学。如果酒吧间没酒了，我必须走下水泥楼梯将酒桶提上来。

第一次提酒桶的时候我就知道这将是一件困难的事情。装满酒的桶大约有 150 磅，然而当我提起它的时候我感觉它有 250 磅。

酒在桶里晃来晃去，我的身体也因此左右摇晃。我拖着桶一步只能上一级台阶，我把半只脚踩在破旧的台阶上，使劲提起酒桶，最终走出了地下室。

当我把酒桶提进酒吧时，一位常客对我说："让我们来帮你吧，下次你可以叫上我们当中的一个人一起去地下室，你也可以用手推车将酒桶运上来。"

当时我并不想麻烦别人，因此婉言谢绝了他的好意。倒霉的是，有时候我刚把一个酒桶提上来，另一个酒桶又空了。

那天下班的时候，我的肱二头肌和前臂由于提酒桶太用力而感到阵痛，不过，事情并没有结束。

最大的挑战来自冬天，下雨时，顺着楼梯往下流的雨水会结冰。你必须把两块木板放在台阶上，沿着木板向上推酒桶。同时，还得有人在你身后照看着，确保你不会滑下去或者被酒桶砸到。

这次经历让我终生难忘。

怎样用酒桶进行训练

用酒桶进行训练时，首先要给酒桶内减压。将酒桶倒置，用另一个酒桶的盖或者一个扁平头螺丝刀来给酒桶内减压。不要将脸靠近酒桶底部。

减压后，移走酒桶内的垫圈，拔出漏斗，将酒桶冲洗干净，再灌入你想要的重物。我用过水、沙子和铁屑，其中最好用的是沙子。不要将沙子与水混灌，不然沙子会变硬，晃动酒桶的时候会发出撞击声。干沙运动起来更灵活。

你也可以将整个漏斗移出，并请一个焊接工将桶盖焊接起来。我很幸运，在我训练的健身房附近有一家五金店，他们可以给桶焊接上不锈钢盖。我建议焊接两三个酒桶，这样你就可以选择使用了。

如果你打算用酒桶来练习投掷，那么你就需要更轻的酒桶，需要考虑以上所有因素。用酒桶训练的时候需要注意基础动作。由于桶内的沙子或水会运动，因此需要更加注意。关键是举起酒桶的时候要保持全身紧绷，并且不要让酒桶带动你左右乱晃。

举酒桶

酒桶提举（偏重握法）

• 偏重握法是指一只手握住酒桶的顶部低点，另外一只手握住酒桶的底部高点。进行翻举和提举练习的时候，这种握法更容易控制酒桶。

• 如果使用了偏重握法，双手得适时交换位置，保证左右两边完成相同的次数。

• 将酒桶向上硬拉时两腿分得开一些，以便把桶提升到髋部的位置。

• 从这步开始，臀部向后"坐"，将酒桶向上提至胸前，或者将酒桶直接从地面提至胸前。翻举酒桶的方式取决于你的力量、偏好以及酒桶的重量。

• 将酒桶举过头顶之前，深吸一口气，绷紧腹部、双腿、臀部以及整个身体。

• 将酒桶举过头顶，在最高点用头轻轻地向上顶一下酒桶。

• 双臂锁死，维持数两个数的时间，有控制地将酒桶放下——先到胸部，然后到臀部，最后到地面。

• 变换双手的位置，重复动作，直到完成既定次数。

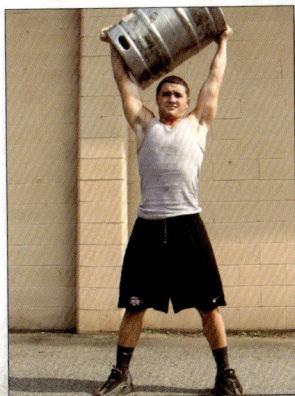

酒桶提举（常规握法）

- 常规握法需要更好的控制力与稳定性。
- 翻举时，将酒桶举到锁骨处（胸前），你得非常谨慎，因为酒桶的惯性可能会让你向后仰，还有可能碰伤你的下巴。
- 为了安全你需要把下巴抬高。
- 肘部向前、向上转动来使酒桶保持稳定，就像在用杠铃做前深蹲或翻举时把杠铃放在锁骨处那样。
- 像所有过头举一样，全身紧绷，保持稳定，将酒桶推举过头顶，手臂锁死。

酒桶蝰蛇推举

　　如下图所示，你会明白如何把桶向上滚动。因为我们是利用臀部的力量把桶向上滚动的，所以称为蝰蛇推举。这个动作也可以和力士训练把练习一起做。它可以教会你积极地使用臀部力量去举起并翻举重物。

深蹲

酒桶熊抱深蹲

　　深蹲，将酒桶前倾。用手臂紧紧环抱住酒桶，用力挤压。将酒桶硬拉至最高点，收缩臀部肌肉站直。按相反顺序再做一次这个动作将酒桶放回地面。重复既定次数或者将酒桶搬走！

酒桶搬运

酒桶熊抱搬运

运用酒桶熊抱深蹲的技巧将酒桶抱起来并搬运一段距离，搬运路线可以是直线也可以是围绕障碍物的之字线。对所有搬运杂物的训练而言，改变搬运的路线或者地面情况通常是改变训练的方式。

柔软的地面可以使你安全地放下酒桶，但如果是水泥地面，你在放下酒桶时就要非常小心。

酒桶提拉搬运

- 这是一个我喜爱的练习。酒桶提拉搬运非常简单，但也很有挑战性，对增强全身的力量非常有效。这是我在酒吧里学到的搬运经验。

- 使用双手偏重握法或常规握法，把酒桶用力向上拉起，肘部往后拉，使酒桶保持在髋部的高度，手臂不要下垂。

- 你的肱二头肌、背部、腿部以及前臂都会得到锻炼。

酒桶投掷

酒桶投掷

- 这是另一个我喜爱的练习，要用较轻的酒桶进行训练。
- 用常规握法来完成一次翻举。
- 快速向前迈一步，用尽全力将酒桶扔到最远处。
- 如果你有训练伙伴，你们可以面对面站着互相投掷，完成既定次数或达到既定练习时间。
- 如果你独自训练，你可以跑着或走着去拿扔出去的酒桶，重复这个练习。
- 这个练习只能在草地或沙地上进行，要保证四周没有人，以确保安全。

我们将这个练习作为训练的结束项目。每个人做 20 ~ 30 次，或者在 5 ~ 10 分钟内完成最高次数。当然，这只是一些建议，你可以制订自己的计划。

这些用酒桶进行的训练很简单，其中一些训练没有用照片记录下来。你可以用沙袋训练的方法进行酒桶训练。

尝试用沙袋训练中的技巧去完成下面的酒桶训练吧，你的训练感受会稍有不同：

- ✓ 肩扛
- ✓ 肩扛和肩扛搬运
- ✓ 泽奇式深蹲
- ✓ 熊抱深蹲
- ✓ 泽奇式硬拉
- ✓ 肩扛深蹲
- ✓ 肩扛弓步
- ✓ 混合搬运

通常情况下，人们在搬运酒桶时都希望有更多的变化。我一直坚持做的三个练习是用臀部力量搬运、提举和投掷（翻举、推举和投掷）。

我尝试在训练的不同阶段完成这些练习，这增加了训练的变化，也使训练更具有挑战性。试着进行下面的训练吧，不要害怕使用自创的酒桶训练项目。因为酒桶训练变化较少，所以你可以将自由重量、轮胎训练、沙袋训练以及自重训练与酒桶训练相结合。

酒桶和轮胎训练计划

初级

训练方案 1

(1) 后掷轮胎：10 次

(2) 酒桶提拉搬运：5×100 英尺

(2A) 负重俯卧撑：4×（8～12）次

(2B) 哑铃农夫行走：4×100 英尺

(3) 拉阻力橇：4×150 英尺

训练方案 2

(1) 跳轮胎：10 次

(2) 酒桶之字提拉搬运：4×100 英尺

(3) 单臂哑铃过头举：5×3 次

(4) 引体向上：3× 次高次数（最高次数的 90%）

(5) 哑铃弓步行走：每边 4×8 次

(6) 以最快速度跑 1/2 英里

训练方案 3

(1) 混合酒桶搬运：3 个酒桶 ×3 个来回（搬运酒桶 100 英尺，往回跑并拿下一个酒桶，重复搬运）

(2) 轮胎翻转：5×2 次

(3A) 上斜划船：4× 次高次数（最高次数的 90%）

(3B) 哑铃反向弓步：4×6 次

(4A) 哑铃锤式弯举：3×8 次

(4B) 低姿俯卧撑：3× 最高次数

注意：如果你有训练伙伴或者你正在训练一个团队，那么在训练开始之前或者即将结束之时增加一些双人轮胎大战会有不错的效果。把轮胎大战融入你的训练中吧。

跳轮胎和投掷轮胎这样的练习要放在每个训练计划的第一步或第二步，总次数控制在 10～20 次，你要专注于技巧和爆发力的训练。虽然下面的训练计划没有列出这些内容，但你仍然有必要把它们加入训练中。

中级

训练方案 1

(1) 跳轮胎：12 次

(2) 双手偏置酒桶提举：5×6 次（三次之后换手）

(3) 酒桶熊抱搬运：2×100 英尺

(4) 酒桶提拉搬运：2×100 英尺

(5) 以最快速度跑 1/2 英里

(6) 以最快速度做 50 个俯卧撑

训练方案 2

(1) 跳轮胎：10 次

(2) 单臂侧向投掷：每边 5 次

(3) 以最快速度完成 50 次双手偏置酒桶推举（每次都变换在上面的手）

(4) 轮胎翻转：5×3 次

(5A) 弓步跳：每边 4×5 次

(5B) 上斜划船：4× 次高次数（最高次数的 90%）

(6) 拉阻力橇：6 分钟（用最大力量）

训练方案 3

(1A) 酒桶提拉搬运：4×50 英尺

(1B) 酒桶提举：4×3 次

(1C) 酒桶提拉搬运：4×50 英尺

(1D) 酒桶提举：4×3 次

* 以上就是我称之为"装卸健身"的训练。搬运一个重物，之后完成一项练习，之后再搬运更多的重物，等等。以上就是在中途做提举的 4 个回合搬运训练。

(2A) 负重俯卧撑：分别做 12，10，8，6，4，2 次

(2B) 上斜划船：分别做 12，10，8，6，4，2 次

(3) 拉阻力橇 3×150 英尺或轮胎翻转 5×2 次

(3A) 上斜划船：4× 次高次数（最高次数的 90%）

(3B) 哑铃反向弓步：4×6 次

(4A) 哑铃锤式弯举：3×8 次

(4B) 低姿俯卧撑：3× 最高次数

高级

训练方案 1

（1）各种轮胎投掷：20 次

（2）后深蹲：5×5 次

（3）卧推：5×5 次

（4）酒桶提拉搬运：以最快速度完成 400 米

训练方案 2

（1）各种轮胎投掷：15 次

（2）轮胎翻转：分别做 5，4，3，2，1 次

（3）肩扛酒桶：5×2 次

（4）泽奇式沙袋深蹲：4×10 次

（4A）上斜划船：4× 最高次数

（4B）俯卧撑：4× 次高次数（最高次数的 90%，完成一组后换一种变式）

训练方案 3

（1）跳轮胎：20 次

（2）硬拉：5×2 次

（3）肩扛酒桶：每边 15 次（以最快速度完成）

（3A）倒立撑：4× 次高次数（最高次数的 90%）

（3B）负重引体向上：4×（3～6）次

（4A）哑铃农夫行走：4×100 英尺

（4B）拉阻力橇：4×200 英尺

第十七章

自由重量训练

自由重量训练是一个扎实训练计划的主要内容。我经常说："你可以把自己锁在车库或地下室，只要有一个杠铃，你就能变强壮。"

我一直崇尚自由重量训练。我在硬派健身房长大，经常看到有人用杠铃——那种两端"垛"满了45磅的杠铃片、杠铃杆已经被压弯的杠铃——做大重量的深蹲、硬拉、卧推、俯身划船和弯举。

那些经常进行自由重量训练的人通常是最强壮的。正如我之前提到的那样，我去过的第一个健身房是新泽西州梅塔钦市（Metuchen）的基督教青年会，那里有一个家伙给我留下了深刻的印象。

尽管第一次见到他时我还只是一个14岁的中学生，但我始终记得"那个家伙"。他叫乔治（George），身材魁梧。当时，摔跤比赛已经结束了，经历了整个赛季的高强度训练，我决定开始进行肌肉恢复训练。于是，我成了基督教青年会的一员，仿效阿诺德的训练计划，我每周骑车去那里训练6天。

不管你是否相信，1990年梅塔钦市的基督教青年会就像黄金时代那些健美高手常去训练的基督教青年会一样好。20世纪70年代和80年代，基督教青年会因地牢式的健身房而闻名，那里涌现出一大批健美和举重高手，然而今天却截然不同了。

除了乔治以外，基督教青年会的每名会员都会按照惯例练习举重。乔治从来不墨守成规，他只做对自己有益的事情，与其羡慕他有多么强壮、多么魁梧，我们应该更关注他本人。

现在回头去看，我发现乔治非常明白自

己身体的需求，他知道怎样训练才能让自己的身体更强壮。他采用"老派"的训练方法——总是做基本的自由重量和自重练习。

他的斜方肌把汗衫撑得很紧，脖子紧贴衣领，胸部和肩膀在 T 恤衫下面像石头一样突出，粗壮的胳膊快要把 T 恤衫的袖子撑坏了。

没有一个人像他那么强壮、那么魁梧，我想变得跟他一样强壮。他做练习时使用的重量比所有人都大。如果做肱三头肌下压，他就会使用杠铃架上的全部重量，并额外追加 45 磅的杠铃片。他做屈臂撑和引体向上时总是绑着负重带。做卧推和硬拉时，他几乎只用 45 磅和 25 磅的杠铃片。如果其他人卧推的重量是 135 ~ 225 磅，那么乔治的就是 315 磅，他不止完成了一组动作，而是至少完成了 30 分钟的多组训练。

当时，我认为乔治那么强壮是因为他从健美杂志里得到了变强壮的秘诀，现在我知道真相是他始终坚持基本的训练。他举起大重量，努力、坚持不懈地训练，并补充大量高质量的食物。如果真有变强壮的秘诀，那就是用心训练、保持激情、勇于献身。不过，这也是绝大多数人缺乏的特质。你是会成为绝大多数人还是与他们不一样？

每次训练，乔治都会做两三种练习，他按照时间与自己的直觉来训练，每种练习他都做 30 ~ 45 分钟，一般来说，他做完一组运动之后会休息一分钟。

我永远不会忘记，有一天，当我到达健身房的时候，强壮的乔治早已在那里训练了。当我完成美男子式的训练打算骑自行车回家的时候，乔治还在那里举大重量的杠铃，他的训练还没有结束。

我在心里对自己的训练提出了质疑："为什么乔治还没有训练完？他不是在我之前就开始训练了吗？"

我决定留下进行更多训练。我试图延长训练时间，但是仍远远赶不上强壮的乔治。

乔治仍在继续进行卧推，他的握距只有肩膀那么宽，他快速而有爆发力地移动着杠铃。他使杠铃快速下落，将杠铃爆发性地推到胸部上方。虽然杂志都强调要缓慢地移动杠铃，避免关节锁死，但强壮的乔治在每一套动作中都将他的双臂锁死。杠铃隆隆作响，无论是向上还是向下都沿着一条直线运动。乔治的身体从不左右乱晃，他就是杠铃的主人。其他人的身体都稍有倾斜并随着杠铃左右摆动，强壮的乔治则不会。

乔治完成了杠铃训练之后就抓起负重带并捆住一些 25 磅的杠铃片。他或许可以承受更重的重量，但看起来他仅仅是顺手抓来了近处所有 25 磅的负重。他的策略看起来是这样的：如果我看到了这个重量的杠铃片，那么我就用这个重量的杠铃片做屈臂撑。

我看着乔治一组又一组地做着全动作幅度的屈臂撑，速度很快、力度很大、每次在高点停留的时间足够长。他会锁死双臂而不是听信杂志上的持续紧张法则，这同样使我感到震惊。

乔治对我的影响从未停止。

十年前的今天，我遇到了强壮的乔治，他对我产生了至关重要的影响。20 世纪 90 年代中期的健美运动员对我不再有那么大的影响，我不再羡慕他们的身材，对他们为了获得那种身材而付出的努力也不那么敬佩了。虽然我知道每个人都有自己的健身方式，但这不是我想走的路。

我开始回忆从前，并且花更多的时间向 20 世纪 50 ～ 70 年代这些黄金时代的健美运动员们学习。他们的身材吸引了我，他们的身体是如此强壮。他们的肌肉不是中看不中用的，他们是真正强壮的运动员。

而现在体重在 250 磅以上的健身者们举起的重量通常不超过 250 磅，我一点儿也不敬佩他们。当然，也有一些健美运动员进行超负荷训练，但也只是他们中的少数人。

如果你再看看 20 世纪 50 ～ 70 年代的健美运动员们，就会了解从强壮到拥有大块肌肉的过程。他们中的许多人都在进行混合的力量举、塑形和奥林匹克举重训练。对他们而言，即便体重在 200 磅以下，卧推 315 磅也是正常的。这些健美运动员的身体非常强壮，而这就是我想要的样子。

我开始听从自己的身体需要，借鉴旧书与旧杂志里的健身方式，而不是教条地遵守健身规则。渐渐地，我的肌肉比以前增得更快了，而且我变得特别有直觉并且找到了最适合自己的训练方式。

最终我还是花了一些时间向乔治学习。虽然他极少说话，但是他的实际行动与体格给我留下了深刻印象。直到今天，当在我做负重屈臂撑训练或者做由 2 ～ 3 种练习组成的训练时，我就会想到乔治，想到他是多么强大！

那个时候，为什么没有一个人听从乔治的建议或者尝试向他学习呢？他远远超过我们所有人，我们叫他"怪物"或者"野兽"。总有人在他背后说他的坏话，说他使用类固醇——这是懒汉们在遇到一个强壮有力的举重运动员之后的常用指责。

很遗憾，如今，人们仍然意识不到想要变强壮需要非常努力这么一个基本的事实。如果你在训练的时候没有竭尽全力，就不会取得进步。基督教青年会的抱怨者们还是那么虚弱、那么骨瘦如柴，因为他们待在自己的舒适区中，并且拒绝相信努力练习基本动作是增长肌肉最主要的因素。

不要忽视一个事实，那就是努力练习基本功总会产生效果。

杠铃练习

在讲解练习和介绍技巧前，我必须强调一件事，如果你的动作还不够完美，就不要增加重量。

我见过人们的各种错误动作，比如深蹲时弓背，膝盖内扣；卧推时扭头，使杠铃杆在胸部弹起，甚至都没有碰到胸部。

如果你无法控制杠铃，那就说明举的重量太大，你必须注意两点：

（1）用较轻的重量和较小的强度去学习动作技巧。多做几组，每组少重复几次。不要做到精疲力竭时才停止，要确保动作是完美的。

（2）要变得更加强壮。如果你无法完成深蹲、悬垂翻举、力量翻、硬拉、卧推等，那么就需要通过基本训练使自己变得更加强壮，通过简单的自重训练、拉阻力橇、农夫行走、腹部练习等来增强力量。人们经常因为太虚弱而无法为举杠铃做好准备，努力改变吧。

深蹲

深蹲在所有举重练习中最重要。当你把一根很重的杠铃杆放在背部，全身心地投入训练，想要通过深蹲来变得更强壮的时候，你的身体会发生一种神奇的变化。

你也可以改变站姿在箱子上做深蹲，但是"老派"的深蹲是最棒的。教运动员深蹲以及教他们把臀部向后推、蹲到合适的深度、膝盖向外打开、有爆发力等动作要领时，箱式深蹲是很好的选择。

深蹲时要保持脚踝的灵活性和躯干的稳定性，同时要有强壮的后背并且集中注意力。我强烈建议从一开始就学好深蹲，训练时不要养成使用过大重量或者进度过快的习惯。

- 双手左右均衡地抓住杠铃杆。
- 双脚分开站在杠铃杆中央位置的下方，把杠铃杆放在后背的中间。如果太高你的上半身就会被压下来，如果太低你就会感觉杠铃杆要从后背滑下去。
- 绷紧整个后背，双手紧紧抓住杠铃杆，就好像你想要把它捏碎一样。你的后背应该保持极度紧绷的状态，后背松懈就意味着深蹲失败。
- 做深蹲的时候，身体各部分都应该是紧绷的。
- 做一次深呼吸，在将杠铃平稳地从深蹲架上取下时屏住呼吸，双脚后退一步，准备深蹲。
- 再做一次深呼吸，并在每次下蹲和起身的全过程中屏住呼吸。
- 每次到达动作的最高点时，再做一次深呼吸，然后屏住呼吸，身体下蹲，重复既定次数。

- 你的双脚必须牢牢抓地并产生扭力。如何做到这点呢？开泡菜罐时你的双手是向外扭转的。想象你站在泡菜罐子上面，想要打开这个泡菜罐子。这种扭力将会激活你的整个下半身，从髋部、臀部一直到双脚。

- 你要学会在做深蹲的时候调动整个身体。不论你使用哪种深蹲变式，在动作过程中要创造扭力、绷紧身体、屏住呼吸以保持躯干的稳定性。

- 如果深蹲到大腿与地面平行的高度有困难，那么你需要增强脚踝的灵活性，同时，还要把重量减轻一些以便把注意力放在技巧上。

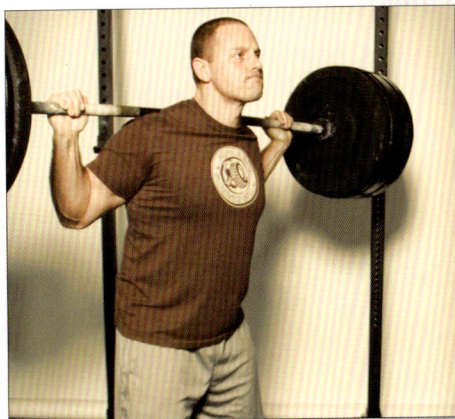

暂停式深蹲

这对你练习比大腿位置更低的深蹲以及保持躯干挺直很有帮助。深蹲时，胸部应该始终保持挺直。你可以在深蹲到较低位置时呼气，以便再往下蹲一点儿。保持最低的姿势 3 秒钟，然后爆发性弹起。

这些方法不仅可以增加深蹲的深度，也有助于在困难时打开局面。

泽奇式深蹲

从我开始学习泽奇式深蹲的第一天开始，它就成了我最喜欢的一种深蹲变式，当我以泽奇式深蹲的姿势架着石头和树干的时候，我能感受到后背的力量。我的腹部和背部从来没有过那么强烈的感觉！

在下图中，我用泽奇式深蹲的方法架着杠铃，我更喜欢使用粗的杠铃杆或者粗的之字形杠铃杆，粗一些的杠铃杆会更加适合弯曲的肘部。

就像其他深蹲一样，挺胸，膝盖向外打开，臀部向后。当杠铃杆变得越来越重时，可以把双手稍微放低一点儿，不过双手仍要保持在一定高度，这样杠铃就不会在深蹲到最低点时碰到股四头肌。

推举

地面推举

地面推举会迫使你有控制地放低杠铃杆。如果向下的动作太快，或者试图从地面上将杠铃反弹起来，你就会受伤。放下杠铃杆，并且模仿与卧推练习相同的技巧：

- 肩胛骨应该紧贴地面。
- 肘部内收，背部挺直。
- 中等握距。
- 双腿可以伸直或弯曲，关键是让臀部和背部紧贴地面。
- 为了保护肩部，可以放一个垫子在地板上，这样肩膀就能够灵活地运动，而不会碰到坚硬的地板。

把杠铃杆放下来至胸骨处，用肱三头肌轻触地板，然后把杠铃杆猛推出去并在动作的顶点锁死。

硬拉

硬拉

　　双脚的距离略小于肩宽，小腿胫骨贴近杠铃杆。一只手正握、一只手反握地抓起杠铃，紧贴小腿。站姿和握距确定后，臀部向下，绷紧腘绳肌。双臂不要放松，后背挺直。通过腿部和背部的力量把杠铃拉起，不要只使用下背部的力量。在硬拉过程中尽量挺胸，同时稍微向下看，绷紧下巴（不要向前伸）。

错误的硬拉

如果杠铃太重，你的胸部还没挺起来，你的臀部就已经撅起来了，这会导致下背部拱起，说明你应该丢掉这个杠铃，去尝试较轻的杠铃了。除非你是一名了解自己的身体和极限的高水平运动员，否则不要在硬拉时使用过大的重量。

下背部挺直，绷紧整个躯干。当你用自己的最大力量做硬拉时，你的上背部很容易拱起。为了安全，要避免下背部拱起。

错误。要避免下背部拱起

抓举硬拉

抓举硬拉可以很好地训练上背部并迫使你的臀部下降到更低的位置。

- 采用宽握距，几乎碰到杠铃杆卡头。
- 背部挺直，用双腿发力。
- 用钩握（食指和中指与拇指环绕）的方式来增加握力。

相扑硬拉

　　一些举重运动员喜欢用双脚间距较大的站姿做相扑硬拉。我建议你采用自己感觉最好的站姿。双脚的距离比握距稍宽，这就是改良过的相扑硬拉。通常情况下这是一个很好的起始位置，但是，最好的位置一定是你自己有强烈感觉的位置。

　　在关于硬拉的这部分结束之前，我想和你分享我的一个观点，这将帮助你不断进步。要谦虚地接受别人的建议，不要懒惰，不要太傲慢，也不要觉得自己好到不需要向别人学习。

我最早受到的影响来自20世纪50～70年代的健美运动员和举重运动员。尽管如此，我并没有停留在过去，我还在一直学习，特别是向那些不断发展自己、不断让自己变得更强的人学习。

下面，我想在这本书中分享一些特别重要的内容，这些内容来自我的老朋友，马克·贝尔（Mark Bell）。主题呢？就是硬拉和力量，如果我只能告诉你做一种练习，那么硬拉一定排在第一位。根据马克·贝尔的建议，使自己在思想、身体和精神上变得更强吧！

死亡举重

"想做好一件事就要有一个好的开始。"

——马克·贝尔

硬拉是由一个叫作戴维·戴德（David Dead）的医生在 1892 年发明的。

这位医生很有女人缘，他会到城里接患病的女士，并护理她们直到康复。

戴德医生甚至曾经抬过一位体重近一吨的历史上最重的女士。那个时候整个城里都没有人可以抬得动那个巨大的女人，只有戴德医生能够"硬拉"起这位女士……

好吧，看上去我该停止编瞎话了，但老实说，健美界有很多说谎话的人。

人们会编出比上面我所说的更夸张的故事来。

是时候告诉你真相了，是时候让所有人面对他们的恐惧并准备好树立刻苦努力的信念了！

如果你想要变得更好，那就必须有职业道德。要做到有职业道德，你必须使自己更坚强。为了思想和身体都变得坚强，需要使自己的身体更强壮、意志更顽强。世界上没有比硬拉更残酷和野蛮的练习了。

现在你可能会对自己说："哇，贝尔教练，看上去我为了变得更好似乎还需要关注很多不同的事情。"

幸运的是，戴德先生已经把那个很胖的女士举起来了，他还发明了硬拉这个练习，硬拉也被叫作"死亡举重"，因为做这个练习时感觉就像快要死了一样。

有些人可能会说："嘿，我害怕做硬拉，因为我不想伤到自己的背部。"

对此，我的回答是："那些不恐怖的训练也无法改变你。"

对所有人而言，包括他们的健身教练（我自己，马克·贝尔）和埃文-埃谢教练，无论是否在健身房训练，都应该以严谨的职业道德挑战自己的精神和身体。

"如果你没有变得更好，那么就是在变坏。变得更好的唯一方法就是强迫自己立刻做决定，并采取行动。"

——马克·贝尔

对付这些"恐怖的"新挑战的武器就是你的力量。

无论年纪大小、高矮胖瘦，每个人都有能力变得更强壮。变强壮的最好方法之一就是力量举，而最好的举重训练以及对竞争力和主动性的终极测试就是硬拉。

过去，很多教练都用"不太有效果的练习"来娇惯他们的运动员，是时候给他们敲响警钟，重新让他们认识事实与真相了。

这就是事实：与翻举、抓举、弓步、过顶深蹲相比，你做深蹲或者硬拉时的负重可以更大。

因此，硬拉和深蹲就成了很棒的练习。原因很简单——你可以使用更大的负重！科学表明，如果你用大重量训练，那么，相比在波士球（BOSU Balls）和其他不稳定的表面上训练，就能更好地训练稳定性和协调性。

运动员们经常问我："教练，做硬拉不会伤到我的膝盖么？"

答案是不会的。硬拉不会伤到你的膝盖，事实上，硬拉可以增强你的背部力量，使你避免受伤。硬拉可以大大增强你的大腿力量，有助于保护你的下背部。此外，硬拉还可以增强腘绳肌、股四头肌以及臀部的力量，而这几个部位几乎在你可以想到的每一个爆发性练习中都会用到。

所以，我希望我已经向你讲解清楚了为什么需要硬拉。下面让我们一起讨论一下如何硬拉以及如何把硬拉融入日常训练以获得最大效果。

你应该遵守举重的每一条规则，这样可以避免做过头或者受伤。下面是避免受伤或者硬拉遇到困难时的三条简单规则，其中规则二和规则三适用于所有举重练习，而不只是硬拉。

（1）开始举重时，臀部始终低于肩膀。

（2）避免做到力竭。你可以这样做并不代表你应该这样做，留一些力气并且关注你的恢复和改进。要逐步增加负重，不要一次就增加 50 ~ 90 磅。

（3）适度变化。你可以改变硬拉的变式，从地面上硬拉、深度硬拉（站在物体上垫高双脚以增加运动幅度）或者从杠铃架的某个高度开始（部分动作幅度），还可以改变训练目标（改变每组的次数和组数）。

应该怎样把硬拉融入日常训练呢？

我很高兴你问到了这个问题。

有三种简单的方法可以把硬拉融入你的训练中。

选择（1）如果你是一名竞技运动员或者为了全面强健（CrossFit）而竞技和训练，你就可以把一些力量训练提前加到体能训练计划中。在这种情况下，你可以把一些大重量的硬拉练习加入前期的训练中。做一组 5 次的大重量硬拉，再做一组 3 次的大重量硬拉，然后做一组一次的大重量硬拉，最后再进行其他训练。

选择（2）许多力量举运动员都在深蹲之后增加了硬拉练习，这可以帮助他们增加负重能力，对那些一周只能做 2 ~ 3 次举重训练的运动员而言，这是一种很棒的选择。

硬拉可以使健身爱好者的体格像运动员那样强壮。所以，如果你在训练中使用这项练习，你应该在每一个举重日都做硬拉练习，这也包括你进行奥林匹克举重的日子。

我的建议是每天的大重量杠铃运动不要超过 3 次。

选择（3）作为一名举重运动员，我选择每周二做硬拉，每周六做深蹲。这使我（在某种程度上）对每项练习都保持新鲜感。在做完主要的举重练习之后，我会做那些我觉得可以帮助我增加负重的练习。

下面分享我在每周二硬拉训练日的训练方案。

（1）做一组 3 次的地面硬拉，并保留做一两次的力量。如果我的体力是 10，那么这个强度就是 7。

（2）做一组 6 ~ 8 次的大重量直腿硬拉。

（3）拉阻力橇冲刺——这会刺激你的股二头肌，也有利于增强体能。

请记住，这只是我训练方案的一个简介。我倾向于每隔一周就调整一下训练强度。我每隔 3 ~ 4 周就会调整辅助练习。

请注意硬拉有两种不同的风格：

- 相扑硬拉双腿间距离大于握距。
- 传统硬拉双腿间距离小于握距。

我建议两种风格都加以练习，这样可以全方位训练力量。

作为热身，我建议新手两种练习都做每组 5 次。当重量开始压得你喘不过气的时候，你可以增加一条举重腰带。

训练方法总是言之不尽，你可以从我的网站（www.SuperTraining.TV）上找到更多详细的资料。

来自民间教练的良言

不要害怕与众不同或失败，直面你的恐惧。一旦你承认自己有缺点并且开始面对自己的恐惧，那些恐惧就不会继续控制你了。一个关于举重和生活的不为人知的事实就是受伤会使你成长得得更快。

每当你踏进健身房，你就代表你的家人、你的朋友、你的教练。最重要的是，你代表你自己和你的信仰。

告诉人们你是与众不同的，我说的可不仅仅是举重。

举重就是你的生活方式！

想得不一样！训练得不一样！变得不一样！

马克·贝尔

超级训练健身房（Super Training Gym）的老板

马克·贝尔给普通民众演示如何正确地完成动作

举重

翻举

　　悬垂翻举（从膝盖以上）、力量翻以及实力翻举都有技巧上的难点。在我没有开始练习奥林匹克举重的时候——更准确地说就是举重——我就在做下图中这个叫作实力翻

举的动作。我没有等到自己变成一名完美的举重运动员时才开始练习，我从其他的举重运动员身上借鉴经验，把他们最基本的训练融入自己的训练中。

所有形式的翻举对增长力量和爆发力而言都很有效，没有任何一种其他形式的举重可以如此有效地增加上背部的力量。

做翻举的时候，臀部向后，调动整个后链肌肉群。不要弓背。我发现用较宽的握距抓握杠铃的时候可以使我的肩膀和手腕更加灵活，这能帮我把杠铃放在合适的位置上。

如果能确保安全，你可以把杠铃杆从锁骨的位置放回地面，或者径直向后坐下去，把杠铃放在髋部位置。

尝试不同的起始姿势，我强烈建议你跟一名有奥林匹克举重资质的专业健身教练学习翻举、抓举以及挺举的技巧。

我学到的举重知识越来越多，我也把它们用于自己的教学实践，我喜欢力量举并从中受益。

写这本书的时候，我 37 岁多，差几个月满 38 岁。我从 13 岁的时候开始训练，24年之后，我还在学习。学习永无止境，停止学习就不会取得进步。

在为这本书拍完照片之后，我就开始忘我地研究举重并向专家学习，我真后悔没有早点儿学会这些。请记住，要一边举重一边学习！

实力举

实力举是一种"老派"的训练。早在 20 世纪五六十年代，实力举就能够真正地测试一个人的力量，卧推则不能。

我更喜欢在每次做实力举之前都先做从地面开始的翻举，但是从锁骨的位置开始做实力举也可以，这样也可以使你把注意力完全集中在抓住杠铃并把它推举过头顶的动作上。

- 抓起杠铃杆，握距大于肩宽。
- 双脚并拢，绷紧从头部到双脚的每一块肌肉。
- 深吸一口气并屏住呼吸，爆发性地将杠铃推举过头顶，双臂锁死。
- 有控制地放下杠铃，肘部稍微向前，不要使用爆发力。
- 动作正确的话，你的整个躯干、臀部以及双腿都会受到大力挤压并保持紧绷。你的背阔肌也应该参与进来，肘部指向前方。
- 借力推举是一个不同的动作，如果你可以用更大重量做幅度更小的屈臂撑，那么就可以完成借力推举。否则，要先学会严格的推举，而且在做过头举的时候要运用全身的力量。

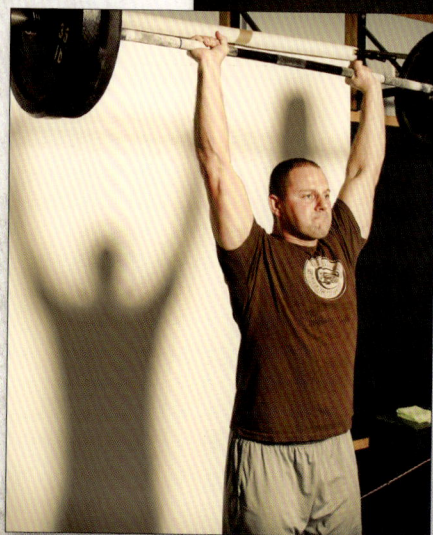

杠铃划船

反手俯身划船

这种握法的俯身划船是由多里安·耶茨（Dorian Yates）推广开来的。他凭借小训练量、大重量和高强度获得过6次"奥林匹亚先生"。这种握法可以让你的肱二头肌更加强壮，也能使你保持背部直立以及保持正确的姿势。

- 臀部向后坐，躯干向下，高于水平线。
- 耶茨将自己的躯干拉起到与地面成70°的位置，这能减少下背部的压力，帮助他更安全地举起大重量。
- 在每次动作的最高点将肩胛骨向后推挤。

哑铃和壶铃训练

经常有人问我哑铃训练和壶铃训练的区别，以及哪种训练更好。

我不认为一种训练比另外一种训练更好，哑铃和壶铃都有各自的独特优势。使用哑铃和壶铃都可以提高运动表现和塑造肌肉，但是使用这两种训练器械的轻微区别能够帮助你提高协调性和运动能力。

很多人低估了哑铃的作用，通过阅读本节，我希望你开始学习并践行这些方法，看看哑铃和壶铃有哪些不同点，让自己从中受益。

壶铃训练比哑铃训练要求更多的技巧。像举重一样，我建议你找一名有资质的壶铃教练并接受他的指导。

使用壶铃的时候，我们通常会让壶铃在双腿之间以及背后伸展，把目标肌肉锁定在臀部、腘绳肌以及整个后链肌肉群上。

使用哑铃的时候，双腿站直不要摇晃。例如，在抓举或者提举时，如果使用哑铃，我们会做深蹲并且把重量垂直地拉起。如果使用壶铃，我们就会往后坐并且会比深蹲有更多的臀部伸展。不要只喜欢使用某一种器械，我建议两种器械都使用。

单臂哑铃卧推

要控制和平衡好两只手中的哑铃，基本的哑铃卧推有利于发展肌肉和力量以及协调性。肘部内收、掌心向内以减轻肩膀的压力。

就像杠铃卧推一样，双腿用力蹬地，同时向后收紧肩胛骨。哑铃应该是直上直下的，如果哑铃在摇晃或者拽着你走，那么就需要减轻重量来时刻保持正确的技巧。

高级举重运动员可以做暂停式哑铃卧推，就像我们做暂停式深蹲那样。在伸展的位置停顿，在底部的位置呼气，以便更好地进行伸展。保持 3 ～ 5 秒钟，然后将哑铃爆发性地往上推。

我从来没有思考过举重的事情，直到里夫教练告诉我，他的一名橄榄球运动员可以用 150 磅的哑铃做 10 次推举。我们在交谈中提到做推举时上半身和腹部的力量以及稳定性，甚至谈到在推举的过程中双腿也需要稳定。

双臂哑铃卧推

我在长凳上和地板上进行这个练习。我喜欢使用两个哑铃，让高级举重运动员做各种变式。

壶铃卧推

当我感到有些无聊并需要变化时，我决定用壶铃而不是哑铃去做整套训练。使用壶铃能显著改善动作的稳定性，并给肌肉带来更大的挑战。

　　当你的肌肉适应了一种练习或者你感到很快就要到达平台期的时候，就需要给肌肉一些刺激，而有的时候，你需要做的仅仅是改变器械，使用不同的器械去完成相同的练习。

壶铃交替卧推

　　你也可以用另一种方式做这个练习，每次只做一侧，每侧一次，或者双手交替卧推，一只手臂向上运动的同时，另一只手臂向下运动。这两种变式都可以增加双腿、腹部以及肩膀的稳定性。

哑铃地面推举

哑铃卧推的一种很好的变式就是地面推举，这会强迫你控制负重、避免反弹，避免将肱三头肌撞到地面。

要始终控制好负重，如果一名举重运动员做哑铃卧推时很难放慢速度，我就让他去做地面推举，这样他就可以感受一下双臂撞到地面的感觉，这会使他懂得必须时刻控制负重。

壶铃地面推举

如图所示，使用壶铃时，把手掌深入到壶铃把手内侧握住，并调整把手的角度使其跨在大拇指下方最厚的部位。这能使你伸直手腕，有助于保持壶铃稳定。当你的手腕弯曲时，壶铃会控制你手臂的运动。稳定性和对壶铃的控制必须是你考虑的首要因素。

无论是做推举、土耳其起立，还是起身仰卧起坐等动作，你都要确保用双手把壶铃放到身上并安全地抓起它，不要在抓起壶铃时因方法不当而让自己受伤。

就像使用哑铃一样，保持肘部紧绷，使用背阔肌的力量。肱三头肌轻触地面，然后将壶铃爆发性地向上推。

哑铃抓举

- 跨过哑铃，就好像你要用这个哑铃做硬拉一样。身体向下蹲，保持背部和胸部挺直，做动作的过程中手不要碰到腿。

- 在用哑铃做翻举时，把肘部向上拉。在向上的过程中，哑铃应该朝向你的身体，但是当你放下哑铃的时候，要把手掌向内旋转，使哑铃朝向你的脸。这是我们在推举练习中最常使用的安全的、自然的姿势。

- 如果用较轻的哑铃，你可以做严格的过头举。如果用较重的哑铃，你可以做借力推举或者挺举。

- 挺举对协调性和运动能力要求较高。你可以做深蹲挺举或者箭步挺。当你做箭步挺的时候，做两次挺举，并且每次都要变换前面的那条腿来保持平衡。

- 做哑铃抓举时有两次停顿：举过头顶的时候和再次回到肩部高度的时候。在把哑铃向下放到起始位置时不要停顿。很多停顿发生在腰部的高度。从哑铃在肩部的高度到身体下蹲，这个过程的动作要快，然后在哑铃刚刚碰到地面时迅速向上、向后弹起，将哑铃拉起至锁骨处。这个快速、古怪的训练能够使你的后链肌肉更好地利用牵张反射，这可以使你在向上的过程中迅速将哑铃上拉。

- 从较弱的一只手开始，每只手都做相同的次数。

- 哑铃抓举对哑铃借力推举或者提举而言是一个后续练习。为什么呢？因为我更喜欢做哑铃抓举，要先把哑铃放到肩膀处，如果一次直接把哑铃从头顶以上放到小腿处，

绝大多数人会控制不住哑铃，如果动作变形，就可能受伤。

• 当哑铃在肩部高度时，快速深蹲，把哑铃放至小腿中部，在这个位置时，你的手臂应该伸直，后背应该挺直，然后猛地把哑铃举过头顶。

• 常见的错误：如果哑铃太重，你可能会摇摇晃晃地把它推上去，而不是拉上去。把不用运动的手放在腿上作为支撑，或者做哑铃推举来结束一次动作。如果犯了以上错误，就要减轻重量并始终把技巧放在首要位置。

单臂划船

单臂划船是我最喜欢的练习之一，这个练习有很多不同的变式，我建议你尝试所有变式并看看哪种对你最有效。

在下图中，你可以看到有人一条腿向后伸展着做单臂划船。你也可以深蹲地更低，向上朝胸部的位置做哑铃划船，一条腿在后面时，你可以小角度地向后划船。

要点如下：

- 抓住哑铃把手的中部，这个握姿最好。
- 保证下背部直立。
- 在把哑铃向上拉的时候，不要过度旋转，略微旋转一点儿是可以的。
- 在每次动作的最低点手臂要完全伸展。
- 双臂做相同的次数。

单臂借力弯举

就像杠铃借力弯举一样，你可以使用轻微借力来举起更大重量，不要用相同的重量来使练习变得更加简单。我更喜欢用握锤的姿势，这样双手在向上和向下的过程中不会发生旋转。

- 紧紧抓住哑铃把手。
- 臀部轻轻向后坐，上半身同时前倾，臀部轻轻用力帮助你把哑铃往上举，然后控制好哑铃将其向下放。

哑铃借力弯举的变式如下：

- 一次用一只手臂。
- 手臂一上一下地运动。一只手臂向上弯举，另一只手臂向下放。
- 同时运动两只手臂。
- 静力运动。一只手臂保持在弯举的中间位置，另一只手臂完成既定次数；然后换手。

塔特推举

戴维·塔特（Dave Tate）曾经是西部杠铃俱乐部的力量举运动员，他使这个动作流行起来。他将这个动作作为首选的肱三头肌练习动作，以此增强卧推的力量。

始终保持哑铃的头部并在一起，手肘向外张开。不要把哑铃从胸部弹起，不要使用大重量以免把这个动作变成哑铃卧推。确保哑铃的头部与胸部完全接触，通过肱三头肌发力，把哑铃向上推到最高处并锁死。

戴维·塔特因为塔特推举这项发展肱三头肌的神奇练习而闻名于世

哑铃后卷

这也是在西部杠铃俱乐部学到的，与严格的健美风格的肱三头肌伸展不同，你可以把哑铃向后翻转并伸展肱三头肌，再快速向上翻转哑铃，将哑铃爆发性地往上举，手臂完全伸展。每次做动作时哑铃应该正好位于头部的外侧。

六角杠铃训练

六角杠铃硬拉

我最喜欢的一个适合初级和中级运动员的硬拉变式就是六角杠铃硬拉，这个入门举重动作可以增强腿部和背部的力量。新手运动员可以使用高位把手，有经验的运动员可以使用低位把手。

把注意力集中在全身：

- 把双脚放在六角杠铃杆中间，双脚应该与肩同宽，或者比肩宽略窄。
- 双手抓住把手中部。

- 在整个硬拉的过程中，后背要始终挺直。
- 双眼向前看。眼睛向上看会造成颈部过度伸展，这通常会导致上背部拱起。
- 把肩部向后拉，保持稳定。

常见的错误是在硬拉的最高点失去对杠铃的控制。与直杠铃杆不同，六角杠铃杆会使你的身体周围有开放的空间。你应该学会如何保持躯干紧绷。在每次动作的最高点都绷紧臀部，保持直立，避免向后倒。

当杠铃接触地面时，爆发性弹起。不要在杠铃接触地面时放松或者弯腰弓背。每次动作都应该从地面开始，在结束时将杠铃放到地面上，在动作的最高点停顿一两秒。

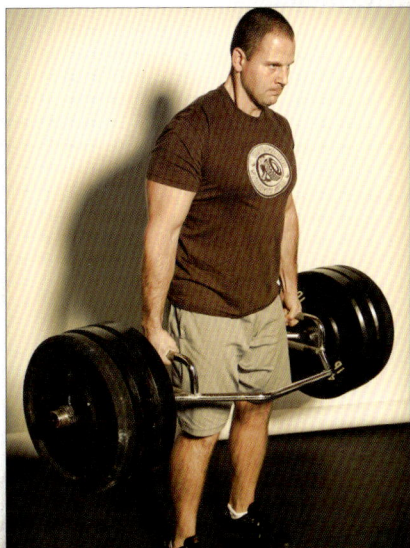

第十八章

阻力橇训练

　　我第一次使用的阻力橇其实是拖拉机的一个前轮。我让妻子的叔叔用重型钻机在轮胎上钻了一个洞，将一个有眼螺栓穿入洞中固定，又从网站上买来了两根长长的牵引带，自制了一个阻力橇。我开始用这个轮胎阻力橇来做简单的前拉、后拉、侧拉以及冲刺跑练习，直到我听到了一段访谈，在访谈中，一位教练谈到了速度和爆发力训练。

　　这位教练讲的是如何抛出健身球，利用弹力带练习爆发力推拉。而在当时我没有弹力带，只有 16 英尺长的连在轮胎上的牵引带。

　　当我在大路边的小学停车场练习时，我体验了一下。我觉得利用轮胎来训练很棒，在跟路易·西蒙斯交流之后，我更坚信自己的做法是正确的。他告诉我他如何教格斗运动员进行阻力橇训练。练习十分钟不间断拉阻力橇，五分钟划船和拉阻力橇，五分钟推阻力橇，等等。

　　我从路易那里买了阻力橇，马上把它带到了学校。我给父亲看了我的阻力橇，问他能不能找到一些废铁，帮我再焊接两个一样大小的阻力橇。他做到了，于是我就开始了阻力撬训练。

　　我永远也不会忘记，当我让橄榄球队员们做十分钟无间歇拉阻力橇练习时他们的惨样。他们太累了，甚至不能继续接下来的训练。我不敢相信拉阻力橇会使这些男孩如此受挫。

　　我跟摔跤手们分享了我关于阻力橇训练的想法。阻力橇训练成了循环训练中的一项，循环训练还包括冲刺跑、推卡车、操场训练、草坪摔跤训练等。

　　在车库训练之后我们进行这个循环训练，开始时是十分钟左右，后来逐渐增加到二十分钟。这些摔跤手的坚强意志使我十分震惊。这一循环训练包括：

　　（1）推着卡车穿过停车场（约150 英尺）

　　（2）冲刺跑上山，走路下山：5 次

　　（3）向前拉阻力橇：150 英尺

　　（4）冲刺跑 150 英尺至操场

（5）野餐桌推举：10 ~ 15次

（6）猴架引体向上（次数越多越好）

（7）保加利亚劈腿深蹲：每条腿10次（把腿搭在野餐桌上）

（8）冲刺跑回阻力橇训练的草地

（9）阻力橇力量胸前推：5次

（10）阻力橇力量高拉：5次

（11）向后拉阻力橇：100英尺

这个循环训练看上去很庞杂，但是训练效果非常好。附近有一个长长的空停车场、一座小山坡和一块狭长的草地，草地间还有另一片停车区域以及一片操场，这里甚至可以用来训练角斗士了。

阻力橇训练没必要弄得很复杂。简单一些，像往常一样使用阻力橇或健身雪橇即可。阻力橇训练效果很好，也不会对身体造成伤害。

我让运动员们在每次训练结束后进行阻力橇训练。阻力橇前拉、后拉或者侧拉这样的简单练习肯定是难不倒你的。这是训练腿部肌肉的一种简单而有效的方法。

初学者也许不能做深蹲或者做弓步，但他们肯定能走，对吧？那就进行拉阻力橇训练。开始时步行拉较重的阻力橇，之后再减轻重量，跑着拉阻力橇。

目前市场上有很多种阻力橇。你可以直着身子推阻力橇或者像熊一样压低身子推阻力橇。这样的练习可以使你脚掌发力前推时身体用力前倾。推阻力橇跟推卡车或者小轿车是一样的。

阻力橇训练不只是为了训练下肢力量。你可以使用各种类型的阻力橇进行推拉训练来训练全身力量。

你也可以使用一根较长的战绳，或将三四根牵引带系在一起，进行两手交替的拉阻力橇训练。这有利于训练上半身。我看过很多次"世界最强壮男士比赛"，里面的运动员以马步姿势开始拉卡车和汽车，这也激励着我尝试这种训练。你可以在深蹲时利用阻力橇做同样的练习。

阻力橇训练

阻力橇划船

确保牵引带紧绷而不松弛。身体可以稍微前倾，但背部要保持挺直，不要弓着身子。

用力拉阻力橇并向后划船，使阻力橇在地面滑动。向后走直到牵引带再次紧绷，重复多次。

阻力橇高拉

这个练习与上一个练习的方法相同，但拉阻力橇时要肘部向上，用手拉牵引带。这个简单的练习可以从另一个角度训练你的拉力，和其他训练一样，我建议变化角度并利用多种健身器械来训练，运动员更要这样做。

双手交替拉阻力橇

双手交替拉阻力橇——正如上文所说，你可以使用一根长绳，或者将多条牵引带或短绳系在一起。如果绳子较短，阻力橇到达你脚边时就向后轻推，重复多次。

双手交替拉阻力橇与俯卧撑一起练习有助于锻炼上半身。如果想锻炼全身，可以再做一些深蹲或深蹲跳。

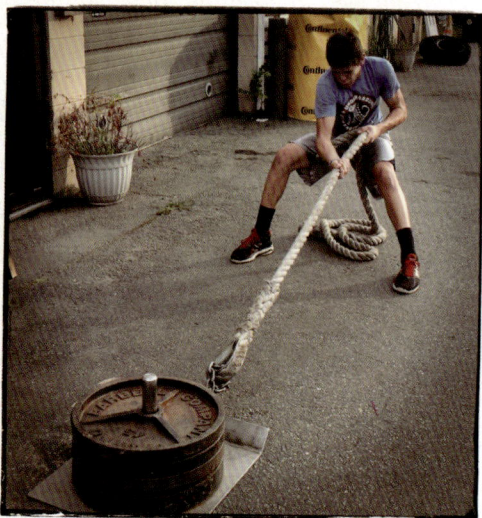

向前拉阻力橇

你可以根据阻力橇牵引带的长度来决定是把手放在背后拉住牵引带还是把手放在胸部附近拉住牵引带。出于安全考虑，确保阻力橇与你的脚踝保持距离。

练习前拉、后拉和侧拉阻力橇。前拉阻力橇可以训练脚筋和臀部。后拉阻力橇可以训练股四头肌。侧拉可以训练臀部，提升侧向力量和稳定性。你也可以将牵引带与举重腰带系在一起。

练习拉阻力橇时，你可以加大阻力橇重量，同时快走，或者选择中等重量的阻力橇练习冲刺跑。我曾见过教练让运动员边跑边拉空的阻力橇，尝试给阻力橇加重再训练。空的阻力橇没有任何作用。

你也可以一边拉阻力橇一边搬运重物，进行混合训练。这确实比较有挑战性，但对训练全身力量、发展运动能力以及磨炼意志都是有益的。

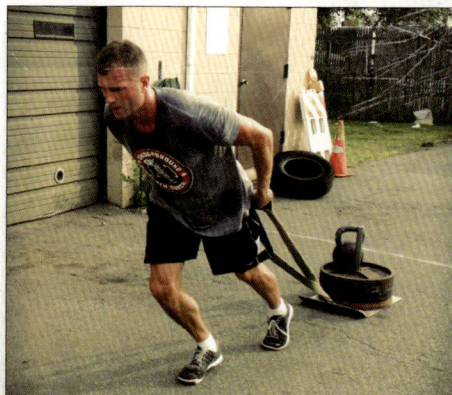

混合阻力橇训练

　　我曾使用壶铃和沙袋进行混合阻力橇训练。这种拉阻力橇的同时搬运重物的练习十分具有挑战性。将阻力橇绑在举重腰带上，抱着沙袋或壶铃，开始混合训练。

　　混合训练的目标是进行全身训练。你的腿部、肺以及整个身体都会变得更加强壮。阻力橇不需要太重，中等重量即可，这样可以有更大的提升空间。

　　混合阻力橇训练的种类（在所有练习中阻力橇都是绑在举重腰带上的）：

（1）壶铃农夫行走
（2）壶铃齐肩行走
（3）壶铃过头举
（4）泽奇式沙袋搬运
（5）肩扛沙袋搬运
（6）背沙袋
（7）沙袋过头举

　　不要把混合训练搞得太过花哨，这会使训练变得复杂，降低效率。选好器械就开始训练吧，要不断努力。训练要普通和简单一些，但不要降低难度。

　　我的经验证明阻力橇训练十分有效，我已经使用过阻力橇进行力量、耐力、整体素质、速度、体力等训练，在我的膝盖做完第三次手术后，我也大量使用阻力橇进行康复训练。

　　尽管我不是医生或体育教练，但通过多种阻力橇练习，我已经帮助我的运动员迅速从腿伤和外科手术中恢复。因此，我力荐你购买或者亲自制作一个阻力橇。

"拉上它，向前走。然后获得力量。"

"普通、简单，但并不容易。"

——扎克·埃文-埃谢

结语与生活准则

运动和健康是上天赐予的礼物，永远不要把这些视为是理所当然的。首先要关注个人健康，如果训练使你感觉更糟糕，那么就需要做出调整和改变。

随着年龄的增长和训练经验的积累，你会不断进步。我就在不断调整自己的训练，我主要调整的不是训练项目，而是训练强度、练习次数、训练方法及一些小细节。

如果你只是单纯地想变得更加健康或者减轻体重，那就去做你最喜欢的运动吧。不要轻视任何一种形式的运动。如果你喜欢游泳、网球、大重量举重，那就多练习。

如果健身计划的细节比较吓人，人们可能会干脆放弃整个健身计划。我认为应该把眼光放长远，首要的是开始运动，每次稳扎稳打地进步一点点即可。

开始时很简单，你只需保证每周训练三次，不要喝苏打水。第二周开始，每天的饮食中加入一顿沙拉。之后的一周，你开始学习一种举杠铃的新方法。如果你全身心投入练习，会觉得有点力不从心。

如果你已经开始训练了，那就应该像里夫教练在序言中说的那样：敞开心扉，保持谦虚。准备好不断地改进你的训练吧，我就一直在改进我的训练计划并不断学习。

我曾被洗脑，认为奥林匹克举重不会让人变得强壮，如今我从国内最优秀的一些举重教练身上学到了很多，开始强迫自己走出舒适区，来学习这项很棒的运动。

随着年龄的增长，你会积累更多的训练经验，也会因为刻苦训练而造成撞伤和瘀伤。要重视自己的健康，通过补充营养和休息来使体能恢复。你应该关注自己总体的健康状况，而不仅仅是力量方面。

我曾经不想慢跑，并找了个滑稽的借口："我属于力量运动员，而慢跑会分解我的肌肉，影响我进步的速度。"

这简直荒谬至极。后来我开始在训练中加入各种跑步练习，这使我变得更强壮、更精瘦、动作更迅速。同时，我感觉自己变得更健康了，因为跑步有助于燃烧脂肪。

我保持大训练量，每周跑步2~3次，每次1~2英里，同时还进行525磅的硬拉。我没有变得更加虚弱，这是肯定的。我跟随身体的感觉去进行相应的训练，并相应地改变饮食，而这恰恰被很多人忽视。外界有很多种关于健身的宣传，大多数是承诺通过走捷径而收获惊人的效果。

就像训练中的基本动作总是很有效一样，营养学中也有一些基本知识是不变的。要摄入大量蛋白质和健康脂肪，保证健康饮食。碳水化合物的摄入要适量，因为糖分摄入过多会严重影响身体健康，导致脂肪增加和免疫系统受损。

不要再试图寻找捷径和诀窍了。20 世纪 90 年代初期，我刚开始健身就沉迷于寻找捷径和诀窍。我经常阅读健美杂志，并且购买了各种各样声称有神奇效果的蛋白质粉。我尝试了杂志中介绍的健身方法。尽管我刻苦训练，但我犯了一个大错误：我没有专注于基础训练。

杂志中说健身运动员们使用拉力器和其他器械进行训练，我也照做了。那时候我的训练重点是用轻重量和感受肌肉。打破个人纪录和磨炼意志是我从未接触过的。

如果你想取得一定的效果，你就必须挑战自己的思想和身体。我们的身体都喜欢舒适，对很多人来说，思想上也是如此。如果足够幸运，你会拥有一个或一群相互支持的训练伙伴，但现实中有时候并不是这样。

你需要依靠自我激励和内心强烈的欲望来达到你的目标。你们本地的健身房可能有很多关于举重的规定和规矩，大家无法接受刻苦努力的你，他们会认为你太过疯狂。

不要理会别人的看法。无论是在自家车库、地下室或后院进行训练，你都应该坚持自己的想法，如果你足够幸运，还可以在当地找到一家硬派的商业健身房进行训练。

随着年龄的增长，正如我所说，人生中会发生很多事情。你的闲暇时间会越来越少，你就更容易给自己找借口，尤其是像"我真的没有空"这样站不住脚的借口。一旦你开始找借口，你就开始变得跟别人一样了。

你应该知道我说的别人是什么样的，对吗？这些人允许生活控制他们，允许环境摆布他们，把他们变成意志薄弱、身体虚弱的人。

做一个强大的人，其实是一种个人选择，这种选择源于你的内心。如果你把变强大作为自己的人生目标，你的身体也会随之改变。你将永远充满动力，自发地举起大重量，自发地去跑步，你会想出各种方法去挑战自我。

永远不要说"为时过早"或"我太累"。你会因为自己的与众不同而倍感自豪，更重要的是，你会因自己的意志力、身体素质和精神变得更强大而感到自豪。

这就是我所说的生活准则，包括诚实、正直、承诺和职业道德。

诚实需要从自身做起。只有你自己

知道，你是否真的已经尽力，是否真的已经全身心投入，还是只做了一部分。

正直就是独自一人时仍坚持做正确的事。这是勇士精神的一部分。你努力训练或者全心投入不是为了给其他人留下好印象，而首先是为了自己。不管别人是否认可，也不管别人是否在意，你是为了自己的亲人才想努力变得更强大。

承诺。如果你真的希望在训练中获得成功，并在训练之外的生活中也获得成功，你需要做出更多的承诺。

如果你本来应该训练，但那天"临时发生了些事情"——工作到很晚或者前一天晚上没睡好，这些都不要紧。你的承诺会帮你忘掉所有借口，排除万难，不断努力。一旦你决定要做一件事情，那么就全身心投入吧。

职业道德。如果你还不太理解什么是职业道德，请再读一读本书。阅读任何一本海豹突击队出的书，你就会明白，如果要想实现任何有价值的或者伟大的目标，你就必须为之努力。

不要轻易听信别人的不同说法。想要在训练和生活中获得极大成功，就必须尽最大努力去践行如下四条准则：诚实、正直、承诺和职业道德。

不仅要努力训练，更要科学地努力训练。不要在错误的人或事上浪费时间。任何使你意志消沉或伤害到你的事情都不要再做。

最后我想给你的建议是，关于训练或生活中的每一项任务，最重要的一点是问问自己：为什么要完成这项任务。一旦你开始质疑自己或迷失方向，你就要去想想自己为什么要完成这件事，这样你就能重回正轨。这可能意味着你需要一名新教练或一群新伙伴。你周围的环境很重要，你的目标是你努力训练以及功成名就的基础和动力。

谢谢你们信任我，让我帮助你们在训练和生活中取得成功。谢谢你们购买本书，我也确实在本书中花费了大量心血。希望你们可以经常阅读本书，我也常将我心爱的、有价值

的书籍一读再读。

　　如果我们有缘在街头相遇，请一定要跟我打声招呼。能有机会与你见面并握手相识是我的荣幸。

　　我对你有信心。现在，你也要对自己有信心，践行生活准则，努力训练去获得成功。

　　钻石健身房的深蹲架前挂着汤姆·普拉茨（Tom Platz）做大重量深蹲的旧照片，旁边挂着我最赞同的一句箴言：

　　我相信你会努力，在生活和举重中都获得成功!

　　直到下次……

"生活中，有些人会行动，有些人不会行动。"

——汤姆·普拉茨

扎克·埃文–埃谢

关于作者

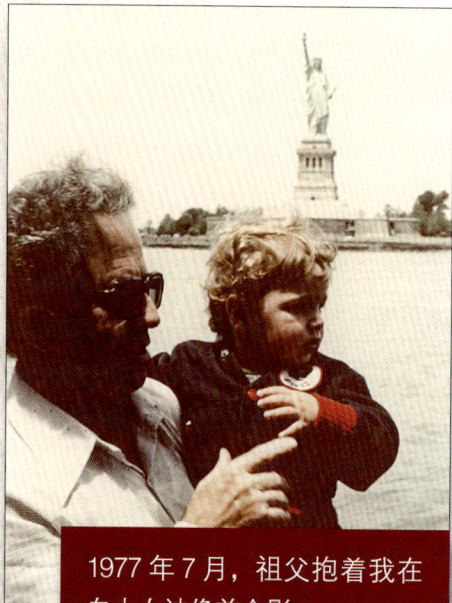

1977 年 7 月，祖父抱着我在自由女神像前合影

1975 年 12 月 4 日，我出生于以色列。我的名字源自祖父的两位兄弟，他们在集中营中遇难。

我 11 个月大时，全家移居美国。在从以色列飞往纽约的旅途中，我在飞机上开始学习走路。

我们搬到了布朗克斯（Bronx），在那里生活了几年后搬到了新泽西州福特市，最终住在新泽西州的爱迪生市，我在爱迪生市生活了近 30 年。

每隔几年我们会回以色列和祖父母住一段时间。在我很小的时候，也有几次是祖父母飞来美国看望我们。

我的祖父是对我一生影响最大的人，我们叫他萨巴。"最慈爱的""最勤奋的"这些词语都不足以形容他的好。

我的祖父是我完成本书的动力之一。事实上，这本书差点就没能完成。

在获得约翰·杜·凯恩和龙门书社的支持之前，有人介绍我与另一家出版商合作。由于我的日程表和他们的不一致，指派给我的另一位合著者放弃了。他摆脱了困境，但是却留给我 2000 多张图片。有一周左右的时间，我对下一步该做什么毫无头绪。

我几乎准备放弃纸质书，改为去完成电子书了。

但是，我知道，如果我放弃了，这件事将困扰我一生。

如果我放弃了，我的家人一定会很失望，那些在高温天气下，牺牲自己的时间，帮助我拍摄了三天照片的运动员也一定会很失望，所以我没有任何理由放弃。

我想到了我的祖父和他崇高的敬业精神以及他对家庭的爱和承诺，这激励着我重新开始

做这本书，我希望这本书可以激励和改变读者的生活，而不仅仅是一本健身实用手册。

我所提到的坚强和顽强，如果拿来和我祖父一生的经历相比，就算不了什么了。

起初，我的祖父在第二次世界大战期间是在波兰（Polish）军队服役的。当时，波兰军队迅速瓦解，我祖父便逃到了俄罗斯，被俄罗斯军队强制征召入伍。令人难以置信的是，尽管俄罗斯已经寡不敌众，力量不足，我的祖父还是在战争中幸存下来了。那时候，十个人里面只有一个人能分配到枪支。

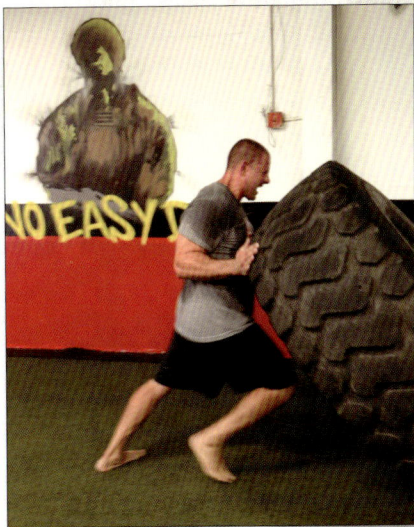

战后，我的祖父终于回到波兰，却得知他全家人都在纳粹集中营中被杀害了。

在他回国期间，他认识了我的祖母萨芙塔。在短短的两个月内，他与祖母的父亲见面，请求与祖母结婚，并且他和祖母计划离开波兰去以色列。然后他们一同去了意大利（Italy），在意大利难民营待了一年之后，他们乘船穿过地中海来到了以色列。

在以色列，祖父加入了哈加纳，也就是今天的以色列国防军的前身。这是他服役的第三个国家军队。他生命中有一些经历实在是无法与我们分享，"艰难"这个词语已经无法形容他的经历了。

我的祖父多才多艺。他从来没有受过传统教育，但是在童年时期就学会了用希伯来语进行阅读和写作。他所处的年代和地点，绝大多数人还都是文盲。

尽管没有受过传统或正式的学校教育，但祖父可以流利地说波兰语、俄语、希伯来语、意第绪语和德语。他和我聊天时可以随意切换使用不同语言，这让我感到十分惊讶。

我的祖父和祖母在以色列

我的弟弟拉米出生时，祖父甚至学会了英语。

他从来没有埋怨过自己没有钱，我也从没听他抱怨过自己有多么劳累或者身体哪个地方疼痛。

他没有汽车，所以一般都是步行、骑自行车或者坐公交车出行。我记得在我7岁时，有一次生病了，祖父骑着自行车带我去看病，我当时就坐在他的自行车后座上。

祖父从不抱怨生活艰难，他一直同时做两三份工作，总是有不同的上班时间：白天、晚上和深夜。

他在一家水泥厂上班，他的房子几乎都是由

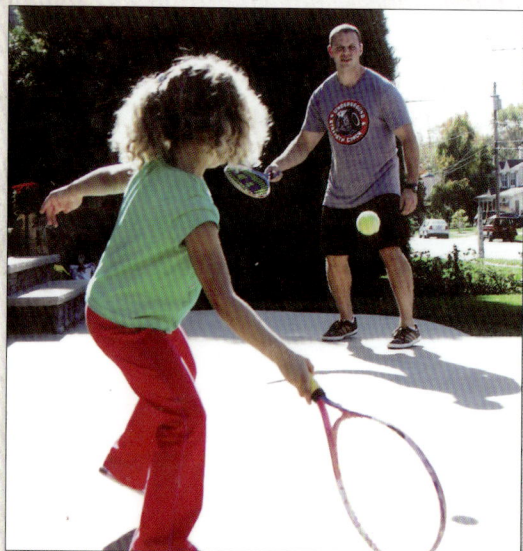

他亲手建造的。最开始，他的房子只有一间卧室，后来他把房子改造成了漂亮的两层楼房，周围种满了果树和各种玫瑰花。一想到那座房子我就很激动，是的，它就是这么美。

在以色列时，我的祖父母会为孩子们做新鲜果汁，为我父母酿酒，原料就来自他们房子周围的果树：葡萄、橙子、石榴、柠檬和柑橘。

我总是在房子周围的花园里和玫瑰花丛中看见蜂鸟。祖父常给我讲他年轻时的事，他上完夜班就回来建房子，忙完以后又得去做另一份工作，因为他总是连轴转，所以我父亲和叔叔总是跟不上他的生活节奏。每次讲到这个故事，祖父总是开怀大笑。

祖父也曾在家里的后院养鸡鸭和鸽子……

祖父是我知道的最坚强、最努力的人……

我从祖父那里学到的最重要的一点就是要全心全意地爱我的家人，像他那样。他给我们的爱是无法用语言描述的。

很多人认为我是美国最好的力量教练之一。我已经与数百名运动员在我的地下力量健身房合作过，并且有数万名运动员参与我的在线训练课程和咨询活动。

说实话，我为这些成就感到骄傲和自豪，但这些并不能定义我。

我的理想很简单，就是成为一位优秀的父亲和一位优秀丈夫，使我的家人骄傲，像我祖父那样给予家庭无私的爱。

如果我能做到这些，我就可以说自己度过了一个美丽的人生。

祖父从不放弃，他总是为了生活而艰苦奋斗。即使有时会有生命危险，他还是会给予家庭全部的、无私的爱。

祖父也从不找借口。每每想到祖父，我就想像他那样生活——不推脱，不逃避。

变得强大并不仅仅是拥有大块的肌肉，更多的是要坚持自己的信仰和对他人的爱。

本书献给我的妻子、孩子以及我的家人。

最为重要的是，本书要献给我的祖父**雅各布·利希特曼**（Jacob Lichtman，1920—2004），他教会了我应当如何去生活、如何去爱。